省级精品资源共享课配套教材

新编21世纪高等职业教育精品教材

市场营销系列

市场营销实务

第二版

主　编／赵红英　龚紫娟
副主编／陈　庆　单勤琴
程艳冉　张思平

中国人民大学出版社
·北京·

图书在版编目（CIP）数据

市场营销实务/赵红英，龚紫娟主编．--2版．
北京：中国人民大学出版社，2025.2.--（新编21世纪
高等职业教育精品教材）．-- ISBN 978-7-300-33710-4
Ⅰ．F713.50
中国国家版本馆CIP数据核字第2025FC7997号

省级精品资源共享课配套教材
新编21世纪高等职业教育精品教材·市场营销系列
市场营销实务（第二版）
主　编　赵红英　龚紫娟
副主编　陈　庆　单勤琴　程艳冉　张思平
Shichang Yingxiao Shiwu

出版发行	中国人民大学出版社		
社　　址	北京中关村大街31号	**邮政编码**	100080
电　　话	010－62511242（总编室）		010－62511770（质管部）
	010－82501766（邮购部）		010－62514148（门市部）
	010－62511173（发行公司）		010－62515275（盗版举报）
网　　址	http://www.crup.com.cn		
经　　销	新华书店		
印　　刷	北京昌联印刷有限公司	**版　　次**	2020年4月第1版
开　　本	787 mm×1092 mm　1/16		2025年2月第2版
印　　张	15.75	**印　　次**	2025年2月第1次印刷
字　　数	341 000	**定　　价**	48.00元

前言

在大数据与人工智能应用越来越广泛的数字经济时代，经济全球化所带来的市场竞争越来越激烈，市场营销的好坏已经成为决定企业全球化布局成败的关键。党的二十大报告提出了高质量发展这一主题。在着力提高发展质量和效益的背景下，中国数字经济的飞速发展对新商科人才的培养提出了全新的要求。具备良好职业道德和创新、创意、创业精神的复合型高素质市场营销实务人才非常受企业欢迎。市场营销实务的本质是不断满足市场需求，本课程的教学改革与时俱进、势在必行：通过编写项目化教材，推动理实一体化教学改革，提升学生的创意营销和创业实战能力；注重在教材中融入素质教育元素，提升高职院校学生的职业素养；同时融入新形态教材元素，满足学生课内课外、线上线下的学习需求，为企业市场营销一线岗位输送高素质技术技能人才。

本教材分为八个项目，包括认知市场营销、市场营销理论发展趋势、市场调研与分析、市场营销策划、销售产品、开发产品、客户管理、营销团队管理。

与第一版相比，本教材第二版的内容更精炼，更贴近营销前沿，体现了更强的应用性及实战性。此外，本教材第二版在第一版的知识目标、能力目标基础上增加了素养目标；更新了案例导入，增加了案例思考模块，采取微课二维码方式增加了教学视频。

修订后教材的特色主要体现在：

第一，注重教材的素质教育元素，致力于培养学生良好的职业品德。每个项目的学习目标涵盖了知识目标、能力目标和素养目标，在教学内容和案例的选取中穿插素质教育元素，融入诚实守信、爱岗敬业、遵守纪律、团结合作的职业道德规范要求。

第二，注重理实一体化，侧重培养学生的市场营销实际操作技能。本教材申报并获批了校企合作教材建设项目，吸收了行业龙头企业森宇控股集团有限公司、义乌市双童日用品有限公司的真实营销案例。通过案例分析和实训操作，有效地激发了学生的学习主动性和积极性。

第三，注重课程的信息化教学改革。本教材配备电子课件、案例库、习题库、项目测评等数字化教学资源，帮助教师运用信息技术手段进行教学，通过线上线下混合式教学模式，融“教、学、演、练”于一体，使学生熟练掌握和灵活运用营销学的相关理论知识和技能。

第四，应用性强、受众面广。通过本教材的学习，学生可充分了解市场营销学的最新理论和前沿知识，培养市场营销实战技能。本教材既可以作为高职院校的市场营销、电子商务、国际贸易专业及其他经管类专业的核心课程教材，又可以作为其他专业通识教育课程的教材。此外，本教材深入浅出，通俗易懂，适用于成人教育、员工培训及自学。

本教材由义乌工商职业技术学院二级教授赵红英担任第一主编，龚紫娟副教授担任第二主编；由陈庆、单勤琴、程艳冉、张思平担任副主编。具体编写分工为：赵红英（项目一、项目五）、龚紫娟（项目二、项目六）、陈庆（项目七）、单勤琴（项目三）、程艳冉（项目四）、张思平（项目八）。全书由赵红英教授负责整体策划和统稿。

在编写本教材的过程中，编者参考并引用了大量国内外文献，借鉴了众多国内外学者的最新研究成果，楼仲平、刘凤仙两位企业兼职教师在教材中引入了企业典型营销案例。由于篇幅有限，不能一一列举，在此一并向各位作者表示感谢！

由于编写团队水平所限，书中难免存在疏漏之处，敬请广大专家学者和师生们提出宝贵意见，便于后期不断改进和完善。

编者

目录

项目一　认知市场营销

学习目标

知识目标

1. 正确认识市场营销的基本内涵。
2. 把握市场营销过程中的核心概念。
3. 树立科学的市场营销观念。
4. 明确市场营销管理的实质。

能力目标

1. 运用科学的市场营销观念，分析商战中营销活动的本质。
2. 运用市场营销管理的基本知识，及时发现消费需求的变化。
3. 根据市场状况提出相应的营销策略建议。

素养目标

1. 树立正确的市场发展观，体会改革开放四十多年以来我国市场发展的巨大成就。
2. 树立正确的现代市场营销理念，提高营销职业道德水平和社会责任感。

案例导入

茶业市场日渐细分　小罐茶开启多品牌布局

伴随着国民消费升级以及文化自信的觉醒，饮茶正重新成为现代人的潮流生活方式。2022年，小罐茶宣布启动多品牌战略，并顺势推出3个新的子品牌，分别是主打年份茶的“年迹”、定位新国民生活茶的“茶几味”，以及C. TEA. O智能泡茶机，这意味着，小罐茶进入了“多品牌+多产品线”阶段。

年迹是小罐茶旗下专注于年份普洱茶、年份白茶的专业品牌；茶几味是小罐茶旗下的新国民生活茶品牌，也是首个主打“性价比”的子品牌；而C. TEA. O则是小罐茶历时五年打造的智能泡茶机品牌，借此革新中国茶冲泡方式。在直播活动上，小罐茶创始人、董事长杜国楹介绍道，茶几味产品最便宜的100克装定价不到50元。相比在天猫旗舰店定价为80克1 000元左右的金罐，“茶几味”的价格更亲民，希望能开拓大众消费群。

《2022抖音电商茶行业洞察报告》数据显示，2021年抖音电商茶行业商家数量同比增长103%，茶行业商家直播时长同比增长135%，直播看播人次同比增长585%，7至12月期间18～30岁消费者规模同比增幅达639%，增速惊人。另据艾媒咨询数据，2021年中国茶叶线上消费者中，19～30岁人群占比已达46.8%，超过了31～40岁人群的37.6%。这意味着，年轻人正崛起成为线上茶叶消费的主力军。

乘着茶饮年轻化的东风，近年不少新式茶饮品牌也开始在资本市场崭露头角。据21世纪经济报道记者梳理，新式茶品牌茶里CHALI在2015年至2021年连续七年获得融资，在2021年6月完成数亿元战略融资；创立于2020年的茶小空Teakoo也于2021年6月完成过亿元A轮融资；2022年6月，现代派中国茶品牌“ONCHA开始喝茶”关联企业开始喝茶（北京）科技有限公司完成了1 000万元的Pre-A轮融资，投资方为佳沃创投。

这些茶饮品牌大多在试图摘下“老气”的标签以赢得年轻市场。以主打配方茶的胶囊茶语为例，该品牌以“女生茶”“以茶养妆”等概念切入市场，后续围绕速溶胶囊茶扩大市场，其招牌系列“彩虹胶囊茶”在添加了酵素、蛋白肽等原料的基础上辅以色彩斑斓的包装，重点突出产品的年轻化特征。

另外，诸如喜茶、奈雪的茶、茶颜悦色等品牌一方面在积极开拓包装茶市场，另一方面也在拓展作为第三空间的饮茶场景。2022年5月，茶颜悦色在长沙第一家“小神闲茶馆”开始营业，宣称“仅限堂食、不可打包”，除了手冲茶、原叶茶等饮品也提供零售茶点；深圳tea'stone的直营店更是把单店面积做到了200到400平方米，意图打造中国式会客厅，营业至凌晨1点的“零点茶吧”理念也为年轻人创造了夜晚新去处。

为顺应年轻人对茶叶消费的倾向转变，小罐茶也开始调整运营思路。此前一直以“高端特质，大师制茶”为卖点，依靠大单品和高客单价策略的小罐茶，近年来在产品矩阵中增加了售价更低、更大罐的多泡茶产品，以及面向年轻群体的彩色罐产品。打破原先框定的高端目标客群后，小罐茶收获了一定效果：2021年下半年，曾向外界披露，小罐茶已经恢复到最高峰时的销售。

资料来源：节选自叶碧华，赵婧轩．茶业市场日渐细分 小罐茶开启多品牌布局［EB/OL］．21世纪经济报道，2022-06-21．

任务一　认知市场营销核心概念

一、市场营销概述

（一）市场的概念

市场是社会分工和商品经济发展到一定程度的产物。随着社会生产力的发展、社会分工的细分，商品交换日益丰富，交换形式日趋复杂，人们对市场的认识日益深入。市场简而言之就是商品交换的场所，如商店、集市、商场、超市、交易所等，所有商品都可以从市场流进流出，实现商品由卖方向买方转换。

从经营者的角度来看，人们常常将卖方称为行业，而将买方称为市场，它们的关系如图 1-1 所示。

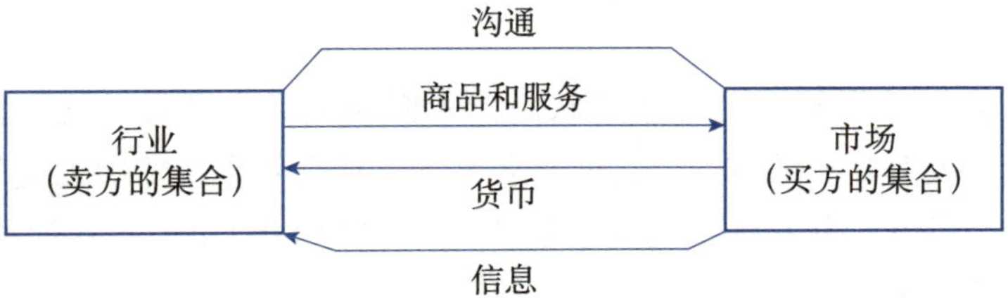

图 1-1　市场与行业的关系

市场是买方的集合，我们可以看到，市场的大小取决于那些表示有某种需要，拥有使别人感兴趣的资源，并且愿意以这种资源来换取其所需之物的主体数量。具体而言，市场由购买者、购买力和购买欲望三要素组成。当以上三要素同时具备时，企业才拥有市场，即市场＝购买者＋购买力＋购买欲望。

（二）市场营销的概念

市场营销是指如何根据买方的需求从事生产经营和销售。它贯穿于企业经营全过程，指导着企业的每一个决定和决策方向。

世界著名市场营销学家菲利普·科特勒（Philip Kotler）指出：“市场营销是个人和群体通过创造产品和价值，并同他人进行交换以获得所需、所欲之物的一种社会及管理过程。”

根据这一定义，我们可以将市场营销的概念归纳为以下几个要点：

（1）市场营销的终极目标是满足需求和欲望。

（2）市场营销的核心是交换。交换过程是一个积极的主动寻找机会、满足双方需求及欲望的社会和管理过程。

（3）交换过程能否顺利进行，取决于营销者创造的产品和价值满足顾客需要的程度及交换过程管理的水平。

二、市场营销的核心

市场营销的核心概念包括五组关键词：需要、欲望与需求，商品与服务，价值与满意，交换与交易，市场与营销者，如图 1－2 所示。

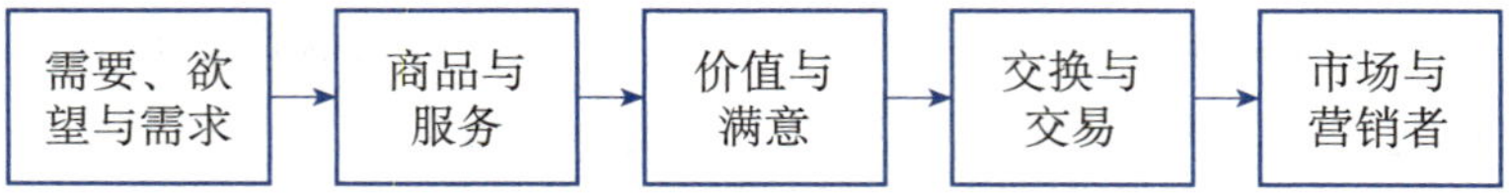

图 1－2　市场营销的核心概念

（一）需要、欲望与需求

1. 需要

需要是指人们没有得到满足的感受状态。人们在生活中需要空气、食品、衣服、住所、安全、感情以及其他一些东西，这些需要都不是社会和企业所能创造的，而是人类自身本能的基本组成部分。如马斯洛的需要层次理论包括生理需要、安全需要、社交需要、尊重需要和自我实现需要五个层次。

2. 欲望

欲望是指人们想得到这些基本需要的具体满足物或方式的愿望。比如，一个人需要食品，想要得到一个面包；需要被人尊重，想要购置一辆豪华轿车；等等。

3. 需求

需求是指人们有能力购买并且愿意购买某种商品或服务的欲望。人们的欲望几乎没有止境，但资源却是有限的。因此，人们想用有限的金钱选择那些价值和满意程度最大的商品或服务。当有购买力作后盾时，欲望就变成了需求。

（二）商品与服务

人们在日常生活中需要各种商品来满足自己的各种需要和欲望。从广义上来说，任何能满足人们某种需要或欲望而进行交换的东西都是商品。

当购买者购买商品时，实际上是购买该商品所提供的利益和满意程度。例如，在具有相同的报时功能的手表中，为什么有的消费者偏爱价格高昂的劳力士手表？原因在于它除了基本的报时功能外，还是成功者身份的象征。这种由产品和特定图像、符号组合起来表达的承诺，能够帮助消费者对有形产品和无形产品做出购买判断。由于人们不是为了商品的实体而购买商品，商品的实体是利益的外壳，因此，企业的任务是推销商品实体中所包含的内核——利益或服务，而不能仅限于描述商品的外形。

（三）价值与满意

产品价值俗称产品效用，是顾客选购产品的首要因素。消费者在面对一大批能满足某一需要的商品时，要在这些不同商品之间进行选择，一般都是依据商品所能提供的最大价值而做出购买决定的。这里所谓的价值就是消费者付出与消费者所得之间的比率。一般来说，消费者在获得利益的同时也需要承担成本。消费者所获得的利益包括功能利益和情感利益，而成本则包括金钱、时间、精力以及体力。因此，价值可用以下公式来表达：

价值＝利益/成本

＝（功能利益＋情感利益）/（金钱成本＋时间成本＋精力成本＋体力成本）

满意是指顾客通过对某商品可感知的效果与其价值期望相比较后所得到的愉悦或失望的感觉状态。满意水平表示感知效果与价值期望之间的差异函数，即满意水平＝感知效果－价值期望。

如果效果超过期望，顾客就会高度满意；如果效果与期望相等，顾客也会基本满意；但如果效果低于期望，顾客就会不满意。

（四）交换与交易

需要与欲望只是市场营销活动的序幕，只有通过交换，营销活动才能真正发生。交换是提供某种物品作为回报而与他人换取所需物品的行为，它需要满足以下五个条件：

第一，至少要有买卖双方；

第二，每一方都要有对方所需要的有价值的物品；

第三，每一方都要有沟通信息和传递信息的能力；

第四，每一方都可以自由地接受或拒绝对方的交换条件；

第五，每一方都认为与对方的交换是称心如意的。

如果存在上述条件，交换就有可能发生，市场营销的中心任务就是促成交换。交换的最后一个条件是非常重要的，它是现代市场营销的一种境界，即通过创造性的市场营销，交换双方达到双赢。

交易是交换的基本单元，是交换双方的价值交换。或者说，如果交换成功，就有了交易。怎样达成交易是营销界长期关注的焦点，各种各样的营销理论实际上都可归纳为对这一问题的不同看法。

（五）市场与营销者

市场营销就是以满足人们各种需要与欲望为目的，通过市场变潜在交换为现实交换的活动。毫无疑问，这种活动是指与市场有关的人类活动。在这种交换活动中，对交换双方来说，如果一方比另一方更积极主动地寻求交换，则前者称为营销者，后者称为潜在顾客。具体来说，营销者就是指希望从他人那里得到资源，并愿以某种有价值的东西作为交换的人。很明显，营销者可以是一个卖方，也可以是一个买方。假如有几个人同时想买某幢漂亮的房子，每个想成为房子主人的人都力图使自己被卖方选中，这些购买者都在进行营销活动，都成了营销者。

任务二 掌握市场营销学研究对象及方法

一、市场营销学的研究对象

市场营销学的研究对象为：以市场为导向的市场营销活动及其规律。具体来说，市场营销学的全部研究都是以产品适销对路、扩大市场销售为中心而展开的，并为此提供理论、思路和方法。它的核心思想是企业必须面向市场、面向消费者、适应不断变化的环境并及时做出正确的反应，企业必须发挥自身的优势，比竞争者更好地为消费者或用户提供令人满意的各种商品或服务，并且要用最少的费用、最快的速度将产品送达用户手中，企业应该而且只能在消费者或用户的满足之中实现自己的各项目标。

二、市场营销学的研究方法

近百年来，人们从不同的需要出发，对企业的市场营销活动进行多角度、多侧面、多层次的研究，形成了产品、机构、职能、管理、历史、系统六种研究方法。

（一）产品研究法

产品研究法即对产品（商品），如农产品、机电产品、化工产品等，分门别类进行研究的方法。其优点是可以详细分析研究各类或各种产品在市场营销中遇到的具体问题，针对性强。缺点是由于市场上产品类型繁多，不可能逐一进行分析，而且易出现重复研究的情况。

（二）机构研究法

机构研究法是对渠道系统中的各个环节（机构），如生产者、代理商、批发商和零售商的营销问题进行研究的方法。

（三）职能研究法

职能研究法即通过详细分析各种市场营销职能（如购买、销售、仓储等）和执行各种营销职能中所遇到的问题来研究市场营销的方法。

（四）管理研究法

管理研究法又称决策研究法，它是从决策管理的角度来研究市场营销的问题，即根据目标市场的需要，分析研究外部环境因素，同时考虑企业自身的资源条件及营销目标，选择最佳的市场营销组合以满足目标市场的需要，提高市场占有率，增加盈利的方法。

（五）历史研究法

历史研究法即从事物发展变化或演变的角度来分析研究和阐述市场营销问题的方法。例如，分析阐述市场营销含义的发展变化、企业经营思想的演变、零售机构生命周期的发展演变等，从中找出它们发展变化或演变的原因。

（六）系统研究法

系统研究法是企业管理部门在做营销决策时，把企业的有关环境和市场营销活动过程看作一个系统，统筹兼顾其市场营销系统中的各个相互影响、相互作用的组成部分，做到协同行动、密切结合，从而产生有效的作用来提高营销绩效的方法。

三、市场营销学的研究意义

（一）市场营销对企业发展的作用

从微观角度看，市场营销是连接社会需求与企业反应的中间环节，是企业把消费者需求和市场机会变成有利可图的机会的一种行之有效的方法，亦是企业战胜竞争者、谋求发展的重要手段与方法。

1. 发现和了解消费者的需求

企业只有通过满足消费者的需求，才能实现企业的目标，因此，发现和了解消费者的需求是市场营销的首要功能。

2. 指导企业决策

决策正确与否是企业成败的关键。企业通过市场营销活动，分析外部环境的动向，了解消费者的需求和欲望，了解竞争者的现状和发展趋势，结合自身的资源条件，指导在产品、定价、渠道、促销等方面做出相应的、科学的决策。

3. 开拓市场

企业市场营销活动的另一个作用就是通过对消费者现有需求和潜在需求的调查、了解与分析，充分把握和捕捉市场机会，积极开发产品，建立更多的分销渠道及采用更多的促销形式，开拓市场，增加销售。

4. 满足消费者的需要

企业通过市场营销活动，从消费者的需求出发，根据不同目标市场的顾客，采取不同的市场营销策略，合理地组织企业的人力、物力、财力等资源，为消费者提供适销对路的产品，搞好售后服务，让消费者满意。

（二）市场营销学对社会发展的意义

从宏观角度看，一方面，市场营销学强调适时、适地、以适当价格把产品从生产者传递到消费者手中，寻求生产与消费在时间、地区的平衡，从而促进社会总供需平衡；另一方面，市场营销学通过指导社会营销活动，引导生产与消费，满足整个社会的需求，对实现我国经济的转型升级起到巨大的作用。主要体现在以下几个方面：

1. 促进产品的适销对路，提高社会经济效益

成功的市场营销可减少滞销产品的产生，促进产品的适销对路，从而加快产品的周转和销售，减少产品的积压和资金的占用，将会大大提高社会的经济效益。

2. 引导消费者需求，提高消费者生活品位

有效的市场营销不仅能成功地销售产品，而且可以在产品的宣传过程中传播新的消费观念。人们接受了新的观念，会直接影响政治、文化等社会生活的各个方面，从而提高人民的生活水平，推动社会发展。

3. 发展市场营销，推动第三产业的发展

第三产业在社会主义市场经济的发展中起着重要的作用，没有第三产业的发展，整个经济就不可能得到健康的发展，而市场营销尤其是服务市场营销是第三产业得以发展的重要条件与内容。只有树立市场营销观念，努力提高服务质量和顾客满意度，服务市场才会不断地发展壮大，社会主义市场经济才会健康、稳定、协调发展。

4. 营造国际市场营销环境，促进我国经济发展

现代市场具有国际化和全球化的特点，任何一个国家的经济发展都离不开国际市场。搞好市场营销有利于吸引外商来我国进行贸易投资，也有利于我国企业进入国际市场，参

与国际市场竞争，加速我国经济发展。

任务三　认识市场营销管理对象与任务

市场营销管理是指为达到个人及机构的交换目的而规划和实施产品及服务的构思、定价、分销、促销的过程。市场营销管理是一个过程，包括分析、规划、执行和控制，其管理的对象包含理念、产品和服务。

市场营销管理的主要任务是刺激消费者对产品的需求，但不局限于此。它还在实现营销目标的过程中，影响消费者的需求水平、需求时间和需求构成。因此，市场营销管理的任务是刺激、创造、适应及影响消费者的需求。从此意义上说，市场营销管理的本质是需求管理。企业在开展市场营销的过程中，一般要设定一个在目标市场上预期要实现的交易水平，然而，实际需求水平可能低于、等于或高于这个预期的需求水平。换言之，在目标市场上，可能没有需求、需求很小或存在超量需求。市场营销管理就是要应对这些不同的需求情况。

根据需求水平、时间和性质的不同，可归纳出八种不同的需求状况。在各种不同的需求状况下，市场营销管理的任务有所不同。

一、负需求

负需求是指市场上众多顾客不喜欢某种产品，即绝大多数人对某种产品感到厌恶，甚至愿意出钱来回避它的一种需求状况。如近年来许多老年人为预防各种老年疾病而不敢吃甜食和肥肉，有些顾客害怕空难而不敢乘坐飞机等。在负需求的情况下，市场营销管理的任务就是改变市场营销，分析该产品不受欢迎的原因，研究是否可以通过重新设计、降价、积极促销等方案来改变顾客的印象和态度。诸如宣传老年人适当吃甜食可促进脑部血液循环，乘坐飞机出事的概率比较小，等等。把负需求转变为正需求，称为“改变市场营销”。

二、无需求

无需求是指目标市场顾客对某种产品不感兴趣或漠不关心的一种需求状况。如个别非洲国家土著居民不穿鞋子，对鞋子无需求。市场对下列产品无需求：（1）人们一般认为无价值的废旧物资；（2）人们一般认为有价值，但在特定市场无价值的东西；（3）新产品或消费者平常不熟悉的物品等。在无需求情况下，市场营销管理的任务是刺激市场营销，即通过大力促销及其他市场营销措施，努力将产品所能提供的利益与人们的需要和兴趣联系起来。

三、潜在需求

潜在需求是消费者有强烈需求，而现有产品或服务又无法使之满足的一种需求状况。例如，老年人需要高植物蛋白、低胆固醇的保健食品，美观大方的服饰，安全、舒适、服务周到的旅游服务等，但许多企业尚未重视老年市场的需求。在潜在需求情况下，市场营销管理的任务是开发市场，估测潜在市场的规模，并开发产品和服务，以有效地满足潜在的需求，将潜在需求转变为现实需求。

四、下降需求

下降需求是指目标市场顾客对某些产品或服务的需求出现了下降趋势的一种需求状况。如近年来城市居民对电风扇的需求已饱和，需求相对减少。在下降需求情况下，市场营销管理的任务是要了解顾客需求下降的原因，或通过改变产品的特色，采用更有效的沟通方法再刺激需求，即创造性地再营销，或通过寻求新的目标市场，重振市场营销，力挽狂澜，以扭转需求下降的格局。

五、不规则需求

企业常面临因季节、月份、周、日、时对产品或服务需求的变化而造成生产能力和商品的闲置或过度使用。如公用交通工具在运输高峰时不够用，在非高峰时则闲置不用。又如在旅游旺季时旅馆客房紧张和短缺，在旅游淡季时旅馆客房空闲。在不规则需求情况下，市场营销的任务是协调市场营销，即通过灵活的定价、促销及其他激励因素来改变需求时间模式，使产品或服务的市场供给与需求在时间上协调一致，使之均等化，这称为“同步营销”。

六、充分需求

充分需求是指某种产品或服务目前的需求水平和时间等于期望的需求，这是企业最理想的一种需求状况。但是，在动态市场上，消费者需求不断变化，竞争会日益加剧。因此，在充分需求情况下，市场营销管理的任务是改进产品质量及不断预测消费者需求的满足程度，通过降低成本来保持合理价格，并激励营销人员和经销商大力推销，千方百计维持现时需求，这称为“维持营销”。

七、过度需求

过度需求是指市场上顾客对某些产品的需求超过了企业的供应能力，产品供不应求的一种需求状况。比如，由于人口过多或物资短缺，引起交通、能源及住房等产品供不应求。在过量需求情况下，市场营销管理的任务是减缓营销，可以通过提高价格、减少促销和服务等方式暂时或永久地降低市场需求水平，或者设法降低盈利较少或服务需要不大的市场的需求水平。企业最好选择那些利润较少、要求提供服务不多的目标顾客作为减缓营销的对象。减缓营销的目的不是破坏需求，而只是暂时降低需求水平。

八、有害需求

有害需求是指市场对某些有害产品或服务的需求。对于有害需求，市场营销管理的任务是反市场营销，即劝说喜欢有害产品或服务的消费者放弃这种爱好和需求，大力宣传有害产品或服务的严重危害性，大幅提高价格，以及停止生产供应等。

任务四　市场营销观念及其演变

市场营销观念是企业开展市场营销工作的指导思想或企业的经营思想。它集中反映了企业以什么样的态度和思想方法看待和处理企业、顾客及社会三者之间的利益关系。市场营销工作的指导思想正确与否对企业经营的成败兴衰具有决定性的意义。

企业市场营销的指导思想是在一定的社会经济环境下形成的，并随着这种环境的变化而变化。当然，指导思想的变化会促使企业的组织结构以及业务经营程序和方法的调整及改变。一个世纪以来，市场营销观念经历了一个漫长的演变过程，可分为：生产观念、产品观念、推销观念、市场营销观念和社会营销观念。

微课：

市场营销的核心概念及营销观念

一、生产观念

生产观念也称生产中心论，这种指导思想认为，消费者或用户喜欢的是那些买得到而且买得起的产品。因此，企业应组织自身所有资源、集中一切力量提高生产效率和分销效率，扩大生产，降低成本以拓展市场。显然，生产观念是一种重生产、轻市场营销的企业经营思想。

20 世纪初，亨利·福特（Henry Ford）在开发汽车市场时所创立的“扩大生产、降低价格”的经营思想，就是一种生产观念。福特汽车公司从 1914 年开始生产 T 型汽车，福特将其全部精力与才华都用于改进大规模汽车生产线，使 T 型汽车的产量达到非常理想的规模，大幅度地降低了成本，让更多的美国人买得起 T 型汽车。这种只求产品价廉而不讲究花色式样的经营方式无疑是生产观念的典型表现。

生产观念是一种“以产定销”的经营指导思想，它在以下两种情况下仍显得有效：

第一，市场商品需求超过供给，卖方竞争较弱，买方争购，选择余地不大。

第二，产品成本和售价太高，只有提高效率，降低成本，从而降低售价，才能扩大销路。

但是，在这种经营思想指导下运作的企业也面临一大风险，即过分狭隘地注重自己的生产经营，忽视顾客真正所需要的东西，使企业面临困境。

二、产品观念

产品观念认为，消费者会喜欢质量最优、性能最好、特点最多的产品，因此，企业应把精力集中在创造最优良的产品上，并不断精益求精。

产品观念是在这样的背景下产生的，相比于上一阶段，社会生活水平已有了较大幅度的提高，消费者已不再仅仅满足于产品的基本功能，而是开始追求产品在功能、质量和特点等方面的差异性。因此，如何比其他竞争对手更能在上述方面为消费者提供更优质的产品就成了企业的当务之急。

过去，我国有不少企业奉行产品理念，“酒香不怕巷子深”“一招鲜，吃遍天”等都是产品观念的反映。目前，我国仍有一些企业不同程度地奉行产品观念，它们把提高产品功能与质量作为企业的首要任务，提出了“企业竞争就是质量竞争”“质量是企业的生命线”等口号，这无疑有助于推动我国企业产品的升级换代，缩短与国外同类产品的差距，一些企业也由此取得了较好的经济效益。

然而，产品观念会引起美国营销学家西奥多·莱维特（Theodore Leavitt）教授所讲的“营销近视症”（Marketing Myopia）现象，即不适当地把注意力放在产品上，而不放在需要上。例如，铁路管理部门认为用户需要的是火车本身，而不是为了解决交通运输问题，于是忽略了飞机、公共汽车、货车和小汽车日益增长导致的竞争。

三、推销观念

这是一种以推销为中心内容的经营指导思想。它强调企业要将主要精力用于推销工作，企业只要努力推销，消费者或用户就会更多地购买。这一观念认为，消费者通常表现出一种购买惰性或者抵触心理，故需要积极引导，企业可以利用一系列有效的推销和促销工具去刺激他们大量购买。在这种观念指导下，企业十分注重运用推销术和广告术，大量雇用推销人员，向现实和潜在买主大肆兜售产品，以期压倒竞争者，提高市场占有率，取得更多的利润。

推销观念产生于从卖方市场向买方市场转变的时期。从 1920 年到 1945 年，西方国家从生产不足阶段开始进入生产过剩阶段，企业之间的竞争日益激烈。特别是 1929 年所爆发的严重经济危机，使得大量商品卖不出去，许多工厂、企业和银行倒闭，大量工人失业，市场萧条。残酷的事实使许多企业家认为，即使物美价廉的产品也未必能卖出去，必须重视和加强商品销售工作。

推销观念有其合理的地方，一般而言，消费者购买是有惰性的，尤其是在产品丰富和销售网点健全的情况下，人们已不再需要像特殊时期那样储存大量产品，也没有必要担心商品涨价。买商品只求“够用就行”已成为主导性的消费观念。另外，在买方市场条件下，过多的产品追逐过少的消费者也是事实。因此，加强推销工作以传播本企业的产品信息，劝说消费者选择购买本企业产品，都是非常必要的。

然而，推销观念注重的仍然是企业的产品和利润，不注重市场需求的研究和满足，不注重消费者利益和社会利益。强行推销不仅会引起消费者的反感，而且还可能使消费者在不自愿的情况下购买了不需要的商品，严重损害了消费者的利益，这样反过来又会给企业造成不良的后果。正如科特勒教授所指出的，感到不满意的顾客不会再次购买该产品，更糟糕的情况是，感到满意的普通顾客仅会告诉其他三个人有关其美好的购物经历，而感到不满意的普通顾客会将其糟糕的经历告诉其他十个人。

四、市场营销观念

市场营销观念也称为需求中心论，它与推销观念及其他传统的经营思想存在根本的不同。这一观念认为，实现企业营销目标的关键在于正确地掌握市场的需求，然后调整市场营销组织，使公司能比竞争者更有效地满足消费者的需求。这种营销观念的具体表现是顾客需要什么，就卖什么，而不是企业自己能制造什么，就卖什么。

20 世纪 50 年代以后，资本主义发达国家的市场已经进入供过于求，卖主间竞争激烈，买主处于主导地位的买方市场。同时，科学技术发展，社会生产力得到了迅速的提高，人们的收入水平和物质文化生活水平不断提高，消费者的需求向多样化发展并且变化频繁。在这种背景下，企业意识到传统的经营观念已不能有效地指导新形势下的企业营销管理工作，于是市场营销观念形成了。

在这种观念的指导下，“顾客至上”“顾客永远是正确的”“爱你的顾客而非产品”“顾客才是企业的真正主人”等成为企业家的口号和座右铭。营销观念的形成，不仅从形式上，更从本质上改变了企业营销活动的指导原则，使企业经营指导思想从以产定销转变为以销定产，第一次摆正了企业与顾客的位置，所以说它是市场观念的一次重大革命。图 1-3 展示了营销观念与推销观念的本质区别。

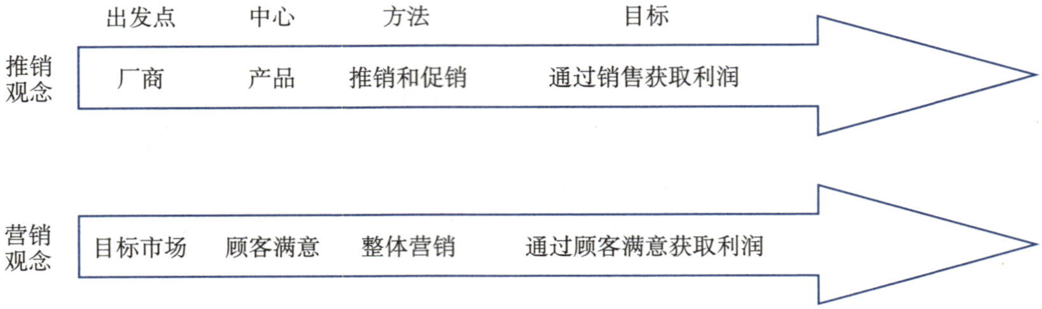

图 1-3　营销观念与推销观念的本质区别

市场营销观念的意义具体可以体现为：

第一，企业的市场营销工作由以生产者为中心转向了以目标市场的顾客需要为中心，促进了“顾客至上”思想的实现。

第二，改变了企业的组织结构，提高了市场营销部门在企业中的地位，建立了以市场营销为中心的新的管理体制。

第三，改变了企业的经营程序和方法，企业的市场营销转化为整体性的营销活动过程，营销管理工作占据了重要的地位。

第四，销售工作由过去的高压式或“硬卖”转变为诱导式的“软卖”，通过满足顾客的需求来获取利润。

由于市场营销观念符合“生产是为了消费”的基本原理，既能较好地满足市场需要，同时也提高了企业的环境适应能力和生存发展能力，因而自从被提出后便引起了广泛的注意，为众多企业所追捧，成为当代市场营销学研究的主体。

五、社会营销观念

社会营销观念也称为社会中心论，它是用来修正或取代市场营销观念的。这种观念认为，企业的任务是确定目标市场的需要、欲望和利益，并且在保持或增进消费者和社会福利的情况下，比竞争者更有效地满足目标市场消费者的需求。

社会营销观念产生于 20 世纪 70 年代，要求企业在确定营销决策时权衡三方面的利益，即企业利润、消费者需求的满足和社会利益，使企业既发挥特长，在满足消费者需求的基础上获取经济效益，又能符合社会利益，从而使企业具有强大的生命力。许多公司通过采用和实践社会营销观念，获得了引人注目的销售业绩，如华为、联想等大公司就是其中成功的例子，在消费者心目中树立了国货优品的良好形象。

案例思考

双童公司的营销观念

义乌双童日用品有限公司专注饮用吸管研发、生产和销售，同时始终走资源节约、环境友好型的可持续发展道路，创新可降解产品，建设花园式生态工厂，创建和谐的幸福企业，实现多方共融、共赢、共享。

思考： 双童公司的做法给我们提供了哪些有益启示？

项目小结

市场是社会分工和商品经济发展到一定程度的产物，狭义的市场指的是商品交换的场所，广义的市场则是由那些具有特定需要或欲望，并且愿意并能够通过交换来满足这种需要或欲望的全部顾客所构成的。

市场营销是个人和群体通过创造产品和价值，并同他人进行交换以获得所需所欲的一种社会及管理过程。为了加深对市场营销概念的理解，应该掌握一些基本的核心概念，具体包括：需要、欲望与需求；商品与服务；价值与满意；交换与交易；市场与营销者等。

市场营销学是在经济学、行为科学等学科基础上发展起来的，它重点研究以市场为导向的企业市场营销活动及其规律性，采用了产品、机构、职能、管理、历史、系统六种研究方法。市场营销学是一门动态发展的学科，随着经济社会的发展变化而不断地更新内容。

市场营销观念是企业开展市场营销工作的指导思想或企业的经营思想，它集中反映了企业以什么样的态度和思想方法去看待和处理企业、顾客和社会三者之间的利益关系，市场营销工作的指导思想正确与否对企业经营的成败兴衰具有决定性的意义。

企业市场营销的指导思想是在一定的社会经济环境下形成的，并随着这种环境的变化而变化。一个世纪以来，市场营销观念经历了一个漫长的演变过程，可分为生产观念、产品观念、推销观念、市场营销观念和社会营销观念五个不同的阶段。

即测即评

项目测评

一、简答题

1. 生产观念与产品观念有何不同？

2. 需求与需要有何不同？企业若把两者混淆将会产生什么不良的后果？

3. 企业采用社会营销观念指导市场营销活动，将对企业运作产生什么样的影响？

4. 如何理解彼得·德鲁克所言："营销的目的就是要使推销成为多余"？

5. 营销观念是否意味着企业就应当把自己局限于消费者想要满足的那些欲望和需求中来开展营销活动？

二、案例分析题

香格里拉的营销之道

香格里拉是国际著名的大型酒店连锁集团，它的经营策略很好地体现了酒店关系营销的内容。

香格里拉酒店与度假村从1971年新加坡豪华香格里拉酒店的开业起步，很快便以其标准化的管理及个性化的服务赢得国际社会的认同，在亚洲的主要城市得以迅速发展。其总部设在香港，是亚洲最大的豪华酒店集团，并被许多权威机构评为世界上最好的酒店集团之一，它所拥有的豪华酒店和度假村已成为最受人们欢迎的休闲度假目的地。香格里拉始终如一地把顾客满意当成企业经营思想的核心，并围绕该核心将其经营哲学浓缩于一句话——"由体贴入微的员工提供的亚洲式接待"。

香格里拉有8项指导原则：

（1）我们将在所有关系中表现真诚与体贴；

（2）我们将在每次与顾客接触中尽可能为其提供更多的服务；

（3）我们将保持服务的一致性；

（4）我们确保我们的服务过程能使顾客感到友好，员工感到轻松；

（5）我们希望每一位高层管理人员都尽可能地多与顾客接触；

（6）我们确保决策点就在与顾客接触的现场；

（7）我们将为我们的员工创造一个能使他们的个人、事业目标均得以实现的环境；

（8）客人的满意是我们事业的动力。

与航空公司联合促销是香格里拉酒店互惠合作的手段之一。香格里拉与众多的航空公司推出"频繁飞行旅行者计划"。入住香格里拉酒店时，客人只要出示"频繁飞行旅行者计划"的会员卡和付门市价，就可得到众多公司给予的免费里程数或累计点数，如：每晚住宿便可得到德国汉莎航空公司提供的500英里的优惠，美国西北航空公司、联合航空公司500英里的优惠。与之合作的其他航空公司还有加拿大航空公司、新加坡航空公司、瑞士航空公司、澳大利亚航空公司、马来西亚航空公司、泰国航空公司等。另外，香格里拉还单独给予顾客一些额外的机会来领取奖金和优惠。

顾客服务与住房承诺方面，则体现了酒店在承诺、信任原则上的坚持。香格里拉酒店的回头客很多。酒店鼓励员工与客人交朋友，员工可以自由地同客人进行私人的交流。酒店在 2000 年之前建立了一个顾客服务中心，这个项目建立后，客人只需打一个电话就可解决所有的问题。与之前每件事情要查询不同的部门不同，客人只需打一个电话到顾客服务中心，一切问题均可解决，酒店也因此可以更好地掌握顾客信息，协调部门工作，及时满足顾客需求。在对待顾客投诉时，全体员工达成共识，绝不说“不”，即“我们不必分清谁对谁错，只需分清什么是对什么是错”。让客人在心理上感觉他“赢”了，而我们在事实上做对了，这是最圆满的结局。每个员工时刻提醒自己多为客人着想，不仅在服务的具体功能上，而且在服务的心理效果上满足顾客。香格里拉酒店重视来自世界不同地区客人的生活习惯和文化传统的差异，有针对性地提供不同的服务。如对日本客人提出“背对背”的服务：客房服务员必须等客人离开客房后再打扫整理客房，避免与客人直接碰面。酒店为客人设立个人档案并长期保存，作为给客人提供个性化服务的依据。

思考并回答以下问题：

1. 分析香格里拉酒店的营销观念。

2. 香格里拉酒店在顾客满意度方面采取了哪些措施？对你有何启示？

项目二 市场营销理论发展趋势

学习目标

知识目标

1. 掌握顾客价值、顾客成本与顾客让渡价值的概念及相互关系。
2. 掌握顾客满意的概念，了解顾客满意战略的基本内容。
3. 理解绿色营销的内涵，了解绿色营销的具体实施。
4. 了解互联网给营销带来的新变化，了解网络营销的具体实施。
5. 掌握关系营销的本质特征，了解关系营销的类型和营销策略。
6. 理解整合营销的内涵，了解整合营销的类型和营销策略。
7. 了解服务营销和文化营销的内容和特征。

能力目标

1. 能够运用顾客价值理论提高顾客满意度。
2. 能够对网络营销的顾客购买模式进行分析。

素养目标

1. 树立以客户需求为中心的营销理念。
2. 培养随时分析客户有何需求的思维习惯。
3. 能够与时俱进，利用新渠道、新方法满足客户需求。

案例导入

看亚运开幕，感悟中国浪漫

2023 年杭州第 19 届亚运会开幕式可谓是精彩纷呈，以“水”为串联，呈现出的元素如同一幅绚丽多彩的画卷，其中融入浓郁的中国特色，无不展现了杭州本土文化的优雅之韵。看着参赛的 45 个国家及地区代表队向我们走来，他们热情饱满、青春洋溢，无不展示着亚洲风采！杭州亚运会无时无刻不在展示着我们祖国实力的日益壮大和世界朋友圈的不断扩大，我为祖国感到骄傲！

玫瑰有约品牌传承中华优秀传统文化，彰显国风雅韵，受到了国内外消费者的青睐和喜爱。公司借助亚运会的东风，不断创新，开发出更多系列国风女包产品，把中华文化、中国元素传播到了世界各地。

任务一　认知顾客价值

随着市场环境的不断变化，企业越来越深刻地认识到顾客尤其是外部顾客对其生存与发展的重要意义。市场竞争实质上就是争夺顾客的竞争，谁赢得了顾客，谁就赢得了市场。

在当今的买方市场，顾客可以在海量的商品和服务中进行选择，卖方必须为顾客提供满意的产品和服务，否则就会被竞争者迅速占领市场。只有那些以消费者为中心、为目标市场提供卓越价值的企业才能赢得市场，这些企业不仅制造产品，而且善于创造价值，它们不仅精于产品加工，而且深谙顾客价值。这就是以顾客为中心或导向的企业经营哲学和价值营销。

一、顾客价值理论的内涵

早在 1954 年，现代管理学大师彼得·德鲁克就洞察到一个公司的首要任务是创造顾客。但是，今天的顾客面临着纷繁复杂的商品和品牌选择，价格和供应商的选择，这就带来了一个问题：顾客是如何做出选择的？

顾客的购买过程，是一个选购产品的过程。在这个过程中，顾客运用其知识、经验、努力和收入等，按照“价值最大化”的原则，从众多的品牌和供应商中选择自己需要的产品。其中，“价值最大化”是顾客每次交易力争实现的目标，也是其评判交易成功与否的标准。所以，顾客在选择与其进行交易的营销者时，会事先形成一种期望价值，将期望价值与获得的实际价值相比较，是顾客衡量是否得到了“最大价值”的现实评判方法。

著名营销专家菲利普·科特勒以“顾客让渡价值”（customer delivered value）的概念，把顾客购买过程高度程式化，并使之成为营销学的基础理论。他指出，顾客让渡价值是顾客获得的总价值与顾客获得这些总价值支付的总成本差额。简而言之，顾客让渡价值是指顾客总价值与顾客总成本的差额。

二、顾客让渡价值

顾客让渡价值的构成要素如图 2－1 所示。

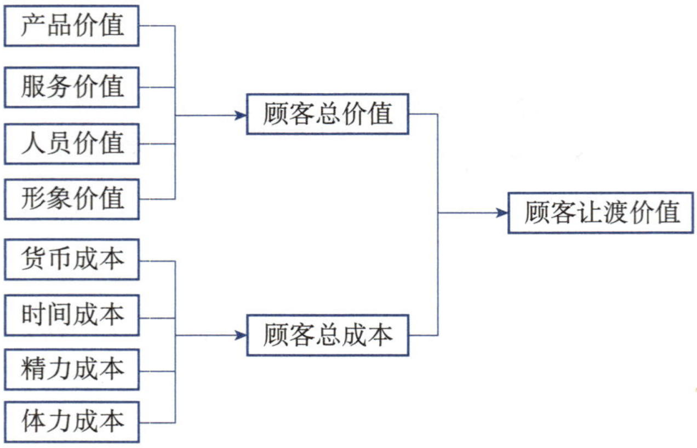

图 2－1　顾客让渡价值的构成要素

（一）顾客总价值

顾客总价值（total customer value）是指顾客从购买的特定产品和服务中所期望得到的所有利益。顾客总价值一般由以下几部分构成：

（1）产品价值（product value），即顾客购买产品或服务时，可得到的产品所具有的功能、可靠性、耐用性等。

（2）服务价值（service value），即顾客可能得到的使用产品的培训、安装、维修等。

（3）人员价值（personal value），即顾客通过与企业中训练有素的营销人员建立相互帮助的伙伴关系，或者能及时得到企业营销人员的帮助。

（4）形象价值（image value），即顾客通过购买产品与服务，使自己成为一个特定企业的顾客，如果企业具有良好的形象与声誉的话，顾客可能受到他人赞誉，或者与这样的企业发生联系而体现出一定的社会地位。

（二）顾客总成本

在获得上述这一系列价值的时候，顾客都不会是无偿的，这体现的是顾客总成本。顾客总成本（total customer cost）是指顾客为购买某一产品所耗费的时间、精力、体力以及所支付的货币资金。顾客总成本一般包括以下四种成本：

（1）货币成本（monetary cost），即顾客购买一个产品或服务需要支付的货币，或者不能得到免费维修调试等需要支出的服务价格。

（2）时间成本（time cost），即顾客选择产品、学习使用、等待需要的服务等所耗时间，所需付出的成本或损失。

（3）精力成本（mental cost），即顾客为购买产品、保养产品，付出精力或者为安全使用产品所付出的担心等。

（4）体力成本（physical cost），即顾客为了使用产品、保养维修产品等方面付出的体力。

图 2-1 表明，顾客总价值越大，顾客总成本越低，则顾客让渡价值越大。

（三）顾客让渡价值提升

顾客购买产品所获得的不仅仅是产品具有的功能和质量；同样，顾客购买产品所付出的，也不仅仅是购买价款。让渡价值可以看成是顾客购买所获得的利润。

提高顾客让渡价值是增加顾客满意程度、吸引购买、扩大销售、提高经济效益、增强企业竞争力的重要途径。提高顾客让渡价值，有三个途径：尽力提高顾客价值，尽力减少顾客成本，在提高顾客价值和减少顾客成本两个方向上都做出营销努力。

具体而言，提高顾客让渡价值的途径有：

（1）在不改变整体顾客成本的条件下，通过改进产品、改善服务、提高人员素质、提升企业形象来提高整体顾客价值。

（2）在不改变整体顾客价值的条件下，通过降低价格或减少顾客购买产品所花费的时间、精力、体力来降低整体顾客成本。

（3）在提高整体顾客价值的同时，提高整体顾客成本，但要使两者的差值增大，从而使顾客让渡价值增加。

三、顾客满意

顾客让渡价值很好地说明了顾客的购买选择与行为取向，但顾客的让渡价值仅仅是他选择购买哪个厂家产品时的一种价值判断。购买以后，顾客对于购买成功与否的评价，还要取决于是否满意。

（一）顾客满意的内涵

顾客满意是指顾客通过对一个产品的感知绩效（感知价值）与他的预期绩效（期望价值）比较后所形成的感觉状态。

顾客的感知价值是指购买和使用产品以后可以得到的好处，包括实现的利益、获得的享受、被提高的个人生活价值。

顾客的期望价值是指顾客在购买产品之前对于产品具有的可能给自己带来的好处或利

益，是对产品或服务提高其生活质量方面的期望。

在很大程度上，他人的评价、介绍、厂家许诺等，对形成顾客的期望价值有很大的影响。显然，顾客满意度是二者的函数，如图 2－2 所示。

顾客满意=*f*（感知价值，期望价值）
- 感知价值>期望价值——很满意
- 感知价值=期望价值——满意
- 感知价值<期望价值——不满意

图 2－2　顾客满意度的形成过程

对于奉行市场营销观念的企业来说，顾客满意是最高目标；对于力图争取更多的顾客并保持已有顾客的企业来说，最主要的努力方向就是使顾客满意。因此，从顾客满意的概念和形成机制中可知，企业可以在降低期望价值、提高感知价值等方面分别或综合性地做出营销努力，来提高顾客的满意度。

（二）顾客满意战略

企业的生存和长期发展，必须建立在顾客满意的基础上。20 世纪 80 年代后期，一些跨国公司陆续导入顾客满意（customer satisfaction，CS）战略。日本汽车业首先引入和推行 CS 战略，大大增强了国际竞争力，取得了丰硕的成果。随后，日、美等国的电脑制造业、通信业、航空服务业、旅游业、银行和证券等服务性行业都纷纷引入顾客满意战略。在我国，上海宝钢集团于 20 世纪 90 年代率先推出了顾客满意战略，紧紧围绕质量、交货期、服务、价格、创新、环境六大要素制定了目标和对策，有效地增强了竞争实力和提高了整体管理水平。此外，国内许多著名企业如海尔集团、格兰仕集团、格力电器等在推行 CS 战略方面不遗余力并卓有成效。

1. CS 战略及其要求

CS 战略：以顾客满意为中心，统筹企业的生产经营活动，通过使顾客满意来实现企业经营目标的经营战略。

CS 战略的要求：

（1）在调查和预测顾客需求的基础上，开发顾客满意的产品。

（2）产品价格与顾客承受能力相适应。

（3）销售网点的建立要方便顾客。

（4）售后服务要细致周到。

“满意的顾客是最好的广告，满意的顾客是最好的推销员”。有关调查研究表明：多一个满意的顾客，有可能增加 8 个新顾客；多一个不满意的顾客，有可能减少 25 个顾客。

2. 外部顾客与内部顾客的关系

CS战略将顾客满意的含义延伸到企业内部，顾客满意包括外部顾客满意和内部顾客满意。在外部顾客满意与内部顾客满意之间发生矛盾时，应当以外部顾客满意为主导。因为外部顾客的不满意，是没有太多的机会来弥补的。

在企业内部，下一道工序是上一道工序的“顾客”。基层员工是基层管理人员的顾客，基层管理人员是中层管理人员的顾客，中层管理人员是高层管理人员的顾客，形成了一条“内部顾客关系链”。

CS战略的顾客观是：以外部顾客满意为标准，促使内部员工积极参与，努力工作，从各方面提高工作质量，促进整体素质的提高。有满意的员工，才有满意的产品和服务；有满意的产品和服务，才有满意的顾客；有满意的顾客，才有满意的效益；有满意的效益，就能拥有更满意的员工。

任务二　网络营销

网络的出现，在信息获取的手段和方法上突破了传统时空观念的限制，改变了企业外部经营和购销的实务操作模式。网络营销是企业利用网络媒体来开展的市场营销活动，是传统市场营销在网络时代的延伸和发展。这种网络环境不仅会给企业拓展经营活动的范围和市场空间带来难得的发展机遇，同时也会给传统的经营理论和实际操作带来巨大的冲击和挑战。成功的网络营销应将互联网的功能与企业的资源、目标和能力联系起来，与消费者的需求和预期结合起来。

一、网络营销的概念

微课：

门户网站营销

从学科意义上讲，网络营销（E-marketing）是借助联机网络、计算机通信和数字交互式媒体的威力来实现营销目标，与市场的变革、竞争及营销观念的转变密切相关的一门新学科。20世纪90年代以来，随着Internet的飞速发展，在全球范围内掀起了互联网应用的热潮，企业纷纷利用网络进行电子广告发布、开展产品的电子销售、提供各种信息服务。同时，企业按照互联网的特点，积极改组其内部结构和探索新的管理营销方法，一种建立在网络基础上的全新营销模式——网络营销便得到了广泛的应用和推广，成为网络时代企业竞争优势的新来源。

二、网络营销的内容

基于 Internet 上的网络营销，虽然基本的营销目的和营销工具与传统的营销是大体一致的，但在实际操作的过程中与传统方式有着较大的区别。网络营销主要包括以下内容。

（一）网上市场调查和消费者行为研究

网上市场调查是指企业利用 Internet 的交互式信息沟通渠道实施的市场调查活动。其所采取的方法包括直接在网上通过发布问卷进行调查，获取第一手资料；在网上收集和整理市场调查所需的第二手资料。

网络消费者是互联网社会的一个特殊群体，要开展有效的网络营销活动，必须深入地进行网络消费者行为研究，了解网络消费群体的需求特征、购买动机、购买者决策过程和消费行为模式。

（二）网络营销规划

网络作为有效的信息沟通渠道，可以使沟通双方突破时空限制进行直接的交流，操作简单、高效，并且费用低廉。这种有效的双向沟通方式改变了传统营销模式。这就要求企业在进行网络营销规划时，必须结合网络特点，设计有针对性的产品、定价、渠道和促销策略。

（三）网络营销管理与控制

网络营销依托互联网开展营销活动，必然面临传统营销活动无法碰到的问题，如网络产品品质的保证问题，消费者隐私的保护问题，以及信息的安全问题等。开展网络营销的企业必须进行有效的管理并解决所出现的问题，方能实现网络营销的目标。

三、网络营销的特点

互联网将遍布全球的各种组织、企业和个人跨时空地联结在一起，使之相互间的信息交流变得唾手可得。互联网所创造的营销环境使得营销活动的范围和方式变得更加宽广和灵活，网络营销使利用网络来展开企业的营销活动，可以弥补传统营销媒体的局限，实现许多传统营销无法涉及的功能。网络营销的独特性表现在以下几个方面。

（一）实时性和交互性

在网络环境中，企业通过电子布告栏、在线讨论和电子信函服务等方式，在营销的全过程中对消费者进行实时的信息收集，与消费者进行实时交流，向潜在顾客提供具体的、必要的信息。这种双向互动的沟通方式，既提高了消费者的参与性和积极性，也提高了企业营销的针对性，有助于实现企业的全程营销目标。

（二）经济性和高效性

网络营销可以降低企业的交易成本，同时提高企业运营的效率。首先，企业通过商业增值网络，使用 EDI（电子数据交换）建立一体化的电子采购系统，实现实时采购，带来采购成本的降低。其次，互联网不仅为市场调查提供了全球性的空间，还大大降低了调查的各种费用。再次，有关产品、渠道等的信息均储存在网络服务器中，企业可直接在线及时更新，顾客可随时在网上查询，从而降低促销成本。最后，网络营销在提高售后服务效率的同时降低了企业的运作成本。

（三）定制化和个性化

网络营销的定制化是指企业利用网络优势，一对一向顾客提供独特化、个性化的产品或服务。网络营销可跟踪每个顾客的消费习惯和偏好，并向其推荐相关产品或服务。通过网络营销，企业与顾客建立起学习型关系。学习型关系是指企业在通过网络向顾客传递信息的同时，也在积极地对顾客进行消费教育和引导，这样，顾客在自身需求得到满足的情况下，将与企业保持长期的联系，密切了企业与顾客的关系，提高了顾客的忠诚度。

（四）方便性和娱乐性

网络营销是集购物的便利性和娱乐性为一体的新型购物模式。售前，顾客可以在网上获得充分的产品或服务方面的信息及相关资料，便于对同类产品或服务的性能、价格等因素进行比较，以做出购买决定。例如，对于准备购买汽车的顾客，网络可以提供目前市面上所有品牌的汽车信息，并提供任意几个品牌汽车的各种性能、价格等指标的对比，且有大量顾客的意见供参考。售中，在网上选购不但省去了购物的路途麻烦，电子结算也省去了现金交款的麻烦，送货上门服务令顾客足不出户就可以完成购物。售后，网络营销也给顾客提供了最好的支持和帮助。总之，网络营销能最大限度地简化购物环节，节省顾客的时间和精力，使顾客真正地“乐在其中”。

四、网络营销的顾客购买模式

在传统环境下，由于地域所限，顾客采购的范围很小，且采购中往往只能凭直觉办事。大范围选择和理性购买是网络环境下顾客购买行为模式的特征。

（一）大范围选择

在网络环境下，时空观念的重组导致企业经营行为发生变化，从而使顾客购买时选择产品或服务的范围没有了限制。在地域方面，网络上没有地域的概念，顾客可以跨地区、跨国界地挑选自己所需要的产品或服务。在时间方面，网络上的信息传递不受时间限制，顾客可以随时寻找到其所需产品或服务的相关信息。

（二）理性购买

在网络环境下，不但顾客购买的范围没有了限制，而且购买过程也更趋于理性化。由于各种定性、定量的分析工具和方法以及价格比较技术在网络时代得到空前的发展，并且有了充分施展的余地，顾客可以从互联网上获得其所需产品或服务的更加全面、完整的资料，从而使购买决策过程更加理性化、科学化。

五、网络营销策略

（一）微营销策略

传统营销是以统一的市场营销策略，面向同一区域的顾客进行营销。其优势在于服务规范的统一性。但其最大不足在于缺乏个性和针对性。随着市场经济的发展和企业之间的竞争加剧，现代营销更强调要围绕细分市场展开活动。

在信息化社会中，企业充分利用互联网、大数据等技术，采用针对个体消费者的兴趣、爱好来开展营销活动的微营销（micro-marketing）策略，从而实现向市场提供多样化、个性化的产品或服务，以满足每个客户的需求。

（二）互动式营销模式

传统营销方式是单向式的，即企业制定一套营销方案向市场推出，而顾客只有被动地接受，企业与顾客间的沟通和互动很难真正实现。企业无法确切了解顾客的兴趣爱好和需求，顾客也很难有机会表达自己的意见和要求。

在网络化社会里，企业利用网络的双向、互动等特点，展开推、拉互动式的网络营销。其互动营销的结果是：不但极大地调动了公众参与的兴趣和热情，而且获得了很好的营销效果。

（三）网络整合营销策略

网络互动的特性使顾客真正参与整个营销过程成为可能，从而不仅使顾客参与的主动性增强，而且选择的主动性也得到了加强。网络上信息丰富的特征，使顾客的选择余地变得很大。在满足个性化消费需求的驱动下，企业必须严格地执行以消费者需求为出发点及归宿点的现代营销理念，否则顾客就会转而选择其他企业的产品。因此，网络营销首先要求把顾客整合到整个营销过程之中，从他们的需求出发开始整个营销过程。在整个营销过程中，企业要不断地与顾客交互，每一个营销决策都要从消费者出发。这样，一方面顾客的个性化需求不断得到愈来愈好的满足，建立起对企业忠诚的意识；另一方面，由于这种满足是针对差异性很强的个性化需求，就使得其他企业的进入壁垒变得很高，从而使本企业赢得了竞争的优势。

（四）网络软营销理论

相对于工业经济时代的大规模生产的“强势营销”而言，网络营销更强调软营销，即企业在进行市场营销活动时，必须尊重消费者的感受和体验，让消费者乐意主动接受企业的营销活动。软营销与强势营销的根本区别在于：软营销的主动方是消费者，而强势营销的主动方是企业。消费者在内心潜意识里希望成为主动方，而网络的互动性和跨越时空性使消费者变成主动方成为可能。这就要求企业在互联网上提供其全面实时的信息，耐心等待由某种个性化需求所驱动的消费者的寻觅。一旦有消费者与企业联系，企业营销人员就应该积极响应，让消费者满意而归。

案例思考

辣条的逆袭：卫龙成网红

这个世界，变化太快。曾经风靡“70后”“80后”童年的麦乳精、三鲜伊面等早就退出或淡出历史舞台。但有一种零食却是零食界屹立不倒的“网红”。它伴随“80后”“90后”一同成长。

近几年卫龙辣条持续霸屏，已然成为朋友圈的一个热点。一包辣条是如何逆袭的？我们简单地摘取其中一个营销事件作为案例。2017年11月5日，卫龙官微放出约一分钟的预告片，号称“斥资9 500元，耗时7天，朝九晚五从不加班，全素人卡司阵容”，转发此微博并关注@卫龙食品，即有机会参与抽奖获得将于“双11”送出的一辆红色海马S5。这可以说是很吸引人了。第二天谜底揭晓，原来是一档名为《鉴货》的鉴宝节目邀请了资深鉴宝专家吕卫国，鉴定了一个长达一米八、粗细很像古代宫廷朝会时的鸣鞭、典型金字塔色的藏品——辣条。专家点评详细感人，以业内口吻对整根辣条从外观、形状、触感、色泽、配色多方面进行品评，以一本正经地胡说八道的风格道出卫龙辣条“双11”的特色。“吃瓜群众”看得热闹，转发量达到1.4万，评论达到近5 000条，点赞近3 000次，产生了极大的影响。这次营销无疑是非常成功的！

思考：

1. 网络营销和传统营销最大的区别是什么？
2. 网络与电视、广播、报纸、杂志等相比有什么优劣势？

任务三 关系营销

一、关系营销的含义

关系营销是把营销活动看成是一个企业与消费者、供应商、分销商、竞争者、政府机构及其他公众发生互动作用的过程，其核心是建立和发展与这些公众的良好关系。

1985 年，巴巴拉·本德·杰克逊（Barbara B. Jackson）提出了关系营销的概念，使人们对市场营销理论的研究又迈上了一个新的台阶。关系营销理论一经提出，迅速风靡全球，杰克逊也因此成了美国营销界备受瞩目的人物。科特勒评价说："杰克逊的贡献在于，其使我们了解到关系营销将使公司获得较之其在交易营销中所得到的更多。"

二、关系营销的本质特征

关系营销的本质特征可以概括为下述几个方面。

（一）双向沟通

在关系营销中，沟通应该是双向而非单向的。只有广泛的信息交流和信息共享，才可能使企业赢得各个利益相关者的支持与合作。

（二）合作

一般而言，关系有两种基本状态，即对立和合作。只有通过合作才能实现协同，因此合作是"双赢"的基础。

（三）双赢

双赢即关系营销旨在通过合作增加关系各方的利益，而不是通过损害其中一方或多方的利益来增加其他各方的利益。

（四）亲密

关系能否得到稳定和发展，情感因素也起着重要作用。因此关系营销不只是要实现物质利益的互惠，还必须让参与各方能从关系中获得情感需求的满足。

（五）控制

关系营销要求建立专门的部门，用以跟踪顾客、分销商、供应商及营销系统中其他参与者的态度，由此了解关系的动态变化，及时采取措施消除关系中的不稳定因素和不利于关系各方利益共同增长的因素。

此外，关系营销通过有效的信息反馈，也有利于企业及时改进产品和服务，更好地满足市场的需求。

三、关系营销的基本模式

（一）关系营销的中心——顾客忠诚

在关系营销中，怎样才能获得顾客忠诚呢？发现正当需求→满足需求并保证顾客满意→营造顾客忠诚，构成了关系营销中的三部曲。

企业要分析顾客需求。顾客需求满足与否的衡量标准是顾客满意程度，满意的顾客会对企业带来有形的好处（如重复购买该企业产品）和无形的好处（如宣传企业形象）。有营销学者提出了形成顾客全面满意的七个因素及其相互间的关系：欲望、感知绩效、期望、欲望一致、期望一致、属性满意、信息满意；欲望和感知绩效生成欲望一致，期望和感知绩效生成期望一致，然后生成属性满意和信息满意，最后形成全面满意。从上述模式中可以看出，期望和欲望与感知绩效的差异程度是产生满意感的来源。所以，企业可采取下面的方法来取得顾客满意：提供满意的产品和服务；提供附加利益；提供信息通道。

市场竞争的实质是争夺顾客资源。维系原有顾客，减少顾客的流失，要比争取新顾客更为有效。维系顾客不仅仅需要维持顾客的满意程度，还必须分析顾客产生满意程度的最终原因，从而有针对性地采取措施来维系顾客。

（二）关系营销的模式——作用方程

企业不仅面临着同行业竞争对手的威胁，而且在外部环境中还存在潜在进入者和替代品的威胁，以及供应商和顾客的讨价还价的较量。企业营销的最终目标是使本企业在产业内部处于最佳状态，能够抗击或改变这五种作用力。作用力是指决策的权力和行为的力量。双方的影响能力可用下列三个作用方程表示："营销方的作用力"小于"被营销方的作用力"，"营销方的作用力"等于"被营销方的作用力"，"营销方的作用力"大于"被营销方的作用力"。引起作用力不等的原因是市场结构状态的不同和占有信息量的不对称。在竞争中，营销作用力强的一方起着主导作用，当双方力量势均力敌时，往往采取谈判方式来影响、改变关系双方作用力的大小，从而使交易得以顺利进行。

四、关系营销的原则

关系营销的实质是在市场营销中与各关系方建立长期稳定的相互依存的营销关系，以求彼此协调发展，因而必须遵循下述原则。

（一）主动沟通原则

在关系营销中，各关系方都应主动与其他关系方接触和联系，相互沟通信息，了解情况，形成制度或以合同形式定期或不定期碰头，相互交流各关系方需求变化情况，主动为关系方服务或为关系方解决困难和问题，增强伙伴合作关系。

（二）承诺信任原则

在关系营销中，各关系方相互之间都应做出一系列书面或口头承诺，并以自己的行为履行诺言，才能赢得关系方的信任。承诺的实质是一种自信的表现，履行承诺就是将誓言变成行动，是维护和尊重关系方利益的体现，也是获得关系方信任的关键，是企业与关系方保持融洽伙伴关系的基础。

（三）互惠原则

各关系方在交往的过程中必须做到相互满足各方的经济利益，并通过在公平、公正、公开的条件下进行成熟、高质量的产品或价值交换，使各关系方都能得到实惠。

五、关系营销的形态

关系营销是在人与人之间的交往过程中实现的，归纳起来主要有下述几种形态。

（一）亲缘关系营销形态

这是指依靠家庭血缘关系维系的市场营销活动。这种关系营销的各关系方盘根错节，根基深厚，关系稳定，时间长久，利益关系容易协调，但应用范围有一定的局限性。

（二）地缘关系营销形态

这是指以企业营销人员所处地域空间为界维系的营销活动，如利用同省同县的老乡关系或同一地区企业关系进行的营销活动。这种关系营销在经济不发达，交通邮电落后，物流、商流、信息流不畅的地区作用较大。

（三）业缘关系营销形态

这是指以同一职业或同一行业之间的关系为基础进行的营销活动。由于接受相同的文化熏陶，彼此具有相同的志趣，各关系方在感情上容易紧密结合为一个“整体”，可以在较长时间内相互帮助，相互协作。

（四）文化习俗关系营销形态

这是指在共同的文化、信仰、习俗基础之上进行的营销活动。由于有共同的理念、信仰和习惯，各关系方在营销活动的相互接触交往中易于心领神会，对产品或服务的品牌、包装、性能等有相似需求，容易建立长期的伙伴营销关系。

（五）偶发性关系营销形态

这是指在特定的时间和空间条件下因发生突然的机遇而形成的一种关系营销。这种营销具有突发性、短暂性、不确定性等特点，往往与前几种形态相联系，但这种偶发性机遇又会成为企业扩大市场占有率、开发新产品的契机，如能企业抓住机遇，可能成为成功发展的关键。

六、关系营销的实施

（一）筛选合作伙伴

企业首先应从所有的客户中筛选出值得和必须建立关系的合作伙伴，并进一步确认要建立关系营销的重要客户。选择重要客户的原则不仅仅是当前的盈利能力，而且包括未来的发展前景。企业可以选择 5 个或 10 个最大的客户进行关系营销，如果其他客户的业务有意外增长也可入选。

（二）指派关系经理

对筛选出的合作伙伴指派关系经理专人负责，这是建立关系营销的关键。企业要为每个重要客户选派干练的关系经理，每个关系经理一般只管理一家或少数几家客户，并派一名总经理管理关系经理。关系经理对客户负责，是有关客户所有信息的汇集点，是企业为客户服务的动员者，对服务客户的销售人员应当进行关系营销的训练。总经理负责制定关系经理的工作职责、评价标准、资源支持，以提高关系经理的工作质量和工作效率。

（三）制订工作计划

为了能够经常地与关系对象进行联络和沟通，企业必须分别制订长期的和年度的工作计划。计划中要确定关系经理职责，明确他们的报告关系、目标、责任和评价标准。每个关系经理也必须制订长期的和年度的客户关系管理计划，年度计划要确定目标、策略、具体行动方案和所需要的资源。

（四）了解关系变化

企业要通过建立专门的部门，用以跟踪顾客、分销商、供应商及营销系统中其他参与者的态度，由此了解关系的动态变化。同时，企业应通过客户关系的信息反馈和追踪，测定他们的长期需求，密切关注合作伙伴的变化，了解他们的兴趣。企业在此基础上，一方面要调整和改善关系营销策略，进一步巩固相互依赖的伙伴关系；另一方面要及时采取措施，消除关系中的不稳定因素和有利于关系各方利益共同增长的因素。此外，有效的信息反馈，有助于企业改进产品和服务，更好地满足市场的需要。

任务四 服务营销

由于服务所涉及的范围很广，而且服务的投入和产出过程相对于传统的制造业投入与产出来讲，往往又是无形的，这无疑增添了准确定义“服务营销”的难度。

一、服务营销的内涵

服务是一种创造价值的经济活动，并在特定的时间和地点向消费者提供益处，从而实现所需的交换。服务营销是指企业在充分认识消费者需求的前提下，为充分满足消费者的需求，在营销过程中所采取的一系列活动。

二、服务营销的特点

在现代经济社会里，几乎没有哪一个商家可以用单一的产品去满足市场上所有消费者的需求，商家只能满足某个或某几个细分市场上特定的消费者的需求，即服务于细分市场。服务产品也是如此。但是，是否所有生产企业的营销观念和管理经验都可以直接转移到服务营销管理上？答案通常是否定的，因为服务营销管理的任务在许多重要方面与生产性企业营销管理有所不同。

我们通过讨论服务产品的独特性来更好地认识服务营销任务与通常的产品营销任务的

区别，以及由此产生的对服务营销任务的关键影响，把握服务营销管理中应当侧重的思路和方向。

（一）服务产品的无形性

尽管服务通常伴随着有形的、物质的要素，例如酒店的床、健身俱乐部的器械、外科医生的手术刀等，但服务作为一种行为，从根本上是无形的，消费者所购买的价值不是从这些有形因素中产生的，而是从无形的行为即服务中产生的。无形性意味着服务作为一种行为既不能触摸，又不能包装，也不能带走，如医生的治疗、交响乐队的现场演出等。这一独特性要求营销管理者重视有形因素的展示，利用有形的形象、象征性的手段来展示服务企业的核心能力，通过利用有形因素让顾客体验服务产品的价值。

（二）顾客所有权的缺失

通常情况下，消费者购买一种产品，如家用电器，就代表实实在在地拥有了该产品的所有权。可是，当你购买一种服务时，你常会发现尽管你拥有服务所产生的价值，却很少或几乎没有获得伴随服务的有形要素的所有权。当然，像外出吃饭和家电维修这样的服务，消费者拥有食物和零配件的全部所有权，但对大多数服务来讲，不存在所有权的转移。例如，租车服务、外科手术、家政等，消费者实质购买的是劳动力和专业技能。站在营销角度思考我们可以发现，消费者购买制成品与购买服务产品所关心的产品属性是不同的，营销者应该关注到这个差异，有针对性地制定营销策略。

（三）服务过程中顾客的介入

有些服务，如写字楼清洁、汽车修理、人身保险等，完全是由服务供应商提供服务的，顾客没有参与服务过程。当然也有许多服务，顾客是介入服务过程中的。如银行的自动柜员机服务、装修公司的设计服务、医院看病、自助餐、课堂教学等，顾客都不同程度地介入服务过程中，服务营销者的行为直接影响顾客对服务产品的体验以及顾客满意度。因此，服务营销者应将培养教育顾客，增强服务场所、设施的方便性、安全性、易使用性作为提高服务质量、提升顾客满意度的有力举措。

（四）他人对服务质量的影响

大多数消费者经历过这样的情景，当你在影院看电影或在音乐厅欣赏音乐，正沉浸在艺术的氛围中时，突然邻座的手机响了，而且他还旁若无人地大声接听电话。可以说，当时你的情绪肯定一下子被破坏了。的确，在很多服务过程中，不仅服务人员、服务设施影响顾客对服务的体验，其他顾客往往也构成服务的一部分，直接影响顾客的服务体验。服务产品的这一特性提醒营销管理人员，要挑选、培训、激励直接与顾客打交道的员工，包括传授专业技巧以及人际沟通技巧。同时，服务供应商应管理和规范顾客的行为，以不破坏其他顾客的服务体验。

（五）服务产品的品质多变性

服务营运过程中，由于服务人员及其他顾客的存在，因此服务产品的品质标准化相当困难。制成品可以在可控条件下生产，通过优化设计和严格的质量管理确保产品质量的标准化，而有顾客参与的服务行业则不然。有些服务体验，如请发型师美发，是在即时条件下边生产边消费，发型师不同，顾客不同，对服务的感知一定不同，即使同一发型师、同一顾客，这次来与上次来的感受也可能截然不同。这是为什么？因为投入变量中人的因素很难控制，达到标准化程度更难。这使得服务机构难以提高效率、控制质量，向顾客提供标准化的产品。营销管理的挑战在于，如何将难以控制的因素所造成的风险降到最低，以及寻找新的方法来满足顾客个性化的需求。

（六）服务质量的难以评估性

许多制成品具有搜索属性，即产品的有关信息诸如产品的外观、颜色、形状、价格、手感、硬度、气味等在购买之前就可以掌握；有些产品和服务，具有体验属性，即产品有关信息只能在购买或消费以后顾客才能把握，如酒店菜品的味道、服务态度；还有一些产品，即使购买消费后，也很难判断其质量等级、好坏，具有信任属性，如外科手术、律师服务、管理咨询等。服务产品大都具有后两种属性。营销决策者面临的挑战是如何打消顾客购买前的疑虑、不信任和购买后的懊悔感觉，并争取回头客和良好的口碑相传。

（七）服务产品的不可存储性

服务产品是一种行为，故其不能像制成品那样，可以在生产后放到仓库存储起来，用于日后的销售。当然，必要的设施、设备、人员可以保留，以备用来生产服务产品，然而，这仅代表服务能力，而不是产品本身。闲置的服务能力，如航班起飞后的空位、闲置的电话线路、放空的公交夜班车，意味着浪费。可是，一旦服务需求超出服务能力，顾客又因为需求得不到即时满足而失望。服务产品的不可存储性，对于营销管理人员的挑战就是如何设计一系列营销手段和运营手段来平衡需求与服务能力之间的矛盾，做到既不流失顾客，又能最有效地利用服务能力。

（八）服务产品的时段性

许多服务产品是即时现场交付的（delivered in real time），顾客本人必须身处现场，如服务机构提供的航空客运、医治患者、美发整容等。顾客通常只愿意排队等候一定的时间，即要求服务产品必须以一个可接受的速度交付，速度被认为是高质量服务的关键要素。而且，现在的消费者对时间越来越关注，不同的顾客赋予时间的价值是不同的，有些顾客愿意为更快、更方便的时间获得服务而支付溢价。服务产品的这一特性，要求营销管理者理解不同细分市场顾客对时间价值的敏感度，梳理业务流程，降低顾客排队等候时间，用提高速度来提升竞争优势。

（九）服务产品通路的多样性

大多数制成品的分销通路是有形的：工厂到仓库，仓库到配送中心，配送中心到销售终端，销售终端到用户。许多服务行业使用电子通路，例如广播电视、电子汇兑等，这些服务行业也可选择将服务产品的生产车间、零售网点与消费地点组合在一起，设计成一个场所来满足顾客的需求。如银行提供给客户销售通路的选择，从银行柜台当面办理业务到电话自助办理直至网上银行办理。

由于通信及互联网技术的飞速发展，可以说，任何以信息为基础的服务领域都具有运用电子商务技术作为构建虚拟通路的潜力，甚至很小的服务企业也具有了低成本向全球拓展业务的可能。服务营销管理者面临前所未有的机会与威胁。

三、整合服务营销管理策略

仅仅将传统的 4P 营销组合理论运用在服务营销管理上是完全不够的。基于对服务管理独特性的深入研究，著名学者克里斯托弗·劳洛克（Chirstopher Lovelock）提出了整合服务营销的 8P 理论。

（一）整合服务营销 8P 要素

8P 理论认为，服务机构要获取竞争优势，必须整合、协调以下 8 个方面。

1. 产品要素（product element）

管理人员必须选择包括核心产品以及顾客认为有价值的围绕核心产品的所有附加服务。也就是说，经理们必须专注于有潜力为顾客创造价值的服务行为的所有方面。

2. 地点、虚拟空间及时段（place，cyberspace and time）

构建服务产品的通路包括对交付时间、地点所使用的通路方法的决策。根据产品的特性，决定使用有形通路或者虚拟通路，或两者并用。速度及时间和地点的方便性是管理者考虑的重要的决定性因素。

3. 服务过程（process）

管理人员必须详尽列明向顾客提供服务产品的过程，在服务运营系统中每一个行动的方法以及顺序。不合理的服务程序设计导致服务过程的冗长、官僚、低效，很可能激怒顾客，同时也使得第一线的员工无所适从。

4. 服务效率与质量（productivity and quality）

效率是指怎样将投入转换成产出，这关系到服务企业的盈利能力；质量是有关产品满足顾客需求、欲望、期望的程度，这关系到顾客忠诚度的建立。管理者必须小心权衡效率与质量，不能孤立偏重某一方面。控制成本对提升效率来讲是至关重要的，然而，管理者必须小心：不恰当地降低成本所引起的服务质量下降，会引起顾客的反感；而一味投资改善质量，置成本上升于不顾，也许会损害盈利能力。

5. 他人（others）

许多服务依赖员工与顾客的直接接触、互动，这种互动性强烈地影响顾客对服务质量的感知。顾客常常依据与他们打交道的服务人员来评价服务质量。鉴于此，成功的服务企业必须花大力气招聘、培训和激励员工，同时寻求规范引导顾客的行为。

6. 沟通与教育（communication and education）

成功的营销离不开与顾客的有效沟通。沟通担当了三个重要的角色：提供所需的信息和建议；说服目标客户；鼓励目标客户购买。服务机构的沟通任务，从根本上讲就是提供服务的价值信息，引导顾客，告知服务的时间与地点，以及教育顾客如何参与服务过程。服务机构还必须选择有效的沟通途径。

7. 有形展示（physical evidence）

例如，建筑物的外观、庭院、室内装饰风格、设施、标识、员工形象、印刷品以及其他的可视物件都可充当房地产业服务质量的有形展示。鉴于此，服务机构必须谨慎管理有形展示，因为有形展示会极大地影响顾客对服务质量产生的印象。

8. 价格与其他使用成本（price and other user costs）

这个方面主要是强调管理顾客为获得服务产品的价值所支付的总成本。管理者的任务包括传统上的定价、制定利润空间、信用条款，同时，还必须尽力降低顾客购买和消费服务产品的其他成本，包括时间、精神和体力成本等。

（二）整合服务营销策略

1. 服务产品的开发策略

在开发服务产品时，要考虑以下三方面的要素：

（1）开发者要清楚：顾客真正想要的是什么？我们从事的是什么生意？核心产品是否向顾客提供了所寻求的解决问题的方案？

（2）核心产品的交付过程：核心产品是如何交付给顾客的？在这一过程中，顾客扮演了什么角色？服务人员是如何介入服务过程中的？服务的流程如何？顾客与服务设施、人员接触程度如何？对附加服务有何要求？

（3）附加服务：围绕核心服务产品，促进其使用，提升其价值和外观的所有行动称为附加服务。每一种附加服务都要求有各自的交付过程。

2. 服务产品的定价策略

与制成品的定价相比，服务产品的定价要困难很多，因为服务产品的成本不像制成品的劳动力成本、原材料成本、仓储费、运费那样容易确定。服务产品投入和产出的多变性，使得生产服务产品的单位成本也许并不相同，如果质量不能保持稳定的话，顾客获得的价值也不相同。

根据营销管理中的顾客让渡价值理论，服务定价策略必须在以下三个基础之上考虑：成本、竞争、对顾客的让渡价值。有效定价的关键就是如何增加顾客的让渡价值，而又不忽略成本、竞争等要素。

3. 服务产品的沟通策略

成功的营销沟通不仅是吸引新顾客而且也是保留现有客户以及与客户建立长久关系的有力工具。近年来，在服务营销管理中广泛推崇“有形展示”策略，即服务企业通过对服务环境、品牌标识、员工形象和业务信息等的有形展示，使顾客抓住服务的有形线索。例如，强调服务生产过程使用的服务设施的优异质量，以及服务员工的高素质水准、从业经验、资历资格。此外，不要忘了利用其他顾客的正面口碑相传。在所有这些行动中，服务营销者担当了说服者的角色，促使潜在购买者实施购买行为。

4. 服务产品的通路构建策略

服务产品的通路是连接服务供应商和顾客消费的纽带。服务通路的构建涉及在合适的时间、地点以合适的交付方式向顾客交付服务的核心产品以及附加产品。进入 21 世纪，服务的通路建设更精彩及富有挑战性。在竞争战略中，速度已成为重要的因素。顾客要求在合适的时间与地点更方便、更快捷地交付服务产品。互联网的高速发展也使服务供应商越发重视服务地点、虚拟空间、服务时段对通路建设的影响。服务交付方式的选择直接影响顾客对服务产品的体验。

根据服务的特性，以及顾客与服务供应商的接触程度，服务交付可分为以下几种类型：

（1）顾客亲临服务现场：在这种情况下，不管顾客是始终在服务现场，还是只在服务流程开始及结束时出现，服务网点的地理位置及服务的运营方式均是通路构建的重要考虑因素。例如，零售超市选址，目标客户的居住区域、工作地点、交通状况、客流量等对决策影响很大。由于电信技术及第三方物流的发展，传统的顾客亲临服务现场的通路面临极大的挑战。

（2）服务供应商送货上门：有些类型的服务，由供应商送货上门，如家居装修、设备维护、航空紧急救援服务等。在构建服务通路时，服务人员、使用的设备、耗费的时间、财务成本是所要考虑的因素。

（3）远程服务：顾客通过远程交易系统与服务供应商完成交易，意味着顾客也许从未见过服务设施，也从未与服务人员谋面。远程服务的具体方式如电话、邮件、传真或电子邮件等。其特征是服务过程是隐藏的。在构建服务通路时，由于电信技术和互联网的运用取代了面对面服务，因此服务流程重组及服务模式的设计至关重要，并不能简单地理解为远程服务取代人工服务。

5. 服务交付地点策略

在何时、何地交付服务是营销经理们在构建服务通路时面临的重要决策。对这个问题的回答反映了顾客的需求和期盼、竞争行动以及服务运营的特征。对于顾客亲临服务现场的情况，选址可以考虑以下几种类型：

（1）特殊选址：尽管方便顾客的选址是非常重要的，但有些服务的运营条件是有严格的地理条件限制的。例如，机场的选址，因为要考虑噪声、地形、气候和其他环保因素，通常远离市区，人们从家里、办公室出发去机场不是很方便。作为服务供应商，应该考虑配套机场地铁快线、穿梭巴士来降低机场出行的不方便性。获得规模效应是选址的另一个考虑因素。例如，很多城市的主要医院提供多种医疗专科服务，满足顾客医治疑难杂症和住院的需求，这需要非常大的服务场地。

（2）建设迷你网点：对于多网点服务企业来讲，建设小规模迷你服务网点是最大限度地提高地域覆盖的有效方法。例如，银行的自动柜员机，遍布大型商场、医院、校园、机场和高级写字楼，通过顾客的自助服务，有效地拓展了银行的业务区域。

（3）进驻多功能场所：现代建筑常常被设计成具有多种功能用途，即使是办公空间，也具有服务休闲娱乐的空间。例如，广州正佳广场进驻了世界品牌专卖店、百货公司、连锁超市、电影院、游乐场、健身俱乐部、餐馆、银行、高档写字楼、星级酒店，向顾客提供一站式购物娱乐体验。选择进驻这样的多功能商业场所，无疑增加了竞争优势。

（4）开拓服务虚拟通路：互联网的广泛运用正在改变顾客的购物习惯，近年来，通过互联网销售制成品与服务产品呈现增长趋势。越来越多的顾客通过互联网、分类杂志、电视广告获取产品与服务信息，上网、拨打订购热线电话购买产品与服务。顾客正从传统的店面购物转向虚拟空间购物。这一变化趋势，对服务供应商来讲，既是挑战也是机会。对于像亚马逊这样的网上零售书商，依托互联网和电子商务技术，在短短几年时间，成就了传统零售书商需要几十年甚至上百年时间才能打造的商业帝国的梦想，而扩张成本不到后者的1%。可以说，互联网和电子商务技术给了市场潜在进入者和新进入者低成本进入和快速扩张的机会。面对这样的挑战，许多传统服务供应商，如全球图书零售巨子巴诺、连锁超市沃尔玛，利用自己雄厚的资源优势，开拓虚拟销售通路，与在线零售商展开正面竞争。同时，传统的店面零售商更加致力于改善顾客的购物体验，使其更精彩、更舒适。

6. 服务交付时间策略

顾客寻求服务的方便性不仅在于在方便的时间和地点购买核心产品，还在于更容易地获得有关的附加服务，尤其是信息、预订和有利于解决问题的帮助。全世界家庭结构的变化趋势是双职工家庭增加，繁忙的工作，常常使他们没有时间处理个人银行账户、保险甚至逛街购物。顾客需要供应商延长营业时间并且更加容易获得服务，最重要的是获得一站式服务，而不是被录音电话转来转去。具体来讲可以考虑以下方式：

(1) 使用 24 小时服务热线：许多服务区域覆盖全国或全球的供应商为了满足顾客对方便服务的需求，开设了呼叫中心，向顾客提供 24 小时热线服务，如银行、保险公司、信用卡中心、票务公司等，身处各地的顾客只需拨打免费电话号码，就可以获得相关服务而不用支付长途电话费用。

(2) 延长营业时间：现在很多零售网点，从加油站、便利店、餐馆到超市都延长了服务时间。

(3) 建立自助服务：利用语音识别系统、互联网，服务供应商培养、教育顾客更多地使用自助服务。

(4) 利用移动通信技术：在以信息为基础的服务行业，服务供应商给一线服务人员配备移动通信设备，如移动电话、手提电脑等实现移动办公，可以向客户提供更好、更快的服务。

7. 使用服务中间商策略

许多服务机构发现，将服务产品的某些部分，尤其是某些附加服务任务分解由中间商担任，可以节约成本。例如，航空公司、酒店利用旅游公司、票务代理公司处理票务、客房预订业务。在 IT 服务行业，有企业将产品交货、安装、维护、故障处理、维修、升级等附加服务交由中间商完成。

8. 提升服务产品的质量与效率策略

关于服务质量的许多研究都是以顾客为导向的。这可以概括为两类：第一类是服务质量改进的“基础策略”，即置身于服务之外，对服务质量的整体设计。如以日本企业为例，强调设计方法前瞻未来，通过小幅改进服务设计，建立减少错误的机制；或像许多欧美企业所采用的那样，根本改变生产过程，注重对服务的反复重新设计。第二类是“把质量放入服务中改进”的策略，即在服务过程中，对服务质量管理进行局部的重点设计，强调注重服务过程的关键环节，把握服务真实瞬间即服务过程中的各个细微环节，作为企业提高服务质量的一个机遇。

案例思考

王永庆卖米的故事

王永庆 15 岁小学毕业后，到一家小米店做学徒。第二年，他用父亲借来的 200 元钱做本金自己开了一家小米店。为了和隔壁那家日本米店竞争，王永庆颇费了一番心思。当时大米加工技术比较落后，出售的大米里混杂着米糠、沙粒、小石头等，买卖双方都是见怪不怪。王永庆则多了一个心眼，每次卖米前都把米中的杂物拣干净，这一额外的服务深受顾客欢迎。王永庆卖米多是送米上门，他在一个本子上详细记录了顾客家有多少人、一个月吃多少米、何时发薪等。算算顾客的米该吃完了，就送米上门；等到顾客发薪的日子，再上门收取米款。他给顾客送米时，并非送到就算。他先帮顾客将米倒进米缸里。如果米缸里还有米，他就将旧米倒出来，将米缸刷干净，然后将新米倒进去，将旧米放在上层。这样，米就不至于因放置过久而变质。他这个小小的举动令不少顾客深受感动，铁了心专买他的米。就这样，他的生意越来越好。从这家小米店起步，王永庆最终成为台湾工业界的“龙头老大”。

王永庆谈到开米店的经历时，不无感慨地说：“虽然当时谈不上什么管理知识，但是为了服务顾客做好生意，就认为有必要掌握顾客的需要，没有想到，由此追求实际需要的一点小小构想，竟能作为起步的基础，逐渐扩充演变成为事业管理的逻辑。”王永庆用心去研究顾客、研究顾客的心理、研究顾客的需要、研究如何去满足顾客的需要，不是单纯卖给顾客简单的产品，而是将顾客的需求变成自己的服务项目，与产品一同给予顾客。

这个故事给了我们很深的启发。同样是卖米，为什么王永庆能将生意做到这种境界呢？关键在于他用了心！由此我们更可以看出服务的价值。顾客从其他米店也可以买到米，但从王永庆的米店里买米，会感觉自己的所得是超出产品价值的，这超出的价值便是服务。令人感动的服务绝不仅仅是微笑能涵盖的，它融合在每一个工作的细节里。如果去衡量的话，衡量的标准便是：你是否在与顾客交往的每一个环节上都细心地为顾客的方便与顾客的利益着想了？我们应该明白的是：在如今技术高度发展、产品趋同的形势中，一个企业如果想存活并发展，就一定要有超越产品的让顾客愿意为之捧场的理由。只有乐于把方便给予他人，把利益给予他人，把温暖给予他人，把服务给予他人，才能塑造出企业独特的魅力，赢得顾客的心。

思考：

1. 根据所学内容，你认为做好服务营销最重要的影响因素有哪些？
2. 从实际角度出发，如何平衡客户满意和可提供服务的关系？

任务五 绿色营销

一、绿色营销的定义

绿色营销是指企业以环境保护为经营指导思想，以绿色文化为价值观念，以消费者的绿色消费为中心和出发点的营销观念、营销方式及营销策略。它要求企业在经营中贯彻自身利益、消费者利益和环境利益相结合的原则。

二、绿色营销的特点

（一）综合性

绿色营销综合了市场营销、生态营销、社会营销和大市场营销观念的内容。市场营销观念的重点是满足消费者的需求，“一切为了顾客需求”是企业制定一切工作的最高准则；生态营销观念要求企业把市场要求和自身资源条件有机结合，发展也要与周围自然的、社会的、经济的环境相协调；社会营销观念要求企业不仅要根据自身资源条件满足消费者的需求，还要符合消费者及整个社会的当前需要及长远需要，符合社会长远利益，促进人类社会自身发展；大市场营销观念，是在传统的市场营销四要素（即产品、定价、渠道、促销）基础上加上权力与公共关系，使企业能成功地进入特定市场，在策略上必须协调地采用经济、心理、政治和公共关系等手段，以取得有关方面的合作和支持。绿色营销观念是多种营销观念的综合，它要求企业在满足顾客需要和保护生态环境的前提下取得利润，把三方利益协调起来，实现可持续发展。

（二）统一性

绿色营销强调社会效益与企业经济效益的统一。企业在制定产品策略及实施战略决策时，既要考虑产品的经济效益，又要考虑社会公众的长远利益与身心健康，这样，产品才能在大市场中站住脚。人类要寻求可持续发展，就必须约束自己，尊重自然规律，实现经济、自然环境和生活质量三者之间的相互促进与协调。社会公众绿色意识的觉醒，使他们在购买产品时不仅考虑对自己身心健康的影响，也考虑对地球生态环境的影响，谴责破坏生态环境的企业，拒绝接受有害于环境的产品、服务和消费方式。只有国家、企业和消费者三者同时牢牢树立绿色意识并付诸实施，绿色营销才能蓬勃发展。

（三）无差别性

绿色标准及标志呈现出世界无差别性。绿色产品的标准尽管世界各国不尽相同，但都是要求产品质量、产品生产及使用消费及处置等方面符合环境保护要求，对生态环境和人体健康无损害。

（四）双向性

绿色营销不仅要求企业树立绿色观念、生产绿色产品、开发绿色产业，同时也要求广大消费者购买绿色产品，对有害产品进行自觉抵制，树立绿色观念。绿色营销也是降低资源消费，提高经济效益的重要途径。

三、绿色营销管理

绿色营销管理包括下述五个方面的内容。

（一）树立绿色营销观念

绿色营销观念是在绿色营销环境条件下企业生产经营的指导思想。传统营销观念认为，企业在市场经济条件下生产经营，应当时刻关注与研究的中心问题是消费者需求、企业自身条件和竞争者状况三个方面，并且认为满足消费需求、改善企业条件、创造比竞争者更有利的优势，便能取得市场营销的成效。而绿色营销观念却在传统营销观念的基础上增添了新的思想内容。企业营销决策的制定必须首先建立在有利于节约能源、资源和保护自然环境的基础上，促使企业市场营销的立足点发生新的转移。与传统的社会营销观念相比，绿色营销观念注重的社会利益更明确地定位于节能与环保，立足于可持续发展，放眼于社会经济的长远利益与全球利益。

企业与同行竞争的焦点，不在于传统营销要素的较量，争夺传统目标市场的份额，而在于保护生态环境的最佳营销措施，并且认为这些措施的不断建立和完善，是企业实现长远经营目标的需要，其能形成和创造新的目标市场，是竞争制胜的法宝。

（二）设计绿色产品

产品策略是市场营销的首要策略，企业实施绿色营销必须以绿色产品为载体，为社会和消费者提供满足绿色需求的绿色产品。所谓绿色产品是指对社会、对环境改善有利的产品，或称无公害产品。这种绿色产品与传统同类产品相比，具有下列特征：

（1）产品的核心功能既要满足消费者的传统需要，符合相应的技术和质量标准，又要满足对社会、自然环境和人类身心健康有利的绿色需求，符合有关环保和安全卫生的标准。

（2）产品的实体部分应减少资源的消耗，尽可能利用再生资源。产品实体中不应添加有害环境和人体健康的原料、辅料。在产品制造过程中应消除或减少“三废”对环境的污染。

（3）产品的包装应减少对资源的消耗，包装的废弃物和产品报废后的残物应尽可能成为新的资源。

（4）产品生产和销售的着眼点，不在于引导消费者大量消费而大量生产，而是指导消费者正确消费而适量生产，建立全新的生产观念。

（三）制定绿色产品的价格

价格是市场的敏感因素，定价是市场营销的重要策略，实施绿色营销不能不研究绿色产品价格的制定。一般来说，绿色产品在市场的投入期，生产成本会高于同类传统产品，因为绿色产品成本中应计入产品环保的成本，主要包括以下几方面：

（1）在产品开发中，因增加或改善环保功能而支付的研发经费。

（2）在产品制造中，因研制对环境和人体无污染、无伤害而增加的工艺成本。

（3）使用新的绿色原料、辅料而可能增加的资源成本。

（4）实施绿色营销而可能增加的管理成本、销售费用。

但是，绿色产品价格的上升是暂时的，随着科学技术的发展和各种环保措施的完善，绿色产品的制造成本会逐步下降，趋向稳定。企业制定绿色产品价格，一方面当然应考虑上述因素；另一方面也应注意到，随着环保意识的增强、经济收入的增加，消费者对商品可接受的价格会逐步与消费观念相协调。所以，企业营销绿色产品不仅能使企业盈利，而且能在同行竞争中取得优势。

（四）绿色营销的渠道策略

绿色营销渠道是绿色产品从生产者转移到消费者所经过的通道。企业实施绿色营销必须建立稳定的绿色营销渠道，策略上可从以下几方面努力：

（1）启发和引导中间商的绿色意识，建立与中间商恰当的利益关系，不断发现和选择热心的营销伙伴，逐步建立稳定的营销网络。

（2）注重营销渠道有关环节的工作。为了真正实施绿色营销，企业应从绿色交通工具的选择、绿色仓库的建立，到绿色装卸、运输、贮存、管理办法的制定与实施，认真做好绿色营销渠道的一系列基础工作。

（3）尽可能建立短渠道、宽渠道，减少渠道资源消耗，降低渠道费用。

（五）搞好绿色营销的促销活动

绿色促销是通过绿色促销媒体，传递绿色信息，指导绿色消费，启发引导消费者的绿色需求，最终促成购买行为。绿色促销的主要手段有以下几方面：

（1）绿色广告。通过广告对产品的绿色功能定位，引导消费者理解并接受广告诉求。在绿色产品的市场投入期和成长期，通过量大、面广的绿色广告，营造市场营销的绿色氛围，激发消费者的购买欲望。

（2）绿色推广。通过绿色营销人员的绿色推销和营业推广，从销售现场到推销实地，直接向消费者宣传、推广产品绿色信息，讲解、示范产品的绿色功能，回答消费者绿色咨询，宣讲绿色营销的各种环境现状和发展趋势，激励消费者的消费欲望。同时，通过试用、馈赠、竞赛、优惠等策略，引导消费兴趣，促成购买行为。

（3）绿色公关。通过企业的公关人员参与一系列公关活动，诸如发表文章、演讲、影视资料的播放、社交联谊、环保公益活动的参与、赞助等，广泛与社会公众接触，增强公众的绿色意识，树立企业的绿色形象，为绿色营销建立广泛的社会基础，促进绿色营销业的发展。

案例思考

耐克公司的绿色营销

从2005年开始，耐克公司特别设计了一个强调可持续环保概念的运动鞋系列：The Considered。这个系列的产品都不使用人造鞋材，能够尽可能地减少运输过程中需要消耗的能量，降低对气候变化的影响。例如，与耐克公司的典型产品相比，该系列产品在生产过程中的溶剂使用减少了80%以上；各式鲜艳夺目的产品颜色也都来源于植物染料，传递宛如赤足的舒适感；鞋面和鞋带用的是聚酯纤维；尽量减少使用有毒的胶粘工艺；鞋的外底也用到了“让旧鞋用起来”活动中生产出来的研磨橡胶产品。

2007年发布的第三代The Considered产品更关注喜欢到户外去寻找乐趣的年轻一代。“水猫”是一款水鞋，虽然把使用材料量降低到了最小限度，但是仍然保持了适当地对脚后跟、脚踝和脚趾的支持和保护；“倾盆大雨”也是一款水鞋，它比许多传统鞋的鞋层都少，鞋面只是单薄的网眼层，整双鞋采用了“锁定在一起”的加工手法，自然减少了对有毒胶粘工艺的依赖。

所有这些活动让耐克公司的品牌形象不但有了积极、进取的元素，而且得到了环保人士的青睐。调查表明，耐克被消费者认为是最环保的运动产品品牌之一。

每年，全球都会有数百万双运动鞋被丢弃，或者被以别的方式处理掉。这不仅仅是巨大的浪费，而且这些不可降解的产品还会对环境造成污染。其实旧鞋中还有一些有价值的材料，只要发挥想象，在天才的工程师手里它们就可以变废为宝，从而实现可持续的环保理想。因此，耐克公司很快推出了“让旧鞋用起来”活动——用最创新的方法和先进的回收技术创建高质量的运动场地，到现在已发展成为耐克公司一项长期的环境保护社区项目。

到2007年6月为止，耐克已经回收了超过2 000万双各种品牌的旧运动鞋，在全球捐赠了超过170个运动场地，包括250个社区的“让我玩”投资项目的运动场地，打造社区，促进积极的社会变化。这些正体现了耐克曾经声明过的两个目标：扫除浪费和促进年轻一代多参加运动从而提高生活质量。

“让旧鞋用起来”活动已扩展到了许多国家，如加拿大、英国、荷兰、德国、澳大利亚和日本，而且还在继续扩大。而相应的信息都有网站可以查询，使得这项工作可以更好、更快地进行下去。耐克公司的这一项目吸引了众多媒体的聚焦，使其成为运动产业产品回收的典范。在塑造积极健康生活方式的同时，耐克公司还赢得了绿色的美誉。

思考：耐克公司实施绿色营销的成功案例给了我们哪些有益的启示？

任务六　文化营销

一、文化营销的概念

文化营销是一个组合概念，简单地说，就是利用文化力进行营销，是指企业营销人员及相关人员在企业核心价值观念的影响下所形成的营销理念，以及由这种理念所塑造出的营销形象。这两者在具体的市场运作过程中所形成的营销模式就是文化营销。

企业卖的是什么？麦当劳卖的仅是面包加火腿吗？答案是否定的。它卖的是快捷时尚个性化的饮食文化（QSCV 形象）。中秋节吃月饼吃的难道只是它的味道吗？不是，我们吃的是中华民族传统文化——团圆喜庆。过生日吃的是蛋糕吗？也不是，我们吃的是人生的希望与价值。总之，通过以上例子我们看到，产品的深处包含着一种隐性的东西——文化。企业向消费者推销的不仅是单一的产品，产品在满足消费者物质需求的同时还满足了消费者精神上的需求，给消费者以文化上的享受，满足他们高品位的消费需求。这就要求企业转变营销方式进行文化营销。

文化营销是指把商品作为文化的载体，通过市场交换进入消费者的意识，它在一定程度上反映了消费者对物质和精神追求的各种文化要素。文化营销既包括浅层次的构思、设计、造型、装潢、包装、商标、广告、款式，又包含对营销活动的价值评判、审美评价和道德评价。

它包括以下三层含义：

（1）企业需借助于或适应于不同特色的环境文化开展营销活动。

（2）文化因素需渗透到市场营销组合中，综合运用文化因素，制定出有文化特色的市场营销组合。

（3）企业应充分利用 CI 战略与 CS 战略全面构筑企业文化。

二、文化营销的内容

文化营销的内容表现为下述三个层次。

（一）产品文化营销

从文化营销的角度看，产品仅是价值观的实体化。产品文化营销包括产品的设计、生产、使用等各个方面。

（二）品牌文化营销

品牌文化营销是产品文化营销的进一步发展。品牌文化包括整个社会对品牌的信任和保护，包括消费者购买及使用品牌的行为，反映消费者的价值选择，也包括厂商创立品牌、生产品牌的行为。厂商创品牌的过程，就是不断地去积累品牌文化个性的过程。当品牌在质量、价格、售后服务等物质要素上难以有突破时，给品牌注入文化内涵，其身价就不再仅仅是物质因素的总和，也不再是原来意义上的竞争，而成为一种更高境界的较量。

（三）企业文化营销

企业文化营销的核心就在于寻求为顾客所接受的价值信条作为立业之本，从而促进顾客对整个企业包括其产品的认同。例如，美国 IBM 公司的经营宗旨是：尊重人、信任人、为用户提供最优服务及追求卓越的工作业绩。IBM 的价值观曾具体化为“IBM 三原则”，即为职工利益、为顾客利益、为股东利益。后来，“IBM 三原则”又发展为以“尊重个人”“竭诚服务”“一流主义”为内容的“IBM 三信条”。这成为 IBM 公司的核心和灵魂，并为公司树立了良好的企业形象。

三、文化营销的运作

广义的文化是指人类社会历史实践过程中所创造的物质和精神财富的总和。狭义的文化是指社会意识形态和组织结构。营销学里的文化营销指的是企业（或组织）以文化为主体进行营销的行为方式。

其构思运作的步骤一般是：总览文化态势、观察文化变化、捕捉文化观念、创造文化趋势、扩展文化外延、形成文化创意。

四、文化营销应注意的问题

文化营销不是喊口号，不是玩花拳绣腿。它不仅是一个形式的问题，而且是一个内容的问题；它不是企业心血来潮时的一时冲动；它不是东施效颦，也不是邯郸学步。企业在进行文化营销时应注意以下两个方面：

第一，处理好内容与形式的关系。内容决定形式，形式是内容的体现，二者辩证统一。企业在进行文化营销时往往只重视形式而忽略了内容。有的企业只注重产品的包装而不重视产品的质量；有的企业在文化建设中只提出一些口号，实际并不执行；有的企业只知道做广告做宣传，只重视企业视觉识别系统（VIS）设计，不强调企业理念识别系统

(MIS)和企业行为识别系统(BIS)建设，造成了“金玉其外，败絮其中”的结果。

第二，要用系统的观点对待文化营销。企业的文化营销是一个整体，一个有机的系统。文化建设是文化营销的前提和基础，没有良好的、健康的文化建设，文化营销就成了无源之水、无本之木。企业分析和识别不同环境的文化特点是文化营销的中间环节和纽带。在企业文化建设的基础上，只有对不同环境的文化进行分析，才能制定出科学的文化营销组合策略。企业在进行文化营销时如果忽视前两者，只重视文化营销组合策略的运用，结果会收效甚微。

案例思考

移动的逆袭

2000 年 4 月 20 日，中国移动正式从中国电信分离出来。那时的中国移动要业务没业务，要市场没市场。作为移动电话，手机还属于高端科技品、奢侈品的代名词。受传统文化影响，除沿海地区外，使用人群非常少。

2003 年 3 月，中国移动推出了“动感地带”计划，并邀请当时的知名歌手担任代言人，针对我国年轻人，特别是大学生推出了“我的地盘我做主”的宣言，成为全国首个单独为年轻人量身定做的品牌，个性飞扬的广告词一举火遍大江南北。在那个人均工资 1 000～2 000 元的年代，1 年时间，移动手机用户数量就超过了 1 000 万。

彼时，人人皆知中国电信，办理通话业务都是去电信营业厅；此时，人人皆知中国移动，办理通话业务都是去中国移动，中国电信成了宽带代名词。

思考：

1. 企业文化和文化营销有什么关联？
2. 文化营销是否具有时效性？
3. 中国移动为什么要以“我的地盘我做主”作为突破口？

任务七 整合营销

一、整合营销的定义

整合营销是指以消费者为核心重组企业行为和市场行为，综合协调地使用各种形式的传播方式，以统一的目标和统一的传播形象，传递一致的产品信息，实现与消费者的双向沟通，迅速树立产品品牌在消费者心目中的地位，建立产品品牌与消费者长期密切的关系，更有效地达到广告传播和产品营销的目的。

二、整合营销的特点

（1）在整合营销传播中，消费者处于核心地位。

（2）对消费者进行深刻全面的了解，是以建立资料库为基础的。

（3）整合营销传播的核心工作是培养真正的消费者，与那些最有价值的消费者保持长期的紧密联系。

（4）以本质上一致的信息为支撑点进行传播。企业不管利用什么媒体，其产品或服务的信息一定要清楚一致。

（5）以各种传播媒介的整合运用作为手段进行传播。

（6）紧跟移动互联网发展的趋势，尤其是互联网向移动互联网延伸、手机终端智能化以后，新技术对原有 PC 互联带来了前所未有的颠覆和冲击。在这个过程当中，企业应当紧盯市场需求，整合现有的资源，包括横向和纵向的资源，成为移动营销价值的整合者和传播者。

三、整合营销的内容

整合营销是一种在满足顾客需求的同时，最大限度地实现企业目标的双赢营销模式。一方面，企业从 4C 理论出发，按照消费者的需求和欲望开发及提供合适的产品，在顾客愿意付出的成本内确定产品价格，以为顾客提供购物便利为依据进行分销，并持续一致地与顾客保持双向沟通；另一方面，企业要想在满足顾客需求的同时实现企业目标，必须借助于整合营销，把企业战略、营销战略和沟通战略联结和协调起来，把顾客利益、顾客需求转化为企业利益和企业目标，实现顾客和企业的双赢。

（一）营销战略整合

整合营销观念认为，企业的所有部门而不仅仅是营销部门，都要为“满足顾客需要”而工作，同时，企业的所有部门不仅要考虑顾客利益，还要考虑企业利益。通过整合营销，可以实现二者的统一，形成持久的竞争优势。整合营销观念把企业的营销由策略提升到战略的层次，从而提出了业务整合和系统规划的必要性。

营销战略整合理论把营销的视角分为三个层次：企业层次、营销层次、营销沟通层次，相应地有企业战略、营销战略、沟通战略。

1. 企业战略

企业战略是最高层次即企业层次的战略，它通常以某一战略业务单位为基础，主要包括成长战略、维持战略、收获战略、放弃战略、创新战略等。企业要在该层次实现战略目标，必须通过企业组合要素来实施。企业组合要素主要包括研究开发、工程技术、生产制造、财务会计、人力资源、市场营销等业务流程，出于管理和组织的考虑，通常将这些业务流程在组织内按职能分开，在具体实施企业战略时，还需使之相互配合。

2. 营销战略

营销战略介于企业战略和沟通战略之间，是中间层次即营销层次的战略，主要包括成本领先战略、差异化战略、集中战略。其中，成本领先战略强调价格要素的作用，差异化战略可通过产品或服务的差异化定位来实现，集中战略可通过特定顾客群的定位来实现。企业要实施营销战略，必须通过对营销组合要素的调度来实现，而营销组合要素主要包括产品、定价、渠道、促销等。

3. 沟通战略

沟通战略是最低层次即营销沟通层次的战略，其目标是通过寻求消费者在认知、情感和行为三方面的反应，最终促使消费者采取购买行动。根据消费者在购买时思考方式的不同，沟通战略可分为理性战略和感性战略。理性战略是指以理性的方式向消费者提供产品及品牌利益等营销信息，帮助消费者了解和认识产品，从而建立品牌知晓度和品牌认知度。感性战略则是以感性诉求的方式，向消费者提供产品及品牌利益等营销信息，从而改变消费者的品牌态度，建立品牌偏好。二者使用的营销沟通工具基本相同，如广告、公共关系、口头沟通等，只是在诉求方式、信息内容与媒体选用方面有所不同。

整合营销把企业战略、营销战略、沟通战略联结和协调起来，把顾客利益、顾客需求纳入企业战略管理体系之中，并将其转化为企业利益和企业目标。

（二）营销工具整合

营销战略必须通过具体的营销方案来实施，其内容就是实现营销资源在各种营销工具之间的分配，达到效益最大化。营销工具主要包括产品、定价、渠道和促销。

营销工具整合的内容包括：营销组合要素之间的整合，营销组合中每一要素的内部整合。

1. 产品组合

产品组合主要涉及以下内容：

（1）产品质量。营销沟通不是仅停留在企业的促销环节，而是分布于企业的每一项活动之中。在某种意义上说，产品质量是由顾客认知驱动的，企业要注意产品质量、产品认知质量、产品传播质量的吻合，同时还要注意产品质量与渠道的整合。

（2）产品设计。产品设计具有沟通价值，体现在产品特色、性能、风格等方面。产品设计必须与目标市场顾客的需要相吻合，必须与定价、渠道和促销协调起来。

（3）产品特征。产品特征创造了营销沟通的独特利益和吸引力，能形成较高的顾客价值。产品特征的开发和选择，既要兼顾到顾客感知价值，又要考虑相对成本。产品特征必须与营销沟通和定价进行整合。

（4）产品包装。现代包装的营销作用越来越大。首先，包装应与产品质量、特征相吻合；其次，构成包装的所有要素必须协调一致，包括文字说明、品牌标记、图案色彩等；最后，产品包装还要与定价、渠道、促销等营销工具相互协调。

（5）品牌。品牌营销是企业营销的重要组成部分。品牌是一个多重要素的复合体，在品牌塑造、品牌维护、品牌发展过程中，企业要对其进行不断分析研究和开发投资。其核心问题是品牌整合：其一，品牌要素本身的一致性，如品牌属性与品牌利益必须统一；其二，品牌要素还要与其他营销工具协调起来。

2. 定价组合

尽管当前在消费者的购买决策中非价格因素日益重要，但由于价格与收入、市场份额和利润紧密相关，因而企业在制定价格时要与其他营销工具进行整合。

（1）定价战略必须与产品战略结合起来，一般而言，产品质量越高，产品越是独特、替代品越少、产品声望越高，消费者对价格就越不敏感，价格就可以定得越高。

（2）定价与渠道也是紧密相连的，不同的渠道、不同的经销商，对价格的反应及渠道成本是不同的，如高档的名贵产品应选择专卖店或专柜销售。

（3）定价还要与促销进行整合，从而影响消费者的认知。价格的制定必须以消费者认知为依据，而消费者认知的建立又依赖于营销工具的综合运用。

3. 渠道组合

渠道组合必须与其他营销工具配合使用。

（1）渠道必须与产品进行整合。渠道的选择不仅与产品的物理特性密切相关，还要考虑到产品的技术复杂程度和产品生命周期。

（2）渠道必须与促销进行整合。渠道具有强大的促销功能，制造商的渠道策略是把商店形象与其提供的产品形象相配合，批发商的促销工具主要是人员推销，零售商的促销工具则包括广告、营业推广、公共关系等。促销与渠道的整合因企业选择推式和拉式策略而有所不同：在推式策略中，渠道与促销必须在每一环节进行整合；在拉式策略中，制造商直接与最终消费者进行沟通。同时，渠道要配合促销，为消费者提供最大购物便利。

（3）渠道必须与定价进行整合。在渠道中，零售商的价格是一个关键性的定位因素，企业必须根据目标市场、竞争状况等确定。

（4）企业的整个渠道系统内部必须进行整合。

4. 促销组合

从 4C 理论的角度考察，促销组合实质上是最低层次的营销沟通组合。营销沟通要达到的效果是对消费者的态度和行为产生影响。因此，在整合营销中，对营销沟通信息的基本要求有三个：必须清楚简单；必须清晰一致；必须与消费者认知相吻合。

（三）营销沟通整合

营销沟通面临的主要问题是：如何以最低成本取得一定的沟通效果？如何以一定的成本取得最大的沟通效果？为此，企业必须对各种沟通工具进行研究，通过各种沟通工具的协调运用，达到协同效果。

1. 广告

广告的主要优势是有助于建立长期形象，同时有助于促进短期销售，缺陷是成本较高。根据广告目标的不同，可把广告分为三类：通知型广告、说服型广告、提醒型广告。通知型广告旨在建立品牌认知，一般用于产品的市场导入阶段，企业同时还需采用营业推广、人员推销、公共关系宣传等沟通工具，通知型广告必须与这些工具密切配合；说服型广告旨在建立品牌偏好，一般用于产品的成长期，说服型广告应与公共关系和营业推广协调使用；提醒型广告旨在建立长期的品牌形象或用于短期的消费提示，一般用于产品的成熟期，可与营业推广结合使用。

2. 营业推广

近年来，营业推广在营销沟通预算中的比重日益提高，尤其是在消费品行业。营业推广工具的影响通常是短期的，对建立长期品牌偏好作用较小，因此必须与其他营销沟通工具配合使用才能发挥协同作用。在营业推广的整合中，要注意以下几个方面：(1) 根据各种推广工具的优缺点和推广对象，选择合适的具体营业推广工具。(2) 把各种具体的营业推广工具结合起来，并在时间、内容上相互一致。(3) 把营业推广工具与其他营销沟通工具进行协调配合。

3. 公共关系

作为营销沟通工具的公共关系，又称营销公共关系，本质上是企业整体公共关系的一个重要组成部分。企业整体公共关系包括媒体关系、企业内部公众关系、金融关系、公共事务和社区关系、营销公共关系等。营销公共关系即宣传，其工作重点是通过获得在媒体上的免费报道来促进企业形象的建立或产品的销售。与其他营销沟通工具相比，公共关系的主要优势是高度可信、成本效益高、能迅速建立知晓度；缺陷是效果难以评估。

4. 人员推销

销售人员工作的核心是顾客关系的建立，属于一对一的沟通，是直接增加销售的工具。与此同时，其他营销沟通工具则属于大众沟通，对销售的作用是间接的。由于组织结构和工作性质的差异，销售人员和营销沟通人员往往是相互独立的，如果不注重人际沟通与非人际沟通的交互作用，将会影响整体沟通效果。因此，应把人员推销与其他非人际营销沟通工具整合起来，做到以下几点：

(1) 人员推销与广告整合。广告在通常情况下通过大众传媒向广大受众传达有关企业和产品的最一般信息，信息反馈和调整机会几乎为零。二者的结合使用可以实现优势互补，尤其是在新产品上市时非常重要。人员推销是一对一的人际沟通模式，可以在一定程度上弥补广告的不足，向受众解释、反馈及有针对性地调整信息。

（2）人员推销与营业推广整合。营业推广对人员推销能起到积极的促进作用，二者的结合使用能刺激顾客购买。

（3）人员推销与公共关系整合。公共关系的重要作用是建立和维持与公众的关系，而销售人员在企业和公众顾客的关系建立中扮演着重要角色，二者应紧密协作。

四、整合营销的意义

（一）有利于优化资源配置

实施整合营销，能够将消费者需求同企业发展相结合，企业可以利用有限的资源，实现企业目标的最大化。整合营销，可以通过各种渠道，收集市场信息，对市场资源进行总结分析，能够有效分析消费者需求，对企业生产和发展进行策略指导，对生产出来的产品又能进行有效宣传，促进产品销售，能够实现整个营销的一体化发展。整合营销包含企业的整个营销模式，能够为企业制定出合理的营销理念，进而将企业资源进行有机整合，最终实现企业效益的最大化。

（二）实现协调统一性

整合营销其自身具有协调统一性，这个特点不仅能够保障企业发展过程中实现内部发展的协调统一，而且有利于实现企业同外部市场之间的统一协调，保障生产出来的产品符合市场需求，满足消费者需要。协调统一也有利于企业内部管理的一体化，能够实现企业系统化管理，实现企业内部资源的整体配置、企业部门之间的有机配合，实现企业同合作方之间的密切配合，有利于形成有力的竞争优势。

（三）实现企业规模化经营

整合营销属于一体化的营销模式，因此在发展过程中，对企业的现代化生产和规模化生产比较重视。整合营销能够为企业发展提供规模化和现代化发展战略，保障企业发展具备现代化、科学化的管理理念，而规模化发展理念又为整合营销的发展提供了发展空间。

（四）市场经济发展的必然性

随着市场经济的快速发展，单一的营销理念已经很难适应市场发展的需要，难以跟上快速发展的现代化市场经济。整合营销符合市场经济的发展需求，能够将多样化的市场媒介进行有机整合，从而形成独特的营销模式，有利于实现企业资源配置，优化企业内部结构，提高企业竞争力，满足消费者需求。

（五）有利于企业走国际化营销发展道路

整合营销适应了市场经济的发展之路，其发展有利于企业进行优化升级，实现自身有机整合，不仅能够推动企业内部资源的优化配置，而且有利于实现企业部门之间的整合，实现企业近期目标和长远发展的有机整合，从而为企业的国际化发展提供战略化决策。

五、整合营销的基本程序

整合营销与传统营销的最大不同，在于以顾客需求为出发点来系统地思考营销问题。整合营销的实施是一项庞大的系统工程，牵涉企业的多个部门和多项活动。

（一）建立数据库

整合营销规划的起点是建立数据库。数据库是记录顾客信息的名单，含有每个顾客或潜在顾客的有关营销数据，包括历史数据和预测数据。其中，历史数据记录了姓名、地址、最新购买、购买次数、对优惠措施的回应、购买价值等历史信息；预测数据则通过对顾客属性进行打分，用以鉴别哪个群体更可能对某项特定优惠做出回应，它有助于说明顾客未来的行为。

数据库管理的主要内容包括数据库的建立、数据贮存、数据挖掘、数据处理、数据维护等，通过上述工作，企业可以更好地了解消费者和潜在消费者。建立数据库的初衷是获得顾客，终极目标则是确定和保留有价值的顾客；通过对数据库中贮存的大量顾客信息进行分析挖掘，可以揭示出隐藏在数据中的顾客价值；数据库的处理为更准确地确定目标顾客创造了更多机会；数据库的维护则能增加顾客名单的准确性，并提高顾客回应的成本效益。

（二）选择目标市场

根据数据库资料，企业可以首先进行市场细分，在此基础上，选择企业拟进入的目标市场，并进行相应的市场定位。同时，在特定的目标市场，企业还要根据消费者及潜在消费者的行为信息将其分为三类，即本品牌的忠诚消费者、他品牌的忠诚消费者、游移消费者，并依据他们在品牌认知、信息接收方式及渠道偏好等方面的差异，有针对性地开展各项营销活动。

（三）进行接触管理

整合营销的起点和终点都是消费者，无论是企业的价值供应活动（产品、定价、渠道），还是营销传播活动（广告、人员推销、公共关系），均需以 4C 为基础。需要注意的是，在买卖双方之间存在界面，必须通过某种接触通道将二者联系在一起，才能实现价值共享。凡是能够将品牌、产品类别及其他与市场相关的信息传输给消费者或潜在消费者的所有方式、渠道、行为，都是通道，它包含媒体、营销传播工具及其他可能与消费者接触的形式，例如，媒体广告、店内推广、产品包装、亲朋邻里的口头交谈等。消费者和企业只有通过接触通道才能发生联系，因此必须对其进行管理。

（四）制定营销战略

在以上步骤的基础上，企业可依据数据库提供的营销数据，制定明确的营销战略目标，并将其与企业战略及企业的其他业务相结合，实现企业层次的营销整合。

（五）选择营销工具

在营销战略目标的指导下，企业可根据消费者的需求和欲望、消费者愿意付出的成本、消费者对购买便利的需求，以及消费者的沟通方式，确定具体的营销工具，并找出最关键的工具，将其与其他营销工具予以整合。

（六）进行沟通整合

沟通整合是整合营销最后的也是非常重要的一个步骤。企业可依据顾客信息，对不同行为类型的消费者分别确定不同的传播目标，使用不同的传播工具，如广告、营业推广、公共关系、人员推销等，并根据实际情况的需要将多种工具结合使用，以整合成协同力量。

六、整合营销的对策与措施

（一）革新企业的营销观念

要树立大市场营销的观念；要树立科学化、现代化营销的观念；要树立系统化、整合化营销的观念。

（二）加强企业自身的现代化建设

企业要建立现代经营体制；要建立现代经营机制，包括企业的利益机制、决策机制、动力机制、约束机制等；要做到经营管理设施现代化；要具有现代化的经营管理人员；要加强组织建设，改善管理体系，注意企业的规模化，以及企业其他方面的合理化建设。

（三）整合企业的营销

对企业内外部实行一体化的系统整合；整合企业的营销管理；整合企业的营销过程、

营销方式及营销行为，实现一体化；整合企业的商流、物流与信息流，实现三流的一体化。

（四）借鉴国外的先进经验

我国企业要积极学习国外的先进的经营管理经验，特别是跨国公司的经营管理及整合营销，如 CIMS 系统、MRP-Ⅱ系统等，以及先进的跨国管理、先进技术手段管理等，为我国企业开展整合营销服务。

我们应该在充分了解利用现有的整合营销的基础上，不断学习新的理论知识，了解新的经济动态，改进营销观念，只有这样才能立于不败之地。

案例思考

宝洁公司多品牌整合营销

宝洁公司是拥有众多优质品牌的全球知名公司，一直积极倡导可持续发展。有调研显示，当代消费者的消费趋势越来越“绿色化”。2009 年夏天，宝洁将可持续发展的企业责任、多品牌产品的卖点和“绿色”生活方式紧密结合在一起，使消费者在了解“绿色、环保”理念的同时提升对宝洁系列产品和品牌的关注度和美誉度，为广大消费者的绿色消费与环保支持方面带来了双赢。

一、项目调研

1. 优势

宝洁公司拥有众多优质的品牌和丰富的产品线，可以一站式地全面满足消费者生活各个方面的需求。通过利用产品的多样化优势，宝洁公司可以为消费者带来不同的生活解决方案。

2. 劣势

把各品牌中采用环保包装以及以天然成分为配方的产品进行整合销售，由于产品线复杂，传递的信息不容易清晰化。再者，以绿色环保为主题的活动很多，如何让消费者乐于参与、便于参与，成为需要解决的一大难题。

3. 机遇

在全球“节能减排”的号召下，消费者的环保意识日益增强，在消费趋势上向绿色化发展。在中国，“限塑令”的公布、种种绿色主题活动的普及为“绿动中国”项目在中国范围内的广泛推广提供了良好的环境与契机。

4. 挑战

在中国，绿色话题受到全民重视，冠以“绿色”的各种主题活动也很繁多，如何让“绿动中国”活动能更具权威性、更有新意、更能得到消费者的广泛关注与参与，成为项目成功的关键。

二、项目策划

2009年夏天，宝洁公司以“环保”为主题进行了新一季的多品牌整合营销推广，将旗下各品牌中采用环保包装以及以天然成分为配方的产品进行整合销售。这样对于消费者来说，可以有更多的选择；而对于经销商来说，也会有更多的生意机会。清晰的目标定位及有效的传播策略，可使参与其中的各个合作方都受益匪浅。

1. 核心目标

确立宝洁公司在中国市场引领“健康与可持续发展”生活方式的领导地位，最大限度、最大范围地传播“绿动中国”活动的社会影响力；为重要商业合作伙伴和广大消费者创造良好的参与氛围，同时提升店内销售业绩。

2. 目标受众

媒体主要针对大众平面媒体的时尚消费、生活方式、娱乐版面、电视媒体娱乐、消费类节目以及网络媒体生活、美容、娱乐版面。

重要合作伙伴主要包括联合国开发计划署、“OURPART我们的贡献”项目、沃尔玛、乐购。

目标消费者主要针对宝洁产品的忠实消费者以及热衷绿色天然产品及支持环保理念的消费者。

3. 公关策略

首先，讲好宝洁公司绿色赠品回报绿色自然的故事。除了为消费者提供绿色相关产品外，宝洁公司还制作了六大类绿色赠品，涉及方便饭盒、刻度水壶、脏衣篮等品类。500万元绿色赠品的发放可最终为改善绿色环境做出极大贡献。

其次，充分借用“联合国开发计划署亲善大使”与联合国开发计划署的权威号召力实现最大化的媒体传播计划。设计线上、线下的消费者活动，实现传播的多元化，在最大范围内吸引消费者的参与和关注。

三、项目执行

2009年7至11月，联合国开发计划署、“OURPART我们的贡献”项目和宝洁公司诚挚携手，共同发起“绿动中国”活动，并按照活动开展的不同阶段，开展相关营销活动，最大限度、最大范围地吸引大众的关注与参与。

宝洁公司建立了“绿动中国”主题网站，以“绿动中国，没你不行”为主题，借用联合国开发计划署亲善大使的影响力，邀请其亲自发出绿色邀约，并设立“24小时绿色行动”，鼓励消费者每天记录所做环保小事，同时还重点推出“普通人的绿动环保梦想”栏目，征集普通人的创意环保方案，每周经网友票选最高分值的环保梦想家可赢得联合国开发计划署亲善大使亲自颁发的“环保梦想奖金”，吸引了数以万计的消费者积极参与，并且在线活跃的“环保热心消费者”还被邀请参与到线下活动中。线上、线下活动整合打通，进行复合立体的全面传播。

2009年7月13日在深圳沃尔玛蛇口店举办第一轮地推活动——“绿动中国”活动启动仪式暨绿色宣言，倡导“小举动大不同”，邀请联合国开发计划署亲善大使、联合国开发计划署国别办副主任、沃尔玛首席运营官、宝洁公司大中华区品牌运营部总经理等、57家全国范围及深圳当地的电视/平面/网络媒体、3名官网提交“普通人环保梦想”的活跃者、40名幸运消费者参加，共同启动“绿动中国”活动。所有参与的合作方均做出各自的承诺。活动从各个细节贯彻了环保理念并当场评选出荣获第一笔梦想奖金的获奖者。联合国开发计划署亲善大使不仅亲自发出“绿色邀约”，宣布自己在为期4个月的活动中将承诺实现的环保小举措，还来到超市收银台化身绿色导购，赠送宝洁环保小物件以鼓励消费者坚持正确的绿色购物习惯。

此次活动主要传递以下信息：联合国开发计划署及“OURPART我们的贡献”项目携手宝洁公司，动员全民行动起来，从身边小事做起，关爱绿色生存环境。联合国开发计划署亲善大使担任“绿动中国”计划的倡导者，发表“绿色宣言”，并鼓励更多人与之一起完成“2009绿色成绩单”。

2009年9月4日在上海乐购光新店举办第二轮地推活动——“绿动中国”倒计时，深化“绿动中国”的影响力，邀请联合国开发计划署亲善大使、乐购首席执行官、宝洁公司大中华区客户生意发展部总经理等、30家全国范围及上海当地的电视/平面/网络媒体、3名官网提交“普通人环保梦想”的活跃者、15名幸运消费者参与，启动倒计时仪式。宝洁、乐购两大公司的高层以及联合国开发计划署亲善大使分别以数字直观介绍在2个月的活动当中所取得的绿色成绩，从积极参加“普通人的环保梦想”竞赛活动的2 192 242人中选出来的3名积极参与者也现场分享了他们的环保创意方案。联合国开发计划署亲善大使还与宝洁及乐购公司高层为当天在签名背板前书写下“环保感言”的消费者颁发“绿动中国”纪念徽章，鼓励更多人积极加入，最终实现逾500万人参与此次活动的终极目标。

此次活动主要传递以下信息：应“绿动中国”活动号召，全民行动起来，吸引超过500万名的普通消费者加入“绿动中国”计划，坚持做生活中随手可做的环保小事，为改善绿色环境而努力。

四、项目评估

在两轮地推活动后，共计有90家平面、网络、电视媒体进行了全方位报道。其中经常以娱乐新闻为报道角度的21家全国时尚生活类电视媒体，此次均纷纷以“绿色及环保”主题进行了平均时长超过1分钟的正面报道，成为传播中的亮点。大部分的平面媒体都给予了大篇幅的彩图报道。此次活动获得了传媒及消费者的高度评价。

从市场销售业绩上来看，深圳沃尔玛活动当天，店内销售比平日增加了177%，众多消费者积极参与到绿色消费倡议中。

同时，媒体和重要合作伙伴以及客户也都给予了此次营销活动高度的评价，认为“绿动中国”活动非常有意义，不仅使得宝洁真正实现了“比任何人更为顾客尽心尽力”及“设身处地，推己及人”的核心价值，为消费者创造了更加绿色的购物环境，并收获了环保意识的提升，收获了消费者和重要商业合作伙伴的支持，收获了美誉度当然还包括销量等成就。

思考：从传播的视角看，这是一个以公益为话题的渠道营销项目，其整合营销策略给了我们哪些有益的启示？

项目小结

如今的顾客在他们能购买的产品和服务上，面临着越来越多的选择。他们是在对质量、服务和价值期望的基础上做出决策的。公司应当了解决定顾客价值和满意度的因素。顾客让渡价值是整体顾客价值与整体顾客成本之间的差额。顾客通常选择能使让渡价值最大化的产品和服务供给。

关系营销是把营销活动看成是一个企业与消费者、供应商、分销商、竞争者、政府机构及其他公众发生互动作用的过程，其核心是建立和发展与这些公众的良好关系。

网络营销是企业利用网络媒体来开展的市场营销活动，是传统市场营销在网络时代的延伸和发展。这种网络环境不仅会给企业拓展自己经营活动的范围和市场空间带来难得的发展机遇，同时也会给传统的经营理论和实际操作带来巨大的冲击和挑战。成功的网络营销应该将互联网的功能与企业的资源、目标和能力联系起来，与消费者的需求和预期结合起来。

服务行业是现代经济的驱动力。服务营销与制成品营销在许多方面有着本质的区别，因此服务营销管理需要一种独特的方法。也就是说，服务企业的管理者们，不能照搬制成品营销领域的观念及方法用于服务营销。本项目着重探讨了服务的本质、服务产品与有形产品的区别以及由此而产生的整合服务营销策略——8P 策略。

绿色营销是指企业以环境保护为经营指导思想，以绿色文化为价值观念，以消费者的绿色消费为中心和出发点的营销观念、营销方式和营销策略。它要求企业在经营中贯彻自身利益、消费者利益和环境利益相结合的原则。

文化营销是指把商品作为文化的载体，通过市场交换进入消费者的意识，它在一定程度上反映了消费者对物质和精神追求的各种文化要素。文化营销既包括浅层次的构思、设计、造型、装潢、包装、商标、广告、款式，又包含对营销活动的价值评判、审美评价和道德评价。

整合营销是以消费者为核心重组企业行为和市场行为，综合协调地使用各种形式的传播方式，以统一的目标和统一的传播形象，传递一致的产品信息，实现与消费者的双向沟通，迅速树立产品品牌在消费者心目中的地位，建立产品品牌与消费者长期密切的关系，更有效地达到广告传播和产品行销的目的。

即测即评

项目测评

一、简答题

1. 企业要想提高顾客让渡价值，可以从哪些方面入手？

2. 绿色营销与传统营销有哪些不同之处？如何实施绿色营销？如果你是某公司的总经理，你打算采取何种措施来贯彻和落实绿色营销？

3. 网络营销与传统营销方式相比有哪些特点？网络营销的职能是什么？

4. 如何正确理解关系营销？关系营销的特征体现在哪些方面？关系营销应处理好哪五种关系？

5. 从一般意义来说，网络环境对哪些企业更多的意味着机遇？对哪些企业更多的意味着挑战？

二、案例分析题

亨氏公司的网络营销

亨氏公司是世界著名的食品生产企业，其主要产品包括婴儿营养产品、调味品、食品添加剂等。产品销售遍及世界各国，深受消费者的喜爱。自20世纪90年代后期，亨氏公司开始投入大量资源建立自己企业的商务网站。网站内容丰富，在科普宣传和促进销售方面都起到了很好的作用。

亨氏网站是亨氏公司为其商务目的建立的电子商务网站，但网站本身并不出售任何产品，非但不出售产品，而且也没有刻意强调、宣传和推销自己的产品，给人感觉完全是科普性宣传，以宣传婴幼儿科学喂养知识为主。

亨氏网站推出后，为了配合网络营销策略的展示，亨氏公司在传统营销手段上进行了一系列的改变。首先是在产品包装上，亨氏产品的包装简直就是一个产品使用说明书和科学喂养宣传材料。包装没有太多的图案和画面，全是放大了字号的文字说明。其次是在其所有的宣传资料上明显地印有亨氏网站的网址，以及免费服务热线电话，新产品内设“科学育儿小锦囊”等。

思考并回答以下问题：

1. 亨氏公司为什么不在网上销售产品?

2. 浏览亨氏公司的网站，分析说明网络营销能为企业带来些什么。

3. 网络营销的方式很容易被人模仿。例如，你花了很大的人、物、财投入，引导了消费理念，但竞争对手却坐享其成，用类似的方法开展营销活动。说明你的观点，并找出解决方法。

项目三　市场调研与分析

学习目标

知识目标

1. 熟悉市场调研的类型和程序。
2. 了解影响市场营销的宏观环境和微观环境。
3. 掌握消费者购买产品的行为特征。
4. 熟悉产品定位理论及其运用方法，能为产品选定合适的目标市场，并准确定位。

能力目标

1. 能对企业所面临的市场进行调研分析，提交调研分析报告。
2. 能有效收集指定产品所在行业的营销环境的相关资料。
3. 收集和调查消费者的购买特征和消费规律。
4. 能为企业进行产品（品牌）准确定位并制订初步的营销计划。

素养目标

1. 关注社会现实，做到从实践中来，到实践中去。
2. 坚持用发展的眼光看问题。
3. 提升市场分析能力和市场洞察力，提高专业素养。
4. 树立规范经营的职业道德，弘扬诚信精神。

案例导入

亚默尔卖水

美国巨富亚默尔在少年时代，只是一名种地的小农夫。在他 17 岁那年，加州传来发现黄金的消息，于是，很快掀起了一股寻金热。亚默尔也被这一浪潮所席卷，他历尽千辛万苦，来到加州，一头扑进山谷，投入到寻金者的行列。

山谷里气候干燥，水源奇缺，寻找金矿的人最痛苦的就是没有水喝。他们一面寻找金矿，一面不停地抱怨："要是有一壶凉水，我给他一块金币。""谁要是让我痛饮一顿，我出两块金币！"这些话只不过是找金矿人一时发的牢骚，没有人在意，说过之后，人们又埋头找起金矿来。但在这一片"渴望"声中，亚默尔具有企业家素质的头脑第一次开始转动。这些抱怨对于他来说，无疑是一个小小的但却非常有用的信息。他想，如果把水卖给这些人喝，也许比挖金子更能赚钱。于是，亚默尔毅然放弃了找矿，把手中的铁锹调了个方向，由挖掘黄金变为挖水渠。他把河水引进水池，经过细沙过滤，变成清凉可口的饮用水。然后，他便把水装在桶里、壶里，卖给找金矿的人们喝。饮用水很快便受到找金矿者的欢迎，那些唇干口燥的人们发疯似的向他涌来，一块块金币也投向他的怀中。

当时不少人都嘲笑他："我们千辛万苦到加州，就是为了挖金子、发大财，如果要干这种蝇头小利的生意，哪儿不能干，何必离乡背井跑到加州来呢？"对于这些挖苦，亚默尔根本不介意，继续卖他的饮用水。结果，在很短的时间里，亚默尔靠卖水就赚了 6 000 多美元，这在当时不算个小数目。亚默尔受到鼓舞，继续坚持卖水。后来，当许多人因找不到金矿而忍饥挨饿，流落他乡时，亚默尔已经成为一个小小的富翁了。

任务一 认知市场调研

市场调研是企业获取市场信息最常用的手段之一，是指以营销管理和决策为目的，运用科学方法，对有关信息有计划、有步骤、系统地进行收集、整理、分析和报告的过程。

一、市场调研的类型

根据调研的性质和调研的目的不同，市场调研可分为探测性调研、描述性调研、因果性调研和预测性调研四种形式。

（一）探测性调研

探测性调研是指企业对发生的问题缺少认识和了解，为弄清问题的性质、范围、原因而进行的初始调研。探测性调研的主要目的是发现问题，犹如医生查明病因一样，它可以为调研工作的开展指明方向。

（二）描述性调研

描述性调研是在市场调研中用来如实反映、收集和记录有关市场资料的一种调研方式，如调研企业产品的市场占有率、竞争对手的市场营销策略等。描述性调研的主要任务是说明市场状况是怎样的。

（三）因果性调研

因果性调研即因果关系研究，是企业为了弄清楚市场经营活动中出现的有关现象之间存在的因果关系而进行的一种研究活动，是要找出问题的原因和结果，也就是专门研究“为什么”的问题。

（四）预测性调研

预测性调研是指企业通过收集、分析研究过去和现在的各种市场情报资料，运用科学的方法和手段，估计未来一段时期内市场变化趋势的一种调研活动。预测性调研是在因果性调研的基础上进行的。其目的在于掌握市场机会，制订有效的营销计划。

二、市场调研的程序

市场调研的基本程序一般包括以下几个步骤：调研主题的确定、调研方案的设计、营销资料的收集、营销资料的分析和调研报告的撰写。

（一）调研主题的确定

营销调研第一阶段的工作是确定调研主题。通过对背景、现象的分析，确认营销问题，再将营销问题转换成具体的调研问题。

例如，某企业认为其面临的营销问题是产品在某国市场上的销售额急剧下降。实际上，这仅仅是问题的现象，而非问题的实质。问题的实质是形成某种现象的原因，它们可能是产品质量下降、国外代理商工作不力、市场竞争加剧、定价失当等。如果经研究发现是定价失当造成的，那么市场调研的问题就可以是关于价格对消费者购买的影响。

（二）调研方案的设计

营销调研第二阶段的工作是设计调研方案。调研方案是实施和控制某项调研的书面计划，它主要有以下三个方面的内容。

1. 调研背景

调研方案应先概述一下引起某项调研的营销问题，以及以此为出发点拟定的调研主题、调研问题和调研假设。在调研方案中列入这些内容，主要是为了使决策者和调研者在应调研的问题和拟收集的资料方面达成共识。

2. 调研方法

调研方法即明确用什么方法向什么人取得什么样的资料，是要获得一手资料还是二手资料，通过面对面还是什么工具来获得调研资料等。

3. 调研方式

调研方式即确定调研对象和数量，是采取普查还是抽样调查方式，是向专家等重要人士获取还是向什么群体获取等。

4. 调研日程和预算

调研项目的实施受时间、财力和人力等资源的制约，所以需要确定调研的进度及配合，合理使用企业的调研资金。

（三）营销资料的收集

组织者根据市场调研的计划组织相应人员进行培训，详细讲解调研的要求，工作人员根据需要寻找指定的调研对象以收集资料。

（四）营销资料的分析

营销调研第四阶段的工作是整理和分析收集到的各种资料，并将这些资料转化为营销决策所需的信息。

（1）检查资料是否齐全。

（2）对资料进行编辑加工，去粗取精，找出误差，提出前后矛盾之处。

（3）对资料进行分类、制图、列表，以便于归档、查找、使用。

（4）运用统计模型和其他数学模型对数据进行处理，以充分发掘从现有数据中可推出的结果，在看似无关的信息之间建立起内在联系。

（五）调研报告的撰写

调研的目的显然不是让大量的统计数字、表格和数学公式搅昏决策者的头脑，而是要对决策者关心的问题提出结论性的建议。正规的市场调研必须就它所研究问题的结论提出正式的报告。报告应包括以下几项内容：

（1）引言，说明调研的目的、对象、范围、方法、时间、地点等。

（2）摘要，简明概括整个研究的结论和建议，这也许是决策者有时间读的唯一部分。

（3）正文，详细说明调查目标、调查过程、结论和建议。

（4）附件，包括样本分配、数据图表、问卷附件、访问记录、参考资料目录等。

报告提交后，调研人员的工作并未结束，他们还需跟踪了解：该报告的建议是否被决策者采纳？如果没有采纳，是因为什么？如果采纳了，采纳后的实际效果如何？是否需要提出进一步的补充和修正意见？

调研过程中，有些常见的错误应引起注意：

（1）资料收集过多，或过分强调原始资料，使整个调查耗时长、费用大，花了很多时间在访问或阅读计算机输出的冗长报告上，却难以从数据中找出有意义的结论。

（2）访问人员缺乏训练。研究人员耗费许多时间设计出可行的计划和问卷，却由于访问人员对调研目标和问卷的理解不当而误事。此外，调研人员素质参差不齐，导致调研结果不甚理想，也会加深主管人员对调研的偏见，以为市场调查不过是设计问卷、选择样本、进行访问，然后报告结果，但这么一项简单的信息采集工作，并不能为决策部门提出有意义的建议。

（3）不注意利用外部力量。专业调研公司一般比企业附设的调研部门有更充足且训练更有素的专业调研人员，能根据客户要求在较短时间完成调研课题，更能减少企业内部人员主观因素对调研结果造成的干扰。企业应注重内部调研部门和专业调研公司的结合使用。

案例思考

家庭服务公司的倒闭

日本一家“家庭服务公司”一夜之间关门倒闭，宣告破产。这家公司主要经营“寄存食品”，即把各种食品集于一箱，“寄放”在顾客家里，顾客不必先付钱，却可随意取用，一个月后结算一次。这是一种方便顾客的推销方法，并且填补了日本经营方式中的空白。经营伊始，公司从上到下，人人都觉得这个主意新鲜而富有创新，为老百姓着想，一定能成功。经理也兴奋不已，身先士卒，尽力推广自己的业务。一箱又一箱的“寄存食品”走进了数以百计的家庭，其中茶叶、速食面、味精、糖、醋、油……应有尽有，质量上乘。一个月后，用作投资的300万日元化成了一箱箱食品，分散在各家各户。公司开始派员逐家检查存货，收回款项，补充食品，可结果却大出人们的预料：送去的食品箱都原封不动。公司顿时陷入困境。几个月后，公司囊空如洗，不得不黯然关门。这家公司为什么会遭此惨败呢？原因就在于其没有做到准确地分析顾客的心理，投其所好。日本妇女婚后大多待在家里，处理家务，照顾孩子，生活颇为单调。逛街购物虽辛苦，但在她们的眼里并非一项负担，而是一种具有乐趣的活动，因为这样能使她们涉足外部世界，呼吸新鲜空气，猎取逸闻趣事。所以，她们并不欣赏“家庭服务公司”的这种做法。

思考：以上案例给我们提供了哪些有益的启示？我们应该如何关注市场调查的重要性？

任务二 分析市场营销环境

微课：

营销环境分析

任何企业都是在不断变化的社会环境中运行，都是在与其他企业、目标顾客和社会公众的相互联结中开展市场营销活动的。各种外部力量构成了深刻影响企业营销活动的市场营销环境。环境力量的变化，既可以给企业营销带来市场机会，也可以形成某种环境威胁。全面、正确地认识市场营销环境，监测、把握各种环境力量的变化，对于企业审时度势、趋利避害地开展营销活动具有重要意义。

企业的营销环境由宏观环境和微观环境构成。

宏观环境影响微观环境，宏观环境由一些大范围的社会约束力量所构成，主要包括人口环境（人口的规模及构成、教育程度、地区间移动等）、经济环境（购买力水平、消费支出模式、供求状况等）、自然环境（自然资源、能源、污染等）、技术环境（科技进步等）、政治法律环境（政治体制、法令法规等）和社会文化环境。

微观环境影响企业服务于其目标顾客的能力，由企业的供应商（为本企业提供生产经营要素的其他企业、机构和个人）、营销中介（中间商、物流企业、融资企业、会计师事务所、律师事务所及其他营销服务机构）、顾客（消费者或用户）、竞争者、社会公众，以及企业内部影响营销管理决策的各个部门（计划、人事、财务、生产、营销等部门）所构成。

一、宏观环境

（一）人口环境

人口是构成市场潜量的第一要素，人口环境的变化与市场营销有着十分密切的关系。目标市场的人口增长、人口结构、受教育状况和人口地理分布等，都是人口环境中影响市场营销的因素。

1. 人口增长

人口的增长速度与商业有很大的关系。人口增长意味着人类需求的增长。如果人们有足够的购买力的话，人口增长就意味着市场的扩大。

2. 人口结构

人口结构包括年龄结构、性别结构、家庭结构。不同年龄层次、性别和家庭情况都会产生需求上的不同。例如：青少年爱喝饮料，老年人爱喝白开水；女性爱用化妆品，男性偏爱运动器材；等等。

3. 受教育状况

受教育程度的高低与收入的关系日趋紧密，不同教育程度的人群在产品内容、档次方面的需求上有明显的差别，一般来说，受教育程度较高的消费者购买商品追求高雅与美观，注重高级娱乐、旅游、名牌商品、计算机、书籍等方面的消费；相反，受教育程度较低的消费者在购买商品时则主要追求实用和价廉。另外，随着我国国民教育的发展，国民文化素质逐渐提升，消费者对于产品的质量、包装甚至产品广告表现方式等很多方面的看法也发生了改变，对此营销人员应加以重视。

（二）经济环境

购买力是构成市场潜量的基本要素，企业分析经济环境主要是从人们的购买力变化中发现其趋势，从而确定这种趋势对于企业的机会和威胁有多大。经济环境因素主要包括：经济发展状况、居民收入变化、消费结构、储蓄、消费信贷等。

1. 经济发展状况

经济发展状况主要是指经济发展阶段和地区发展状况。

（1）经济发展阶段。美国学者华尔特·惠特曼·罗斯托（Walt Whitman Rostow）的经济成长阶段理论，把世界各国的经济发展归纳为五种类型：1）传统经济阶段；2）经济起飞前的准备阶段；3）经济起飞阶段；4）迈向经济成熟阶段；5）大量消费阶段。凡处于前三个阶段的国家称为发展中国家，而处于后两个阶段的国家称为发达国家。

（2）地区发展状况。地区发展状况是指在同一个国家或目标市场内，由诸多原因导致地区内各方经济发展的不平衡。这种各地区经济的不平衡发展，对企业的投资方向、目标市场及营销战略的制定等都会带来影响。

2. 居民收入变化

分析居民收入的变化主要考虑个人（家庭）收入、个人可支配收入、可任意支配收入的变化对企业市场营销的影响。

3. 消费结构

消费结构是指各类消费支出在总费用支出中所占的比重。消费者用于生活必需品的支出占总支出的比重，我们通常称为恩格尔系数。一般恩格尔系数越大，反映出居民生活水平越低；反之，恩格尔系数越小，反映出居民生活水平越高。

4. 储蓄

居民储蓄事实上是潜在购买力，最终还是会用于消费的。一般来说，居民储蓄增加对于高档电器、汽车、旅游、住房等的需求会产生有利的影响。

5. 消费信贷

消费信贷是指金融或商业机构向有一定支付能力的消费者融通资金的行为。主要形式有短期赊销、分期付款、信用卡结算等。消费信贷使消费者可以凭借信用取得商品使用权，再按约定期限归还贷款。消费贷款的规模与期限在一定程度上影响着某一时限内的现实购买力，也影响着提供信贷的商品的销售量。如购买住宅、汽车及其他昂贵消费品，消费信贷可以提前实现这些商品的销售。

（三）技术环境

新技术可以产生许多新的行业和产品供市场选择，但是对于老的行业的经营者而言却具有巨大的压力和威胁；技术进步为市场营销管理提供了更为先进的物质基础与技术条件，有利于市场营销决策；新技术给市场带来大量的新产品，并且不断提高着产品的性能、结构，满足人们日益提高的要求；新材料、新工艺、新设备和新技术使产品生命周期缩短。这些变化与趋势无疑会对市场营销的工作造成影响。

（四）政治法律环境

政治法律环境是一个复杂且多维度的概念，它涉及国家政治制度、法律法规、政策导向等。它是对市场营销影响最大的环境因素，它决定了什么能做、什么不能做、按什么规则去做。

（五）社会文化环境

社会文化是一个国家、地区的民族特征、价值观念、风俗习惯、宗教信仰、伦理道德、教育水平、语言文字等的总和。文化对所有参与营销活动的人和组织都有重大影响，它不仅影响企业营销组合，而且影响消费心理、消费习惯等，这些影响多半是通过间接的、潜移默化的方式来进行的。

二、微观环境

微观环境由企业及其周围的活动者组成，直接影响企业为顾客服务的能力。它包括企业内部环境、供应商、营销中介、顾客或用户、竞争者等因素。

（一）企业内部环境

企业内部环境包括企业内部各部门的关系及协调合作。除了市场营销部门之外，企业最高管理层、财务、研究与开发、采购、生产、销售等部门都与市场营销部门密切相关，它们相互配合、协调，构成了企业市场营销的完整过程。

（二）供应商

供应商是指向企业及其竞争者提供生产经营所需原料、部件、能源、资金等生产资源的公司或个人。企业与供应商之间既有合作又有竞争，这种关系既受宏观环境影响，又制约着企业的营销活动。企业一定要注意与供应商处理好关系，供应商对企业的营销业务有着实质性的影响。

（三）营销中介

营销中介是协调企业促销和分销产品给最终购买者的公司。营销中介主要包括：商人中间商（销售商品的企业如批发商和零售商）；代理中间商（经纪人）；服务商（如运输公司、仓库、金融机构等）；市场营销机构（如产品代理商、市场营销咨询企业等）。

（四）顾客或用户

顾客或用户是企业产品销售的市场主体，是企业直接或最终的营销对象。企业的顾客有个人消费者、生产者、转卖者、政府和国际市场五种类型。这些顾客不同的、变化着的需求，要求企业以不同的服务方式提供不同的产品（包括服务），从而制约着企业营销决策的制定和服务能力的形成。

（五）竞争者

竞争是商品经济活动的必然规律。企业微观环境中的第五种力量是企业面对的一系列竞争者。每个企业的产品在市场上都存在数量不等的业内产品竞争者。企业的营销活动时刻受到业内竞争者的干扰和影响。因此，企业在市场竞争中，要研究如何加强对竞争对手的辨认与抗争，采取适当而高明的战略与策略谋取胜利，以不断巩固和扩大市场。

案例思考

在国际市场营销中我们要注意什么？

入境还得先问俗。蕾丝牙膏在墨西哥使用美国式的广告进行推销，一开始就败下阵来。因为墨西哥人不相信或者根本不考虑预防龋齿的好处，哪怕是符合科学道理的广告宣传，对他们也毫无吸引力。

豪马公司的贺卡设计精美，并配之以柔情蜜意的贺词，历年来风行世界各国。但豪马公司的贺卡在最为浪漫的国度——法国却难以打开局面，原因很简单，浪漫的法国人不喜欢贺卡上印有现成的贺词，他们喜欢自己动手在卡片上写自己的心里话。

通用食品公司的 TANG 果珍饮料一开始便在法国遭到失败。TANG 牌饮料是早餐橘子汁的替代产品，在美国市场，通用食品公司经过大肆促销后，TANG 牌饮料占领了相当部分的原来由橘子汁占领的市场，取得了巨大的成功。但是通用食品公司未考虑到：法国人很少喝橘子汁。作为橘子汁的替代产品，TANG 牌饮料在法国自然也就没有了市场。

家乐氏公司的苹果肉桂馅饼（POP-TARTS）曾在英国失利。因为在英国拥有烤面包电炉的家庭比美国要少得多，而且英国人觉得这种馅饼过于甜腻，不合他们的口味。

荷兰飞利浦公司发现日本人的厨房比较狭小，便缩小了咖啡壶的尺寸来打开市场，同时该公司发现日本人的手比西方人的手要小，于是缩小了剃须刀的尺寸。经过这些改进，该公司才开始在日本盈利。

可口可乐公司曾试图将两升的大瓶可口可乐打入西班牙市场，但是销量甚小。美国可口可乐公司总部派员调查后认为，大瓶可口可乐滞销是因为在西班牙很少有人用大容量的冰箱。于是可口可乐公司停止了销售大瓶可口可乐的计划，改为在西班牙境内销售小瓶可口可乐，结果大获成功。

麦当劳公司打入日本市场时进行促销，设计了“小白脸麦当劳”的滑稽形象进行广告推广，结果失败。原因是在日本白脸意味着死亡。于是麦当劳公司改为采用其在中国香港促销时用的“麦当劳叔叔”的广告形象，结果当年该公司的营业额翻了四倍。

思考：企业进行市场营销活动必须注意营销环境，在国际营销中尤其如此。以上这些例子给了我们哪些有益的启示？

任务三 分析消费者行为

案例思考

微课：

消费者购买行为分析

“10－1＝0”的启示

有一个古老的数学命题：树上有十只麻雀，被枪打死一只，这时树上还有几只？幼稚的孩子往往这样回答：还有九只；而聪明的孩子则这样回答，一只也没有了。道理很简单，虽然打死一只，但吓飞了九只，当然也就一只都没有了。这自然是测试儿童智力的趣味数学，然而却给人们以许多启迪。

某商店的打火机柜台前，一位中年顾客买了一只打火机，但出门后发现打火机不太灵，便来调换。然而营业员不肯换。顾客与之讲理，而她则叉腰瞪眼，恶言训斥，顾客只好愤然而去，在场的其他顾客本来打算购买打火机，但看到如此场面只好“敬而远之”，光顾别的商店了。

怠慢顾客虽与打死一只麻雀的性质不同，但道理却是一样的，那就是得罪了一个消费者，吓跑了一批有购买意向的消费者；不仅如此，倘若这些人把其遭遇广为宣传，无疑会使该店的信誉一落千丈，使人们不敢也不愿意光顾该商店了，若此商店不采取补救措施，生意会受到一定的影响，而补救则需花费相当一番功夫。赶跑一个顾客只需几秒钟、几句话，而要重新拉回这个顾客，挽回既成的信誉损失，却要说车载船装的好话，要花若干倍的精力和补救措施。

然而，有些经营者却并没有意识到这一点，他们只知道得罪一个顾客没有什么了不起，而不知道如此这般会产生的连锁反应，往往孤立地看顾客、看经营，而不是把前因后果联系起来想问题、看事情，说到底是只顾这一点而不顾那一片，如此做生意当然不会成大器。但愿某些只知“10－1＝9”而不知“10－1＝0”道理的经营者能领悟这个经营真谛。

思考：这个案例给了我们哪些有益的启示？

一、市场分类

（一）消费者市场

消费者市场由那些为满足自身及其家庭成员的生活需要而购买商品和服务的人们组成。在社会再生产的循环中，个人消费者的购买是通向最终消费的购买，这一市场庞大而分散，同时又是所有社会生产的终极目标。

（二）组织市场

组织市场由所有非个人消费者的团体组织构成，包括生产企业、服务企业、商业企业、政府机构、民间团体及各种非营利组织。这些企业或组织购买商品或服务，是为了从事企业经营活动，加工制造产品、转售商品，或向社会提供服务。从社会再生产的角度看，它们的购买消费属于中间消费，或生产性消费，构成了社会再生产的一个新起点。

消费者市场和组织市场由不同的购买者组成，有不同的购买目的，在社会再生产中所处地位也不同，因此，在需求及购买行为方面都有很大差异。本教材重点讨论消费者市场的需求及购买差异。

二、消费者市场的购买行为特点

（1）购买方式具有多样性。消费者人数众多，差异性大。由于在年龄、性别、职业、收入、受教育程度、居住区域、民族、宗教信仰等方面不同，消费者有各式各样的需要、欲望、兴趣、爱好和习惯，对不同的商品和同种商品的不同品种、规格、质量、外观、式样、服务、价格等均会产生多种多样的要求。而且，随着生产力的发展和消费水平的提高，消费者的需求在总量、结构和层次上也在不断地变化。

（2）从交易的规模和方式看，消费者市场的购买人数多，市场分散，交易次数频繁，但每次交易数量不大。

（3）消费者具有可诱导性。消费者易受外界因素的影响，比如广告、导购员的解说、他人的推荐等都能影响消费者的消费倾向。

三、影响消费者购买的主要因素

影响消费者购买的因素主要有社会文化、个人和心理等方面。

（一）社会文化因素

社会文化因素主要包括文化和亚文化群体、社会阶层、相关群体和家庭。

1. 文化和亚文化群

文化是指人类在社会发展过程中所创造的物质财富和精神财富的总和，是根植于一定的物质、社会、历史传统基础上形成的特定价值观、信仰、思维方式、宗教、习俗的综合体。

在每一种文化中，往往还存在许多在一定范围内具有文化同一性的群体，它们被称为亚文化群，如地区文化、民族文化等。

2. 社会阶层

人们在社会中所处地位不同，社会阶层是社会中按某种层次排列，较同质且具有持久性的群体。同一阶层中的人，因经济状况、价值取向、生活背景和受教育程度相近，其生活习惯、消费水平、消费内容、兴趣和行为也相近，甚至对某些商品、品牌、商店、闲暇活动、传播媒体等都有共同的偏好。

3. 相关群体

相关群体是指对个人的态度、意见偏好和行为有直接或间接影响的群体。相关群体有两种基本类型：一种是个人具有成员资格并因而受到直接影响的群体，这其中又分为主要群体和次要群体，主要群体是给个人以最大影响的群体，如家庭、朋友、邻居、同事；次要群体则给个人以较次要的影响，如行业协会、学生会等。另一种是个人并不具有正式成员资格，而是期望成为其中一员的群体，典型的如青少年对明星的崇拜，故也称之为崇拜性群体。

4. 家庭

家庭是最重要的相关群体之一，应受到特殊的重视。家庭由居住在一起的、彼此有血缘、婚姻或抚养关系的人群组成。从一个人幼年开始，家庭就给了其种种倾向性的影响，这种影响可能伴随其一生。

家庭又是一个消费单位和购买决策单位。在不同家庭中，夫妻参与购买决策的程度不同；在同一家庭中，夫妻参与购买决策的程度又因产品的不同而有很大差异，比如食物、日用杂品、日常衣着的购买主要由妻子承担，在购买价格昂贵的耐用消费品或高档商品时，家庭决策模式则变得较为复杂。企业营销者应了解哪些商品的购买是夫妻双方甚至子女都参与购买决策的，谁有较大的影响力，或谁在哪些方面更具影响力。如一般认为，主要在丈夫影响下决定购买的产品和服务包括电视机、汽车等，主要在妻子影响下决定购买的产品包括洗衣机、窗帘、厨房用具等，双方影响均等的产品包括家具、住宅等。丈夫一般在决定是否购买和在何时、何处购买等方面有较大的影响，妻子则一般在决定所购商品的颜色等外观特征方面有较大的影响。

（二）个人因素

个人因素包括年龄和家庭生命周期，性别、职业和受教育程度，经济状况，生活方式，个性和自我形象。

1. 年龄和家庭生命周期

家庭生命周期是指消费者从年轻时离开父母独立生活到年老的家庭生活的全过程。例如：独立生活的单身青年穿戴比较时髦，参与许多体育娱乐活动；年轻夫妇需要购买汽车、家具、电冰箱等耐用消费品，并时常支出一定的旅游费用。

2. 性别、职业和受教育程度

由于生理和心理上的差异，不同性别的消费者的消费欲望、消费构成和购买习惯都不尽相同。多数男性顾客购买商品时比较果断和迅速，而女性顾客则往往喜欢仔细挑选。

3. 经济状况

经济状况决定了个人的购买能力，制约着个人的购买行为。收入较低的顾客往往比收入较高的顾客更关心价格的高低。

4. 生活方式

生活方式是人们根据自己的价值观念等安排生活的模式，并通过其活动、兴趣和意见表现出来。

5. 个性和自我形象

个性使人对环境做出比较一致和持续的反应，可以直接或间接地影响其购买行为。直接与消费者个性相联系的六种购买风格是：几乎不变换产品的种类和品牌的习惯型；经冷静、慎重地思考后购买的理智型；特别重视价格的经济型；易受外来刺激而购买的冲动型；感情和联想丰富的想象型；缺乏主见或没有固定偏好的不定型。

（三）心理因素

1. 动机

动机是一种推动人们为达到特定目的而采取行动的迫切需要，是行为的直接原因。人们的动机中，往往也是那些最强烈的“优势动机”才能导致行为。

心理学家曾提出许多关于人类行为动机的理论，最著名的如弗洛伊德、马斯洛、赫茨伯格的理论。这里我们重点介绍一下马斯洛的需要层次理论。

马斯洛需要层次理论认为，人的需要依重要性不同分为五个层次：（1）生理的需要，即吃饭、喝水、睡眠、取暖等基本生存需要。（2）安全的需要，即保护人身、财产安全和防备失业、患重病的需要。（3）社交的需要（归属和爱的需要），即希望被群体接受从而有所归属和获得爱情的需要。（4）尊重的需要，即实现自尊，赢得好评、赏识，获得承认、地位等的需要。（5）自我实现的需要，即充分发挥个人能力，实现理想和抱负，取得成就的需要。这些需要的层次越低，越不可缺少，因而越重要。人们一般按照重要性的顺序，分轻重缓急，当低层次的需要基本满足后，才去追求高一层次的需要满足。需要层次理论可以帮助企业营销者了解各种产品和服务怎样才能适合潜在消费者的生活水准、目标和计划。

2. 感觉和知觉

感觉和知觉属于感性认识，是指消费者的感官直接接触刺激物和情境所获得的直观、形象的反应。这种认识由感觉开始，刺激物或情境的信息，如某种商品的形状、大小、颜色、声响、气味等，刺激了人的视、听、触、嗅、味等感官，使消费者感觉到它的个别特性。随着感觉的深入，各种感觉到的信息在头脑中被联系起来进行初步的分析综合，使人形成对刺激物或情境的整体反应，就是知觉。

3. 学习

人类大多数行为是从后天经验中得来的，这种由于经验而引起的行为变化的过程就是学习。

学习过程是驱策力、刺激物、提示物、反应及强化诸因素相互影响和相互作用的过程。假设某消费者具有提高外语听说能力的驱策力，当这种驱策力被引向一种可以辅助学习外语的刺激物，如电脑时，就成为一种动机。在这种动机的支配下，他将做出购买电脑的反应。但是，他何时、何处和怎样做出反应，常常取决于周围的一些较小的或较次要的刺激，即提示物，如亲属的鼓励，在朋友家看到了电脑，看到了有关电脑的广告、促销活动等。他购买了某个品牌的电脑后，如果使用后感到满意，就会经常使用并强化对它的反应。以后若遇到同样的情况，他会做出相同的反应，甚至在相似的刺激物上推广他的反应：购买同一厂家或同一品牌的其他商品。反之，如果他使用时感到失望，以后就不会做出相同的反应。因此，企业为了扩大对某种商品的需求，可以反复提供诱发购买该商品的提示物，尽量使消费者购买后感到满意从而强化积极的反应。

4. 信念和态度

信念是人们对某种事物所持的看法，如相信某个品牌的电冰箱省电，制冷快，容量大，售价合理。又如，某些消费者以精打细算、节约开支为信念。

态度是人们长期保持的关于某种事物或观念的是非观、好恶观。消费者一旦形成对某种产品或品牌的态度，以后就倾向于根据态度做出重复的购买决策，不愿费心去进行比较、分析、判断。因此，态度往往很难改变。

以上社会文化、个人和心理三方面，是影响消费者购买行为的主要因素。其中有些因素，如消费者的年龄、性别、职业、个性、经济状况、社会阶层、态度等，对企业来说是不可控制或难以施加影响的。而另一些因素，如消费者的购买动机、感觉、知觉、学习、信念、生活方式等，容易受到企业营销的影响。在了解这些因素的基础上，企业可以制定相应的营销策略，在一定程度上诱导消费者的购买需求。

四、消费者的购买决策过程

消费者的购买决策过程由一系列相互关联的活动构成，它们早在实际购买发生以前就已经开始，而且一直延续到实际购买之后。研究消费者购买决策过程的阶段，目的在于使营销者针对决策过程不同阶段的主要矛盾，采取不同的促销措施。购买决策过程可划分为以下五个前后相继的阶段。

（一）确认需要

当消费者感觉到了某种需要而且准备购买某种商品去满足自身需求时，对这种商品的购买决策过程就开始了。

案例思考

蚕豆与冷饮

某年夏天，盛传气温将持续走高，人们将大量需要冷饮。一些冷饮厂赶紧生产，但商品生产后无人问津。其中有个小型冷饮厂将自己全部资本都投入了产品中，若这批产品卖不出去，后果不堪设想。厂长苦心思虑，仍无良策。一日，他在街上行走时，发现一张海报吹落地上，他拾起一看，原来是一个很有名气的马戏团来这个城市演出的广告。他沉思了一下，一个促销计划在他的脑海里形成了。第二天，在该马戏团入口处，观众每人分得一包爆炒的蚕豆，人们一边看马戏团的表演一边吃着蚕豆，很是惬意。中场休息时间，突然跑来一群卖冷饮的小孩，此时人们吃了蚕豆，正口渴，便争相购买，如此一直持续到马戏团在这个城市演出结束。结果这家小型冷饮厂靠这种创造需求的方式不仅售出了产品，而且取得了盈利。

思考： 这家小型冷饮厂是如何实现销售增长并取得盈利的？

（二）收集信息

消费者明确了购买某种商品的动机后，往往就会开始收集信息。他们一般从以下几个方面来获得信息。

（1）个人来源，即从家庭、朋友、邻居和其他熟人处得到信息。

（2）商业性来源，即从广告、售货员介绍、商品展览与陈列、商品包装、商品说明书等处得到信息。

（3）公众来源，即从报刊、电视等大众宣传媒介的客观报道和消费者团体的评论中得到信息。

（4）经验来源，即通过触摸、试验和使用商品得到信息。

从消费者的角度看，由企业控制的商业性来源信息起到通知的作用，而其他非商业性来源信息起到验证和评价的作用。

（三）评估备选品牌

在这个阶段，消费者根据所掌握的信息，对几种备选品牌进行评价和比较，从中确定其所偏爱的品牌。评估模式或评估过程并没有统一适用的模式，不过以下几点在了解消费者怎样评估备选品牌方面很值得注意：

（1）品牌的哪些属性是消费者感兴趣的。

（2）哪个属性在消费者心目中占有最重要的地位。

（3）消费者对每种品牌的信念（这种信念可能与该品牌的实际性能相符，但也可能因消费者有偏见而不相符）。

（四）决定购买

经过评价，消费者形成了对某种品牌的偏好和购买意向。但是，消费者不一定能立即实现其购买意向，因为消费者的购买决定还受以下因素影响：

1. 其他人的态度

如果与消费者关系很密切的人坚决反对购买，消费者就很可能改变购买意向。

2. 不可预料的意外情况

如出现家庭收入减少，急需在某方面用钱或得知准备购买的品牌令人失望等意外情况，消费者也可能改变购买意向。

3. 预期风险的大小

如果所购商品比较复杂、价格昂贵而且预期风险较大，消费者可能采取一些避免或减少风险的习惯做法，包括暂不兑现甚至改变购买意向。

因此，根据消费者对品牌的偏好和购买意向来推测购买决定并不十分可靠。决定了购买意向的消费者往往还要做出以下具体的购买决策：购买哪种品牌，在哪家商店购买，购买量，购买时间和支付方式等。

（五）购买后的行为

消费者购买商品后，往往会通过使用和他人的评判，对其购买选择进行检验，把他所觉察的产品实际性能与以前对产品的期望进行比较。消费者若发现产品性能与期望大体相符，就会感到基本满意；若发现产品性能超出了期望，就会感到非常满意；若发现产品性能达不到期望，不能给他以预期的满足，就会感到失望和不满。消费者是否满意，会直接影响他购买后的行为。如果感到满意，他下次就很可能会购买同一品牌的产品，并常对其他人称赞这种产品，而这种称赞往往比广告宣传更有效。如果感到不满，他除了可能要求退货或寻找能证实产品优点的信息来减少心理不平衡以外，还常常采取公开投诉或私下的行动发泄不满，如向生产或经营企业、新闻单位和消费者团体反映意见，向家人、亲友和熟人抱怨，劝说他们不要购买该种产品，甚至不要购买该企业生产的其他产品。这势必会抵消企业为使消费者满意所做的许多工作，并影响企业的整体形象和市场销售。

因此，企业应采取各种措施，尽可能使消费者购买后感到满意。产品宣传实事求是并适当留有余地是途径之一。另外，企业还应经常征求消费者意见，加强售后服务，同购买者保持联系，为他们发泄不满提供适当的渠道，以便迅速采取补救措施。

案例思考

让顾客“自作自受”

自己在啤酒作坊里酿造啤酒，两个星期后从储藏室里搬出那一桶自己酿制的啤酒，或自饮或与众人分享，这并非想象，也并非来自欧洲中世纪的一个传奇故事。位于中关村的北京猎奇门啤酒自酿场，可以让每个有兴趣的消费者体会到这一切。正由于此，北京猎奇门啤酒自酿场才生意兴隆。

无独有偶，某地有位商人开了家“组合式鞋店”。货架上陈设着 6 种鞋跟、8 种鞋底，鞋面的颜色以黑、白为主，鞋带的颜色有 80 多种，款式有百余种。顾客可自由挑选出自己最喜欢的各种款式，然后交给店员进行组合，只需稍等十来分钟，一双称心如意的新鞋便可到手。而其售价，与批量成品的价格差不多，有的还更便宜。此举引来了络绎不绝的顾客，使该店销售额比邻近的鞋店高出好几倍。

思考：经营者运用了什么原理使其生意兴隆、销售额大增？

任务四 制定目标市场营销战略

案例思考

“小说旅馆”生意兴隆

微课：

目标市场营销策略

在美国，有一家名叫西尔维亚·奇的小旅馆，共有20间客房，其布置和摆设都极为奇特。每个房间的设计都以一位世界著名作家为主题。旅客通过房间中的摆设联想到不同作家名作品的精辟句子和情节，从而引起一连串的遐想。这家“小说旅馆”吸引了众多爱好读书的游客，生意十分兴隆。

“小说旅馆”生意兴隆的原因是这个旅馆与其他旅馆相比独具特色。由此，人们不禁想到那句“特色是金”的俗语。消费者由于其社会地位、经济收入、个人爱好的不同，形成了不同的消费层次和消费特点。依据消费者各不相同的消费需求，开设具有鲜明特色的服务项目，在市场竞争中具有独特的魅力。那些适应市场规律，真正满足了某一消费群体需求的“特色店”，大多是能取得成功的。

要搞出特色，必须进行认真的市场调查和分析研究，切实掌握消费者心理，了解消费者需求。“小说旅馆”之所以生意兴隆，无非是由于其独特的经营策略满足了那些爱好读书的游客而已。

思考：“小说旅馆”给我们提供了哪些有益的启示？

目标市场营销战略即市场细分（S）、目标市场选择（T）、定位（P），简称STP战略。STP战略的三个工作步骤如下：

市场细分：用适当的标准将特定产品的所有潜在顾客（即可能顾客）进行分类，划分出若干个顾客群。

目标市场选择：从上述顾客群中挑选出适合该产品投放的目标顾客。常常是一个或若干个顾客群，少数情况下也可能是全部。

定位：确立该产品（品牌）的定位点，并加以整体传播。

一、市场细分

（一）市场细分的概念

市场细分是指将市场按照某些标准划分为具有不同特征的子市场的过程。细分的结果是每个不同的子市场拥有不同的消费特征，每个子市场内部消费者的特征相同。

（二）市场细分的标准

在实际操作中，企业往往依据八个描述性细分变量对消费者市场进行细分（见图 3－1）。

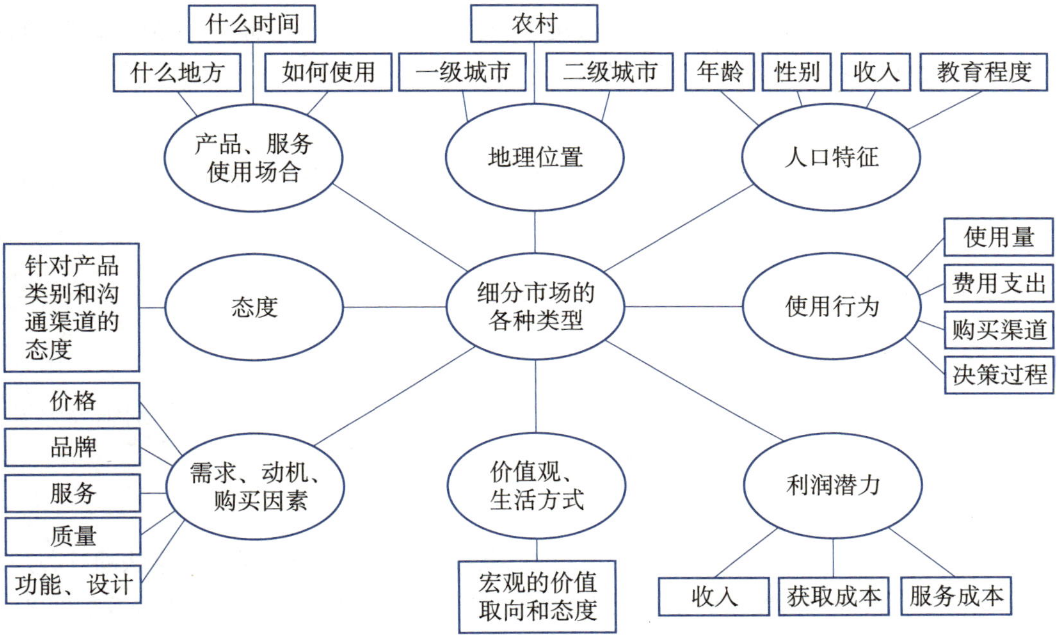

图 3－1 消费者市场的八维细分模型图

1. 地理位置细分

地理位置、地理区域、自然环境等不同，消费者需求亦有所不同，例如北方需要加湿器，南方却需要干燥剂。

2. 人口特征细分

人口统计特征如年龄、性别、家庭生命周期等都在不同程度上影响着诸多产品的消费。例如“他她饮料”中，“他＋”添加了男性恢复体力所需的成分，“她－”添加了减肥与美容所需的成分，这是典型的根据人口统计特征的市场细分。

3. 使用行为细分

企业可以根据使用量、费用支出、购买渠道、决策过程等对市场进行细分。

4. 利润潜力细分

大客户与小客户、企业用户与家庭用户、高端客户与低端客户细分就是如此。

5. 价值观、生活方式细分

这是指根据消费者的价值取向和态度细分市场，例如服装企业把女性分为“朴素的女性”“时髦的女性”“有男子气概的女性”，并据此设计不同服装。

6. 需求、动机、购买因素细分

例如，有人需要高档汽车来显示身份地位，而有人只需要实用的代步车。

7. 态度细分

企业根据市场上顾客对产品的偏好程度来细分市场。消费者对同一产品的态度可能有很大差异，如有人持肯定态度，有人持否定态度。

8. 产品、服务使用场合细分

根据消费者使用产品或服务的时间、地点等细分市场，例如，商务人士经常乘坐飞机，他们对价格不敏感，而看重更快捷的服务。

（三）市场细分的方法

1. 单一因素细分法

单一因素细分法即选用一个细分标准对市场进行细分，如服装市场按性别细分为男士服装和女士服装。

2. 综合因素法

综合因素细分法即运用两个或两个以上的标准对市场进行细分。综合因素法的核心是并列多因素分析，所涉及的各项因素都无先后顺序和重要性区别。综合因素法示例如图 3－2 所示。

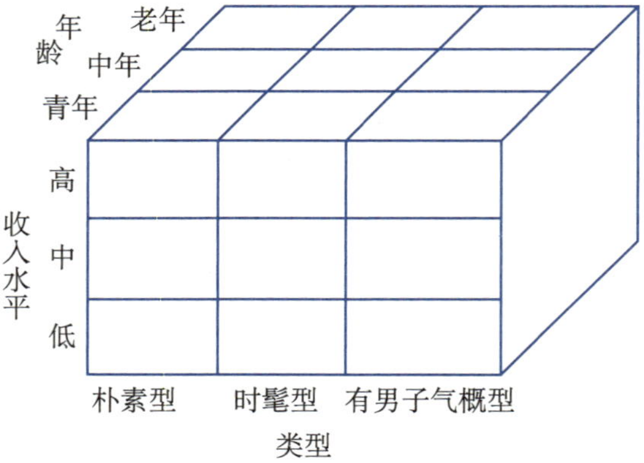

图 3－2　综合因素法示例（女装）

3. 系列因素法

系列因素细分法运用两个或两个以上的标准来细分市场，但必须依据一定的顺序由粗到细依次细分，下一阶段的细分是在上一阶段选定的子市场中进行的，细分的过程同时也是一个比较、选择子市场的过程。系列因素细分法示例如图 3－3 所示。

- 皮鞋市场
  - 城市
  - 农村
    - 男性
    - 女性
      - 老年
      - 中年
      - 青年
        - 求美观
        - 求廉价
        - 求实用
        - 求新潮
      - 儿童

图 3－3　系列因素细分法示例（皮鞋）

二、目标市场选择

目标市场选择是指估计每个细分市场的吸引力程度，并选择进入一个或多个细分市场。

（一）目标市场选择标准

1. 有一定的规模和发展潜力

企业进入某一市场期望能够有利可图，如果市场规模狭小或者趋于萎缩状态，企业进入后难以获得发展，此时，应审慎考虑，不宜轻易进入。

2. 细分市场结构是否具有吸引力

一般从以下五个方面判断细分市场的吸引力：

（1）细分市场内同行业竞争者。如果某个细分市场已经有了众多的、强大的或者竞争意识强烈的竞争者，那么该细分市场就会失去吸引力。

（2）潜在的新进入竞争者。如果某个细分市场可能会有大量争夺市场份额的新的竞争者，那么该细分市场就会变得没有吸引力。问题的关键是新的竞争者能否轻易地进入这个细分市场。根据行业利润的观点，最有吸引力的细分市场应该是进入壁垒高、退出壁垒低的市场。最坏的情况是进入壁垒较低，而退出壁垒却很高。

（3）替代产品。如果某个细分市场存在替代产品或者有潜在的替代产品，那么该细分市场就会失去吸引力。替代产品会限制细分市场内价格和利润的增长。公司应密切注意替代产品的价格趋向。

（4）购买者的讨价还价能力。如果某个细分市场中购买者的讨价还价能力很强或正在加强，该细分市场就没有吸引力。购买者会设法压低价格，对产品质量和服务提出更高的要求，并且使竞争者互相斗争，所有这些都会使销售商的利润受损。

（5）供应商。如果公司的供应商（原材料和设备供应商、公用事业、银行、工会等）提价或者降低产品和服务的质量，或者减少供应数量，那么该公司所在的细分市场就会没有吸引力。如果供应商集中或有组织，或者替代产品少，或者供应的产品是重要的投入要素，或者转换成本高，或者供应商可以实行联合，那么供应商的讨价还价能力就会较强大。因此，与供应商建立良好关系、开拓多种供应渠道才是防御上策。

3. 是否符合企业目标和能力

某些细分市场虽然有较大吸引力，但不能推动企业实现发展目标，甚至分散企业的精力，使之无法完成其主要目标，这样的市场应考虑放弃。同时，还应考虑企业的资源条件是否适合在某一细分市场经营。只有选择那些企业有条件进入、能充分发挥其资源优势的市场作为目标市场，企业才会立于不败之地。

（二）目标市场选择策略

1. 无差异性目标市场策略

该策略是把整个市场作为一个大目标开展营销，强调消费者的共同需要，忽视其差异性。

采用这一策略的企业，一般都是实力强大的企业，它们进行大规模生产，有广泛而可靠的分销渠道，有统一的广告宣传方式和内容；或者产品是无差异的大路货。

该策略的优点：（1）产品单一，可实现标准化生产，降低产品成本，提高产品质量；（2）无差异的广告宣传、单一的销售程序，使销售费用降低；（3）节省调研费用、产品开发设计费用，使企业能以物美价廉的产品满足消费者需要。

该策略的缺点：（1）不能满足不同消费者的需求；（2）不能适应多变的市场形势，容易受到竞争对手的冲击。

2. 差异性目标市场策略

该策略通常是把整体市场划分为若干细分市场作为其目标市场，针对不同目标市场的特点，分别制订出不同的营销计划，按计划生产目标市场所需要的商品，满足不同消费者的需要。

差异化市场营销策略是目前普遍采用的策略。很多企业实行多品种、多规格、多款式、多价格、多种分销渠道、多种广告形式等营销组合，满足不同细分市场的需求。

该策略的优点：（1）面对多个细分市场，有较高的适应能力和应变能力，分散和减少经营风险；（2）能较好地满足不同消费者的需求，争取更多的消费者，提高产品销量和扩大利润空间；（3）多种经营组合有利于增强企业竞争力，在某些细分市场上取得优势，发挥品牌连带优势。

该策略的缺点：（1）目标市场多，产品品种多，企业经营成本高；（2）经营管理难度较大，对企业的实力和管理人员的素质要求较高。

3. 集中性目标市场策略

该策略是选择一个或几个细分化的专门市场作为营销目标，集中企业的优势力量，对某细分市场采取攻势营销战略，以取得市场上的优势地位。

集中性市场营销策略主要适用于资源有限的中小企业或初次进入新市场的大企业。

该策略的优点：（1）目标市场集中，能够深入挖掘消费者的需求，开发专业化的产品；（2）便于开展专业化生产，节约成本和费用，获得较高的投资收益率；（3）发挥企业优势，积聚力量，与竞争者抗衡；（4）提高企业和产品的市场知名度与市场占有率，树立品牌形象。

该策略的缺点：（1）市场较小，空间有限，企业发展受到一定限制；（2）如果有强大对手进入，或者消费者需求发生变化，企业将面临极大的风险。

三、产品定位与差别化

产品定位是根据竞争者现有产品在细分市场上所处的地位和顾客对产品的重视程度，塑造出本企业产品与众不同的鲜明个性或形象并传递给目标顾客，使该产品在细分市场上占有强有力的竞争位置。产品的特色或个性可以从产品实体上表现出来，如形状、成分、构造、性能等；也可以从消费者心理上反映出来，追求基础消费或者看重实用功能；还可以表现为价格水平、质量水准等。

差别化是指设计一系列产品差别来区分本企业的产品与竞争产品的行为。

（一）产品差别化的途径与工具

差别化的基本途径有四个：有形产品的差别化、服务的差别化、人员的差别化、形象的差别化。

1. 有形产品的差别化

有形产品的差别化是指在产品的特色、性能、一致性、耐用性、可靠性、风格、设计上与竞争对手的产品不一样。

2. 服务的差别化

服务的差别化主要表现在订货方便、送货、安装、客户培训、客户咨询、维修等方面。

3. 人员的差别化

公司可以通过聘用和培养比竞争对手更优秀的人员获得强大的竞争优势。强调规范化管理的公司都试图在员工素质的某些方面进行或尝试进行工作行为的公司化努力，希望在公司特色的服务标准化方面创造出与众不同的人员差别，比如敬业精神、专业技能、服务态度、言行举止等。

4. 形象的差别化

在产品和服务不能有效地凸显出差别的情况下，良好的产品形象就显得很重要。产品形象的差别是经过精心设计和长期坚持的，包括产品个性、品牌标志、场所气氛、特别事件等。

（二）产品定位的确立

差别化可以找到产品有形或无形的差别点，但并不是所有的差别点都是有效的。把产品的定位点确立在哪些差别上要依据公司的目标顾客对于产品的需求以及竞争产品的市场优势来确定。公司可以从以下几个方面去定位：

1. 属性定位

这是指根据顾客对产品属性（功能）的认识和重要程度，给自己的产品设定一个独特的功能形象以满足某种需要。例如，去头屑是洗发水的属性之一，海飞丝就是利用这个产品功能进行定位的，并在所有的广告中强化这个主题。

2. 利益定位

消费者追求产品的属性和质量，其实是希望它能够给自己带来某种好处或利益。

3. 用途定位

用途定位强调的是产品的使用时间、场合等。例如“红牛”饮料的“渴了累了喝红牛”。

4. 用户定位

这是指通过广告等手段强调产品是给什么样的人群使用的。例如“太太口服液，十足女人味”就明示了顾客群体。

5. 针对竞争对手定位

最著名的竞争性广告就是百事可乐对可口可乐的“给对手定位”：年轻人喝百事，上一代人喝可口可乐。广告中一再演绎把“很难喝”的可口可乐扔掉，喝百事可乐真开怀。国内某些饮料也在做这样的广告模仿，只是由于法律不允许指向特定品牌而效果不明显。

6. 产品种类定位

例如：新加坡的香格里拉酒店将自己定位于“又一座植物公园”；“七喜”给自己定位为非可乐饮料。

7. 质量-价格定位

这是最常用的定位方法之一，用价格或质量来暗示产品价值。如强化产品一流的质量而不提及高价，让买者自己领会“货真价实”。就像“雕牌”洗衣粉的广告：“不买贵的，只选对的”，希望建立质量可靠（不是高质量）的大众品牌定位。

一般而言，无论是产品定位、品牌定位还是公司定位，确定定位必须很慎重。定位一旦确定，就不能轻易改变，即定位是企业的长期战略。

（三）定位的传播

定位的设计和确立固然非常重要，但是就定位战略而言，更重要的工作在于企业如何持之以恒地把产品定位告诉给目标市场。

在制定了一个明确的定位战略后，还必须将定位进行有效的整合传播，即利用所有营销元素与工具一致地传达这个定位战略。菲利普·科特勒指出：解决定位问题，能帮助企业解决营销组合问题，营销组合（产品、定价、渠道、促销）是定位战略战术运用的结果。企业应该将每一次的营销活动都视为一次定位传播，所有的营销元素，如广告、包装、促销活动等都体现定位这一产品的“灵魂”。如果企业追求“高质量定位”，它就必须生产高质量的产品，制定较高的价格，选择一流的经销商来销售产品，并在权威媒体上刊登广告。这是突出一贯可信的高质量形象的首要途径。

比如，农夫山泉定位于“天然水”，因此它发起了针对纯净水的传播推广：首先它的产品是天然水源，富含多样的人体所需的营养元素；其次，它上市的价格比较高，支持天然水营养成分更高，水质更好的观点；在目标人群与渠道上，加强对中小学生的推广；在广告里，尖锐地提出了天然水和纯净水在营养价值上的比较；在公关活动上，则更多地支持与赞助“营养物质容易流失，特别需要补充”的体育运动健儿，特别是农夫山泉于2000年4月策划的“停止生产纯净水，倡导天然水”新闻公关事件，鲜明地亮出了自己的定位，使“天然水”一举成名。

案例思考

“黑货”商店生意兴隆

湖北省武汉市新开了一家特色食品店。这家食品店出售的全是“黑货”，比如黑米、黑豆、黑芝麻、黑木耳、黑面包、黑咖啡等。许多顾客买“黑色食品”时，一下子就会想到去这家黑货店。因此，该店生意一日比一日红火。

思考：“黑货店”生意兴隆的原因是什么？

项目小结

一切以客户为中心，一切以市场为出发点。交易是一个双方的行为，作为交易的卖方，通常我们能够控制的是自己的行为，而买方的行为则属于不确定性因素。市场营销的存在就是要将这种不确定性因素对企业产生的风险影响降低到最小。因此，任何市场营销活动的开展都离不开对交易行为中买方的研究。

市场调研是我们对买方研究的最基本手段，通过市场调研对市场规模和容量、产品需求特征、购买行为特征、竞争程度等做出科学的判断，对自己的行为做出指导和引导。这种调研行为不是一时的、一次性的，而是长期不断的，因为客户的需求和各种特征不是一成不变的。

消费者的需求变化通常是由于市场环境的变化引起的，而环境变化不仅会对消费者产生影响，也会对卖方产生影响。通货膨胀会导致购买力下降，成本上升，利润空间减小；网络的发展会方便客户进行购买判断，加剧企业与企业之间的竞争；流行的存在会导致购买潜力的开发，市场容量的扩大，同时也会增加企业的风险和短期内资金的压力。所以，环境的变化需要企业时时关注。环境的研究分析就是要在对新环境了解的基础上，判断消费和购买行为的变化趋势，制定合适的营销策略。

本项目的四个任务互为因果，调研、环境分析和购买者行为分析是因，营销战略是果。在现在电子商务进入日常生活的社会环境之下，谁能第一时间对外界变化做出正确反应，将成为企业生存、发展和战胜对手的关键环节。

即测即评

项目测评

一、简答题

1. 简述市场营销的宏观和微观环境因素。
2. 简述影响消费者购买行为的心理因素。
3. 简述无差异性市场营销策略的优点。
4. 简述影响目标市场策略选择的因素。

二、案例分析题

新可口可乐的调研失误

1. 决策的背景

20 世纪 70 年代中期以前，可口可乐公司是美国饮料界的“No. 1”，可口可乐占据了全美 80%的市场份额，年销量增长速度高达 10%。然而好景不长，20 世纪 70 年代中后期，百事可乐的迅速崛起令可口可乐公司不得不着手应对这个饮料业“后起之秀”的挑战。1975 年全美饮料业市场份额中，可口可乐领先百事可乐 7 个百分点；1984 年市场份额中，可口可乐领先百事可乐 3 个百分点。市场地位的逐渐势均力敌让可口可乐胆战心惊起来。

百事可乐公司的战略十分明显，通过大量动感的广告冲击可口可乐市场。首先，百事可乐公司推出以饮料市场最大的消费群体——年轻人为目标消费者群的“百事新一代”广告系列。由于该广告系列迎合青少年口味，以冒险、青春、理想、激情等为题材，很快赢得了青少年的钟爱；同时，百事可乐也塑造了“年轻人的饮料”的品牌形象。

随后，百事可乐又推出一款非常大胆而富有创意的“口味测试”广告。在被测试者毫不知情的情形下，请他们对两种不带任何标志的可乐口味进行品尝。由于百事可乐口感甜、柔和，因此，百事可乐公司此番现场直播的广告结果令百事可乐公司非常满意：80%以上的人回答百事可乐的口感优于可口可乐。这个名为“百事挑战”的直播广告令可口可乐一下子无力应付，市场上百事可乐的销量再一次激增。

2. 市场营销调研

为了着手应战并且找出可口可乐发展不如百事可乐的原因，可口可乐公司开始了历史上规模最大的一次市场调研活动。1982 年，可口可乐广泛深入美国 10 个主要城市中，进行了大约 2 000 次的访问，通过调查，看口味因素是否是可口可乐市场份额下降的重要原因，同时征询顾客对新口味可乐的意见。于是，在问卷设计中，询问了例如“你想试一试新饮料吗?”“如果可口可乐味道变得更柔和一些，您是否满意?”等问题。

调研最后结果表明，顾客愿意品尝新口味的可乐。这一结果更加坚定了可口可乐的决策者们的想法——秘不示人的老可口可乐配方已不适合今天消费者的需要了，于是，满怀信心的可口可乐开始开发新口味可乐。

可口可乐公司向世人展示了比老可乐口感更柔和、口味更甜、泡沫更少的新可口可乐样品。在新可口可乐推向市场之初，可口可乐公司不惜血本进行了又一轮的口味测试，可口可乐公司倾资 400 万美元，在 13 个城市中，邀请 19.1 万人参加了对无标签的新、老可乐进行口味测试的活动，结果 60%的消费者认为新可乐比原来的好，52%的人认为新可乐比百事可乐好。新可乐的受欢迎程度一下打消了可口可乐领导者原有的顾虑。于是，新可乐推向市场只是时间问题。

在推向生产线时，因为新的生产线必然要以不同瓶装的变化而进行调整，于是，可口可乐各地的瓶装商因为加大成本而拒绝新可乐，然而可口可乐公司为争取市场，不惜再次投入，终于推出了新口味可乐。

3. 灾难性后果

起初，新可乐销路不错，有 1.5 亿人试饮了新可乐。然而，新可乐配方并不是每个人都能接受的，而不接受的原因往往并非因为口味原因，而是这种“变化”受到了原可口可乐消费者的排挤。开始，可口可乐对可能的抵制活动做好了应付准备，不料顾客的愤怒情绪越来越厉害，使市场推广活动严重受阻。

顾客之所以愤怒是认为百年秘不示人的可口可乐配方代表了一种传统的美国精神，而热爱传统配方的可口可乐就是热爱美国的体现，放弃传统配方的可口可乐意味着一种背叛。在洛杉矶，有的顾客威胁说："如果推出新的可乐，将再也不买可口可乐。"即使是新可乐推广策划经理的父亲，也开始批评起这项活动。而当时，老口味的传统可口可乐则由于人们预期会减少，而居为奇货，价格竟在不断上涨。每天，可乐公司都会收到来自愤怒的消费者的成袋信件。公司只好开通 83 部热线电话，雇请大批公关人员温言安抚愤怒的顾客。

面临如此巨大的批评压力，公司决策者们不得不稍做动摇，而随后又一次推出的顾客意向调查中，30％的人说喜欢新口味可口可乐，而 60％的人却明确拒绝新口味可口可乐。没办法，可口可乐公司不得不又一次恢复了传统配方的可口可乐的生产，同时也保留了新可口可乐的生产线和生产能力。

尽管公司花费了 400 万美元，进行了长达 2 年的调查，但最终还是彻底失算了。百事可乐公司前总裁罗杰·恩里科说："可口可乐公司推出新可乐是个灾难性的错误。"

思考并回答以下问题：

1. 新可口可乐的失败问题出在何处？为什么？

2. 你认为企业应如何避免发生此类问题？

项目四 市场营销策划

学习目标

知识目标

1. 掌握产品整体的概念、产品组合、产品市场生命周期及品牌策略。
2. 掌握定价的影响因素、定价方法、定价的策略。
3. 掌握渠道策略，渠道设置的影响因素及渠道的选择。
4. 掌握市场营销过程中促销策略的运用。

能力目标

1. 能运用产品组合理论，对经营的产品组合策略提出意见。
2. 能运用产品生命周期理论，及时发现不同阶段的需求和竞争环境的变化，提出相应的营销策略建议。
3. 能运用成本导向定价法、需求导向定价法和竞争导向定价法对产品进行定价。

素养目标

1. 树立科学严谨的精神，培养职场专业素养。
2. 培养创新创业意识，做好产品营销策划。

案例导入

白象，国货之光

多年来，白象一直秉承着低调做人做事的经营风格，专注于产品和服务的品质，并没有刻意在品牌上进行宣传和营销。所以，大家提到白象更多是品类、品牌尚不丰富的年代沉淀下的认知，也就是人们常说的“儿时记忆”。

随着时代的发展，越来越多的品牌通过各种营销和宣传方式出圈。白象也意识到，酒香也怕巷子深，在选择越来越多的年代，更好的更放心的产品理应更多地被展示在消费者面前。

2019 年白象开始牵手分众传媒，大力宣传品牌定位和产品定位：选用饲养期 1 年以上老母鸡，6 小时熬制高汤，高汤包取代粉酱包，26 年专注中国好面……

这充分展示了白象二十多年来在产品研发、创新技术上低调、踏实的努力，也是白象通过媒介渠道对消费者的承诺。

好媒体成就好品牌，好产品铸就好口碑。如今，白象身上“国潮品牌”的标签不仅得益于成功的品牌营销，更是其不忘创业初心结出的硕果。

作为深受年轻人青睐的国货之光，白象有三点值得学习：

第一，品牌认知重新定位，营销矩阵科学布局。

当下 Z 世代日益成为消费主力军，品牌除了守正还要出奇，才能快速走进年轻消费者的内心。

2020 年开始，白象顺应传播趋势，推出了品牌系列宣传漫画：唤起小时候记忆的味道。

2021 年至 2022 年，白象推出爆品“汤好喝鸡汤面”，主打 1 年以上老母鸡，6 小时熬制高汤，高汤包取代粉酱包等卖点。

2023 年，基于不论顺逆、默默坚守的精神共振，白象签约中国女足。此后，凭借着“双微一抖音一分众”的营销矩阵以及线下渠道执行力，白象在中国女足的合作品牌中脱颖而出。

2023 年 7 月 2 日，白象与中国女足签约，成为其官方合作伙伴，并宣布成立“铿锵玫瑰绽放基金”，为女足青少年培育体系建设提供支持保障。

与此同时，白象推出了印有中国女足全队形象代言的产品限定包装。这波快速反应恰好抓住了中国女足征战世界杯的热度，将产品与热点营销进行了迅速、紧密的链接。

宣传上，白象借势世界杯热度，通过各类话题刷屏社交媒体，并以多种形式植入女足队员的比赛日常和采访，把产品和代言人的链接做到了极致。

线下，全新女足 TVC 迅速霸屏全国分众电梯媒体，女足训练比赛画面和教练“中国好面吃白象”的口播广告高频触达 4 亿城市主流人群，将中国好面与女足精神进行了深度捆绑，并深化“中国好面＝白象”的品牌认知，抢占消费者高汤面首选心智。

第二，持续打造新品，共创多地域风味爆款。

在新品研发上，白象深知在民族意识、民族自信迅速崛起的今天，探索出一条与地域化、话题化、爆款化的年轻产品策略尤其重要。

白象推出的众多口味新品受喜爱程度也证明了这条策略的成功。其中，最“炸裂”的新品，当属白象香菜面。

2024 年 5 月，白象携手抖音电商超级品牌日共同推出全新产品——白象超香香菜面。作为抖音“爆款共创”计划落地的首款产品，香菜面开售当天便全部售罄。

新品之所以“炸裂”，是因为白象深刻洞察了消费者对香菜的特殊情感——这个世界上只有两种人，爱吃香菜的和讨厌香菜的。

第三，倾听消费者声音，深度与客户链接。

为了更好地与年轻人互动，从2023年11月开始，“白象泡面工厂”主题店先后空降长沙、成都、杭州、广州等21个省会城市的核心商圈，通过十个环节的趣味体验，让消费者近距离感受泡面的生产过程、主动参与制作一碗好面。

这拉近了品牌与消费者的距离，主题店的很多周边潮品深受年轻人喜爱。借助这种沉浸式互动方式，白象吸引了大批消费者打卡围观，成功与年轻人玩到了一起。

在此之前，白象非常出圈的工厂流水线慢直播，让消费者随时随地可以观看产品生产过程。

此外，通过联合艺术博主们对卡通版小白象进行的二次创作，与《王者荣耀》联名合作等，白象将营销创意与当下年轻人的兴趣趋势紧密结合，引起了大批年轻消费者的关注和好奇。

任务一 分析产品策略

一、产品及产品组合

微课：

企业产品策略分析

企业营销活动是以满足消费者需求为中心，而市场需求的满足必须通过提供产品和服务来实现。企业的发展，关键在于其产品能在多大程度上满足消费者的需要，以及所实施的产品策略。

（一）产品及产品整体概念

1. 产品的概念

产品是指向市场提供的能满足人们某种需要和欲望的物质产品及非物质形态的服务，即产品＝有形产品＋无形产品。

有形产品主要包括产品的实体及品质、式样、品牌和包装等，它们能满足顾客对使用价值的需要；无形产品即服务，主要包括售后服务和保障、产品形象、销售声誉等，可以给顾客带来利益和心理上的满足和信任感，具有象征性价值，能满足人们精神及心理上的需要。

2. 产品整体概念

我们所说的产品至少包括两个内容：核心产品和形式产品。但是现代营销中只有这两种含义的产品不足以击败竞争对手，所以又出现了期望产品、延伸产品和潜在产品，所以产品概念是一个系列的整体概念。

（1）核心产品。核心产品是指产品提供给顾客的基本效用或利益，是消费者真正要买的东西，是产品整体概念中最基本、最主要的内容。例如，手表的计时功能，电灯的照明功能，汽车的运输功能等，其必须能满足消费者对该产品的基本需要，手表若不能计时，不管它是否还具有其他功能，人们都不会认可。核心产品确定了产品的本质内涵。

（2）形式产品。形式产品是核心产品的载体，包括产品的质量水平、外观款式、特点、品牌名称及包装等。

（3）期望产品。期望产品是指消费者购买产品时，期望得到的与产品密切相关的一整套属性和条件。例如，顾客对旅店服务产品的期望包括干净整洁的房间、毛巾、卧具等。期望产品得不到满足，会影响消费者对产品的满意程度、购后评价及重复购买率。

（4）延伸产品。延伸产品是指消费者购买形式产品和期望产品时，附带所获得的各种附加服务和利益的总和，包括产品说明书、提供信贷、免费送货、保证、安装、维修、技术培训等。正如美国学者西奥多·莱维特指出的："现代竞争的关键并不在于各家公司在其公司中生产什么，而在于其产品能提供的附加价值：包装、服务、广告、用户咨询、消费信贷、及时交货和人们以价值来衡量的一切东西。"

（5）潜在产品。潜在产品是指包括现有产品的所有延伸和演进部分在内，最终可能发展成为未来产品的潜在状况的产品。潜在产品指示出现有产品的可能发展前景或可能带来的额外利益，如彩色电视机可能发展成为电脑终端机、录放像机等。

产品整体概念告诉我们企业的竞争可以从多层次展开，很多企业只关注从价格方面竞争，最后只会导致两败俱伤。

（二）产品类别

不同类型的产品由于购买对象、购买目的、购买方式和购买组织的不同，其购买行为、市场范围、销售渠道和促销方式也有差异，因此需要制定不同的营销策略。制定科学有效的营销策略，就必须对产品进行分类。

1. 按照是否耐用和有形划分

按照是否耐用和有形，产品可分为耐用品、非耐用品和服务。

（1）耐用品是指能多次使用的有形物品，如电视机、电冰箱、汽车等。

（2）非耐用品也叫易耗品，是指在正常情况下经多次使用就被消耗的有形物品，如牙膏、牙刷、肥皂等。

（3）服务是指无形的活动、效益或满意度。

2. 按照用途划分

按照用途划分，产品可分为消费品和工业用品两大类。

（1）消费品按照消费者购买习惯来划分，可分为便利品、选购品、特殊品和非渴求品。

（2）工业用品按照进入生产过程的程度以及使用目的不同，可分为原材料、主要设备、辅助设备、零部件、加工材料等。

（三）产品组合

1. 产品组合、产品线和产品项目

（1）产品组合。产品组合是指一个企业生产或销售的全部产品的有机构成方式，或者说是企业生产经营的全部产品的结构。产品组合一般是由若干条产品线组成的，每条产品线又是由若干个产品项目构成。例如，浙江浪莎控股有限公司的产品组合由两条强大的产品线组成：针织品和房地产。

（2）产品线。产品线又称产品大类，是指一组密切相关的同类产品。

（3）产品项目。产品项目是指某一产品或产品大类中各种不同品种、规格、质量、档次和价格的特定产品。例如，浙江浪莎控股有限公司主要涉及的产品有袜子、无缝内衣、房地产，这就是产品组合；其中袜子、无缝内衣、房地产就是产品线，即 3 条产品线；每条产品线中包含的具体品牌、品种就是产品项目。例如，从品种来讲，包含丝袜、棉袜、男袜、女袜等。另外，各品牌或品种又有多种不同规格、型号、质量、档次等。

2. 产品组合的宽度、长度、深度和相关性

（1）产品组合的宽度。产品组合的宽度是指产品组合中包含的产品线的多少。产品线越多，产品组合就越宽。例如，浙江浪莎控股有限公司的主要产品是袜子、无缝内衣、房地产 3 条产品线，则其产品组合的宽度就是 3。

（2）产品组合的长度。产品组合的长度是指一个企业的产品组合中所包含的产品项目的多少。以产品项目总数除以产品线数目即可得出产品线的平均长度。如果浙江浪莎控股有限公司产品组合中共拥有 21 个产品品种（总长度），那么产品线的平均长度就是总长度除以产品线，即 21/3＝7，也就是说，该企业平均每一条产品线拥有 7 个品种。

（3）产品组合的深度。产品组合的深度是指一条产品线中每一产品项目所包含的不同花色、规格、尺码、型号、功能、配方等数目的多少。例如，浙江浪莎控股有限公司某一品种产品有 2 种规格和 3 种配方，那么它的深度为 6（2×3＝6）。也就是说，这一品种的产品有 6 种具体的产品类型。

（4）产品组合的相关性。产品组合的相关性是指各产品线之间在最终用途、生产条件、销售渠道或其他方面相关联的程度。产品组合的相近程度大，其相关性也就大。相反，产品组合的相近程度小，其相关性也就小。如某企业生产的产品都是日用品且都可通过同样的分销渠道出售，因此可以说该企业的产品线具有较强的相关性，但就其对消费者的用途而言，该企业的产品线缺乏相关性。例如，浙江浪莎控股有限公司的生产线中袜子和房产的产品组合就缺乏相关性。

考察产品组合的广度、长度、深度和相关性对企业营销决策有重要的意义。一般情况下，扩大产品组合的广度有利于扩大公司的经营领域，实行多角化经营，提高经济效益，分散经营风险；增加产品线的长度可以使公司拥有更完整的产品线；加强产品组合的深度使每一产品有更多的品种可以占领同类产品的更多细分市场，满足更广泛的市场需求；加强产品组合的相关性，可以提高企业资源利用率，有利于在产销方面相互促进。

案例思考

某家电公司的产品组合

某家电生产企业主要生产空调、冰箱、洗衣机、微波炉四个类别的产品，其产品线的广度为4，产品线总长度为15，平均长度为3.75，产品线深度空调为6、冰箱为4、洗衣机为3、微波炉为2（见表4-1）。因为这些产品均属于家电产品，所以相关度很高。

表4-1 某家电企业产品组合情况一览表

产品线	产品线内容	产品项目	产品组合深度
产品线1	空调	空调A型、B型、C型、D型、E型、F型	6
产品线2	冰箱	冰箱A1型、B1型、C1型、D1型	4
产品线3	洗衣机	洗衣机A2型、B2型、C2型	3
产品线4	微波炉	微波炉A3型、B3型	2

思考：该家电公司的产品组合给我们提供了哪些有益的启示？

（四）产品组合策略

产品组合策略是指企业根据市场情况和企业营销实力使产品组合的宽度、长度、深度和相关性有机结合的策略。

合理运用产品组合策略有利于满足不同消费者的需求和爱好，吸引更多消费者购买，同时能够更好地挖掘企业营销潜力，分散投资风险。

1. 扩大产品组合

扩大产品组合包括拓展产品组合的宽度和增强产品的深度，前者是在原产品组合中增加一个或几个产品大类，扩大产品范围；后者是在原有产品大类内增加新的产品项目。当企业预测现有产品大类的销售额和利润额在未来一段时间内有可能下降时，就应该考虑在现有产品组合中增加新的产品大类，或加强其中有发展潜力的产品大类。当企业打算增加产品特色，或为更多的子市场提供产品时，则可选择在原有产品大类内增加新的产品项目。一般而言，扩大产品组合，可使企业充分地配置资源，分散风险，增强竞争力。

2. 缩减产品组合

当市场繁荣时，较长、较宽的产品组合可以为许多企业带来较多的盈利机会；当市场不景气或原料、能源供应紧张时，企业可以从产品组合中剔除那些获利很小甚至亏损的产品大类或产品项目，从而集中力量发展利润较多的产品大类和产品项目，获得总利润的增加。

3. 产品延伸

每个企业的产品都有其特定的市场定位。产品延伸策略是指全部或部分地改变公司原有产品的市场定位，具体方法有以下三种：

（1）向下延伸。向下延伸是指企业原来生产高档产品，后来增加生产低档产品。采取这一策略的主要原因如下：第一，企业发现其高档产品的销售额增长缓慢，因此不得不将其产品大类向下延伸；第二，企业的高档产品受到激烈的竞争，必须用进入低档产品市场的方式回避竞争者；第三，企业当初进入高档产品市场是为了建立起产品形象，待成功后再向下延伸；第四，企业增加生产低档产品是为了填补市场空隙，不使竞争者有机可乘。

（2）向上延伸。向上延伸是指企业原来生产低档产品，后来决定增加高档产品。采取这一策略的主要原因如下：第一，高档产品畅销，销售增长较快，利润率较高；第二，企业预测高档产品市场上的竞争者较弱，易于被击败；第三，企业希望成为生产种类更齐全的企业。

（3）双向延伸。双向延伸是指原定位中档产品市场的企业掌握了市场优势后，决定向上下两个方向延伸，既增加高档产品，也增加低档产品，扩大市场阵地。

二、产品市场生命周期策略

（一）产品市场生命周期的概念

产品市场生命周期是指产品从进入市场到退出市场所经历的市场生命循环过程。

（二）产品市场生命周期各阶段的特点及市场营销策略

产品市场生命周期是现代市场营销管理中的一个重要概念。典型的产品市场生命周期一般可以分为四个阶段，即导入期、成长期、成熟期和衰退期，如图 4－1 所示。

在产品市场生命周期的不同阶段，企业要根据各阶段的特点制定相应的市场营销策略。

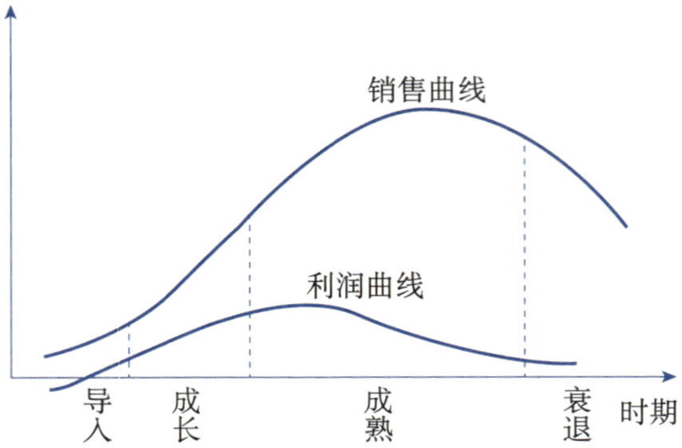

图 4-1　产品市场生命周期

1. 导入期的特点及市场营销策略

（1）导入期的特点。

导入期是产品首次投入市场后的最初销售阶段，也可称为介绍期或引入期。此时产品刚刚投入使用，次品率高，生产成本大，不具备大规模生产的条件；消费者不了解新产品，市场没有打开，需要企业投入较高的营销费用。

（2）导入期的市场营销策略。

导入期市场营销策略重点应突出“准”字和“快”字，即市场定位和营销组合要准确无误，符合产品和市场的客观实际需要，同时加快推进产品进入成长期。

这个时期通常有四种营销策略：快速撇脂策略、缓慢撇脂策略、快速渗透策略和缓慢渗透策略。

1）快速撇脂策略，又称高价高促销策略，即企业采取高价格和高促销费用的方式将新产品推向市场，迅速扩大销售量，以取得较高的市场占有率。企业使用该策略需具备以下条件：一是市场上有较大的需求潜力；二是目标顾客求新心理强，愿意并能够付出高价购买；三是企业面临潜在的竞争者，需尽快树立品牌形象。

2）缓慢撇脂策略，又称高价低促销策略，即企业采取高价格和低促销费用的方式将新产品推向市场。高价可以回收成本和增加利润，低促销可以减少支出，获得更高利润。企业使用该策略需要具备以下条件：一是市场容量相对有限，消费者相对稳定；二是产品知名度高，消费者对产品熟悉，并愿出高价购买；三是潜在市场竞争威胁小，要实现短期利润目标，而非长期占领该市场等。这种策略的使用前提条件是目标市场的竞争和潜在竞争很小，市场上大多数用户对该产品没有过多的疑虑并且愿意接受高价。

3）快速渗透策略，又称低价高促销策略，即企业采取低价格和高促销费用的方式将新产品推向市场。其目的是尽快占据市场份额，从而有效阻止其他竞争对手进入，以期通过规模优势获得大量利润。企业使用该策略的条件如下：一是该产品市场容量很大；二是潜在顾客对该产品不了解，且对价格敏感；三是市场的潜在竞争较为激烈；四是产品的单位成本会随着规模生产和销量的扩大而迅速下降。

4）缓慢渗透策略，又称双低策略，即企业采取低价格和低促销费用的方式将新产品推向市场。企业使用该策略的条件如下：一是市场容量大；二是潜在顾客对该产品了解，并且对价格十分敏感；三是潜在竞争较为激烈。

2. 成长期的特点及市场营销策略

（1）成长期的特点。

企业生产能力大大提高，具备规模生产的条件，产品的供给量大幅提高；消费者对新产品已经熟悉，消费习惯已形成，销量激增，利润迅速提高并达到高峰；竞争者开始进入并仿制该产品，市场竞争日趋激烈。

（2）成长期的市场营销策略。

针对成长期的特征，企业为了维持其市场增长率，应采取相应营销措施，使获取最大利润的时间得以延长。企业营销策略的核心是突出产品的特色，应尽可能地延长产品的成长期，突出“好”字和“稳”字。

在成长期，企业可采取的营销策略主要有以下几种：

1）改善产品品质。在产品成长期，企业要对产品质量、性能、式样、包装等方面加以改进，以对抗竞争产品。

2）开辟新市场。企业可通过市场细分寻找新的目标市场，建立新的分销网络，扩大销售网点，并建立好营销制度。

3）改变促销的重点。随着产品市场被逐渐打开，该类产品的各种品牌开始走俏，此时，促销应侧重于通过广告突出品牌，力争把上升的市场需求集中到本企业的品牌上来。

4）调整价格。在扩大生产规模，降低生产成本的基础上，企业可选择适当时机降价，以满足更多消费者的承受力。

3. 成熟期的特点及市场营销策略

（1）成熟期的特点。

1）需求增长缓慢。市场需求趋于饱和，新购行为较少，增长缓慢，趋于停滞。

2）产品差异性明显。顾客对产品熟知，产品逐渐失去特色，过去未发现的产品缺点也开始暴露，消费兴趣开始发生转移，产品差异性凸显。

3）利润下降。随着需求逐渐转向，存货增加，尽管生产技艺娴熟，产品成本仍会有所回升，降价求售更使企业利润大幅下降。

4）竞争加剧。竞争者纷纷涌入市场，竞争加剧。

（2）成熟期的市场营销策略。

针对成熟期的产品，企业营销策略的核心是“占”字和“创”字，增强与竞争者的优势，创新产品和市场，延长产品生命周期或促使其进入再度循环，巩固市场占有率，获得较大的市场份额，以便延长产品寿命。

在成熟期，企业可选择的营销策略有以下三种：

1）市场改进。通过扩大顾客队伍和提高单个顾客使用率来提高销售量。例如，强生把该婴儿润肤产品的目标市场扩展到成年人，从而扩大了目标市场范围，进入细分市场。

2）产品改进策略。通过改进现行产品的特性来吸引新用户或增加现行用户的使用量。

3）改良其他营销组合因素，即改变价格、渠道、促销等。以购买折扣、运费补贴、付款延期等方法来降价让利；扩大分销渠道，增设销售网点，加强人员推销，强化公共关系等方式。

4. 衰退期的特点及市场营销策略

（1）衰退期的特点。

衰退期即产品逐渐被新产品取代而退出市场的阶段。其特点为：

1）产品样式陈旧，功能老化，不能适应市场需求的变化。

2）需求减退。消费者兴趣的转移，对老产品的品牌忠诚度下降，竞争者已经推出新产品。

3）利润降低，甚至亏损。经过成熟期的激烈竞争，产品价格大大降低，企业处于微利、保本甚至亏损的状态。

4）竞争者纷纷退出市场，竞争趋于缓和。

（2）衰退期的市场营销策略。

产品进入衰退期时，企业营销策略的核心是突出“转”字。企业必须认真研究产品在市场上的真实地位，决定是否继续经营。企业要有计划、稳步地撤出老产品，同时有目的、有步骤地开发新产品。

企业可选择的营销策略有以下四种：

1）集中策略。企业把产品集中投放到最有利的细分市场、最有效的销售渠道和最易销售的品种上，力争在最有利的局部市场赢得尽可能多的利润。

2）榨取策略。企业大幅降低销售费用，降低价格，尽可能增加目前的利润。

3）放弃策略。企业当机立断放弃那些迅速衰落的产品，可以采取完全放弃和逐步放弃的方式。

4）继续策略。由于众多竞争者纷纷退出市场，竞争者减少，处于有利地位的企业可以暂时不退出市场，继续使用现有策略，继续在原有市场上销售，直到产品完全退出为止。

微课：

产品品牌策略

三、品牌策略

（一）品牌的含义与构成要素

1. 品牌的含义

品牌是指用来识别一个（或一群）卖主的商品或劳务的名称、

术语、记号、象征、设计或其组合。品牌作为特定企业及其产品的形象标识，具有以下六个层次的含义：

（1）属性。一种产品的品牌首先代表着该产品特有的一系列属性。例如，“奔驰”意味着价格昂贵、工艺精湛、性能优良、质量可靠、彰显高贵等。

（2）利益。一种产品的品牌意味着购买者可以从中获得的一系列独特利益。因此，只有当属性可以转化成功能性、经济性和情感性的利益时才会被顾客接受。例如，昂贵的属性可转化成情感性利益：“这辆名车让我感觉到自己很重要并受人尊重”。

（3）价值。一种产品的品牌表示着生产经营者的价值。例如，“奔驰”代表着高绩效、安全、声望及其他东西。品牌的市场营销人员必须分辨出对这些价值感兴趣的消费者群体。

（4）文化。一种产品的品牌代表着一种特定的文化。例如，“奔驰”代表着德国文化的组织严密、高效率和高质量。

（5）个性。一种产品的品牌反映着产品的个性，展示着产品的一些独特格调。例如，“奔驰”代表了车主的高端、大气、上档次。

（6）用户。一种产品的品牌往往还暗示着购买或使用该品牌产品的消费者类型。如果我们看到一位 20 来岁的秘书开着一辆“奔驰”时会感到很吃惊。我们更愿意看到开车的是一位 40 岁的高级经理。

在以上六个方面中，价值、文化、个性是品牌的深层内涵和品牌中最持久的部分，是一个特定的品牌最不易被他人模仿的东西。公众可以从以上六个方面识别品牌是深度品牌还是肤浅品牌，只有深度品牌才能充分发挥品牌的作用。企业进行品牌决策时，必须注重品牌的一整套含义，必须注意对品牌深层次含义的策划。

2. 品牌的构成要素

品牌在现代社会人们的日常生活中是产品不可分割的一部分，包括品牌名称、品牌标志、商标 3 个部分。

（1）品牌名称。品牌名称是指品牌中可以用文字表述的部分，如肯德基、沃尔玛、浪莎、梦娜等。

（2）品牌标志。品牌标志是指品牌中可以识别但不能用文字表述的部分，如图 4 - 2 所示。

（3）商标。商标是一个法律术语，是指已获得使用某个品牌名称和品牌标志的专用权，这个品牌名称和品牌标志受到法律保护，其他任何企业都不得仿效使用。

我国习惯上对一切品牌不论其注册与否，统称商标，但其有“注册商标”与“非注册商标”之分。《中华人民共和国商标法》规定，注册商标是指受法律保护、所有者享有专用权的商标。非注册商标是指未办理注册手续、不受法律保护的商标。

图 4-2　品牌标志示例

（二）品牌策略的含义及类型

品牌策略即企业如何合理地使用品牌，发挥品牌的积极作用的方法。品牌策略具体有以下几种。

1. 有品牌和无品牌策略

采用品牌对大部分产品来说可以起积极作用，但是并不是所有产品都必须采用品牌。当采用品牌要发生一定的费用，且采用品牌对促进销售的作用不大时，产品也可能是没有品牌的。基于产品的特征和生产者降低成本的考虑，有的产品可能不注重品牌，如未加工的原料产品（棉花、矿砂），本身不具备明显的质量特点的商品（电力、煤炭），临时性或一次性产品等。

2. 制造者品牌和销售者品牌策略

由于消费者对所要购买的产品并不具备充分的选购知识，所以消费者在购买产品时除了以产品的制造者的品牌作为选择依据外，还根据经销者的品牌进行选择，即在什么商店购买。

消费者当然希望购买具有良好信誉的商家出售的产品，因此，产品制造者就需要衡量品牌在市场上的声誉，在采用谁的品牌上做出选择。如果企业在一个新的市场上销售产品，或者市场上本企业的信誉不及其经销商的信誉，则适宜采用经销商的品牌；等到这种产品已为市场所接受，取得消费者信任后，也可以转而使用制造商的品牌，或者同时使用经销商品牌和制造商品牌。

3. 统一品牌和个别品牌策略

统一品牌，即企业对其全部产品使用同一个品牌。这种策略的好处是节省品牌的设计费用，有利于消除消费者的不信任感，提高企业的声誉。但采用这种策略应注意以下几点：

（1）这种品牌在市场上已有较好的声誉。

（2）各种产品应具有相同的质量水平。

(3) 产品属于同一细分市场，否则会造成损害企业的信誉和品牌的错位。

个别品牌策略是指企业为不同产品或产品线创建并管理独立的品牌，每个品牌拥有独特的名称、定位和市场形象，以精准满足不同细分市场的需求。

个别品牌策略核心特点：

(1) 独立性：每个品牌独立运营，避免相互影响。

(2) 精准定位：针对特定消费群体设计品牌形象（如价格、功能、情感诉求）。

(3) 风险隔离：单一品牌危机不会波及企业其他产品。

4. 多品牌策略

多品牌策略，即企业在同类产品中同时使用两种或两种以上品牌。它可以给企业带来下列几方面的利益：

(1) 可以增加品牌的陈列面积，增加零售商对产品的依赖性。

(2) 可以吸引喜好新品牌的消费者。

(3) 使组织内部直接产生竞争，有利于提高企业的工作效率和管理效率。

(4) 可以满足不同细分市场的需要，为提高总销售量创造条件。

其存在的风险：使用的品牌量过多，导致每种产品的市场份额很小，使企业资源分散，而不能集中到少数几个获利水平较高的品牌。

案例思考

新中式鲜茶，迭代出精品

在茶颜悦色身上，互联网思维下的产品主义基本逻辑得到充分凸显。在原料上，茶颜悦色每个饮品都用鲜奶取代奶精，用原叶茶现泡现萃而成，强调鲜茶的质感。在茶颜悦色创立之初的产品研发阶段，创始人就顶住巨大的成本压力，选择安佳淡奶油作为饮品原料。一家街头茶饮店使用如此昂贵的原料，可以说是开了行业之先河。

在形态上，茶颜悦色的饮品分为忌廉篇、沫泡篇、纯茶篇（斋叶子）和果茶篇（豆蔻）。其中，忌廉篇采用的是“坚果碎或其他小料＋淡奶油＋奶沫＋纯牛奶＋茶”的组合，鲜奶味较浓；沫泡篇采用的是“小麦胚芽或抹茶粉＋奶沫＋纯牛奶＋茶”，茶味较浓。

茶颜悦色的饮品都是现场制作、销售，顾客可以实实在在地看到这些差异化的形态。在口感上，茶颜悦色饮品不仅特色鲜明，能够满足不同群体的需求，还对中国的传统茶饮进行了继承创新。在研发上，不同于其他茶饮品牌每季度推出2～3个新品的节奏，茶颜悦色一般每年只推出2款新品，总体SKU保持在20个左右。秉持稳扎稳打、步步为营的稳健节奏，茶颜悦色不追求新产品的上市速度，而是将大量精力放在了产品的迭代上，比如主打饮品幽兰拿铁已经历了多次迭代，饮品的外卖配方也在不断做出调整。

为了给顾客提供最合适的饮品和体验，茶颜悦色根据茶底、温度等不同，专门推出了冬季和夏季限定饮品和相应茶单。在质量和售后上，茶颜悦色每月都会进行食品安全自查，在公众号上公布食品安全自查报告，对顾客提出的意见或建议给予高度重视，并对顾客承诺永久求偿权。在文创周边的开发上，茶颜悦色挖掘自身文化属性，围绕国风、国潮、新中式等文化元素和时下热点进行产品设计，并对自主设计的文创产品不断创新。例如，在茶颜悦色的新零售门店“茶颜游园会”里，陈列了茶叶、茶杯、帆布包、雨伞、明信片、坚果小零食等各类周边，并且每隔一段时间会推陈出新。这些风格强烈、脑洞大开的文创周边产品，拓宽了品牌的使用场景，延展了品牌生命力，收获了大量粉丝的喜爱。

思考： 茶颜悦色主要采用的是什么样的营销策略？

任务二 分析定价策略

微课：

产品定价策略

产品的定价是营销中重要的内容之一。合理的定价应该能够兼顾企业的利润、市场的稳定和消费者的支付能力。因此在定价的时候，企业通常需要通盘考虑。

一、企业定价的方法

企业定价的方法有三种类型：成本导向定价法、需求导向定价法和竞争导向定价法。

（一）成本导向定价法

成本导向定价法是一种以成本为中心的定价方法。这种定价方法是以生产为中心的定价方法，不以市场需求为主，缺乏灵活性，容易带来经营上的问题。

1. 成本加成定价法

成本加成定价法是指单位产品成本再加上固定的加成率来制定产品的销售价格。其计价公式为：

$$P = C(1+R)$$

公式中，P 为单位产品售价，C 为单位产品总成本，R 为加成率。

例：某服装厂生产服装，每件服装平均变动成本为 80 元，固定成本为 40 元，利润加成率为 50%，则产品售价为多少？

解：售价＝(80＋40)×(1＋50%)＝180（元）。

其优点：保证生产者获得稳定的利润，对买卖双方都比较公平，消费者不会因为产品紧俏或短缺而付出较高的代价。其缺点：竞争能力差，缺乏灵活性，忽视现行价格弹性对定价的影响，很难保证企业获取最大利润。

2. 目标利润定价法

目标利润定价法是根据企业的投资总额、预期销量和投资回收期等因素来确定价格。其计价公式为：

单位产品销售价格＝固定成本/总产量＋单位产品变动成本＋单位产品目标利润

＝（总成本＋目标总利润）/总产量

例：某企业年固定成本 60 万元，产量是 10 万件，预计能销售出 80%，变动成本为 40 万元。若企业想获得 20%的成本收益率，那么该产品的销售价格为多少元？

解：单位产品销售价格$=\frac{(60+40)+(60+40)\times 20\%}{10\times 80\%}=15$（元）。

目标利润定价法也是一种生产者导向的产物，很少考虑到市场竞争和需求的实际情况，只是从保证生产者的利益出发制定价格。另外，先确定产品销量，再计算产品价格的做法完全颠倒了价格与销量的因果关系，把销量看成是价格的决定因素，在执行上很难行得通。尤其是对于那些需求价格弹性较大的产品，用这种方法制定出来的价格，无法保证销量的必然实现。那么，预期的投资回收期、目标收益等也就只能成为一句空话。

（二）需求导向定价法

需求导向定价法是根据消费者感受和市场需求强度为主要依据的定价方法，主要包括认知价格定价法、逆向定价法、需求差异定价法三种。

1. 认知价格定价法

认知价格定价法是指通常情况下消费者选购某一产品时常会将该产品与其他同类产品进行比较，通过权衡决定最高出价，企业以此价格作为自己定价的参考值的定价方法。

2. 逆向定价法

逆向定价法是指企业通过市场调研，根据消费者能够接受的最终销售价格，在计算企业的成本和利润之后，推算出最低定价的定价方法。

3. 需求差异定价法

需求差异定价法是指对核心概念相同的产品，根据需求结构上的差异制定不同的价格的方法。比如从年龄结构上，电影院对老年人、学生和普通观众按不同票价收取；从销售地区上，旅游景点出售的同样商品比普通超市价格偏高。

（三）竞争导向定价法

竞争导向定价法是指以竞争者产品价格为参照的一类定价方法，主要有随行就市定价法、竞争价格定价法和投标定价法三种。

微课：

产品定价方法

1. 随行就市定价法

这是根据本行业平均价格水平来制定产品价格的一种方法。在完全竞争的市场上，竞争者之间在定价上实际上没有很大的选择余地，只能接受行业现行价格；在完全寡头垄断的市场上，竞争者之间相互制约，一般也导致定价相同并稳定。随行就市定价法特别适用于下列三种情况：企业产品成本难以核算；企业打算与同行和平共处；企业自行定价难以对竞争者和顾客的反应做出准确估计。

2. 竞争价格定价法

竞争价格定价法是一种主动定价格的方法，一般为实力雄厚或独具特色的企业所采用。定价时，首先，将市场上竞争产品价格与本企业估算价格进行比较，分为高于、一致和低于三个层次；其次，将产品的性能、质量、成本、式样与竞争企业进行比较，分析造成价格差异的原因；再次，根据以上综合指标确定本企业产品的特点、优势及市场定位；最后，在此基础上，按定价所要实现的目标确定产品价格。

3. 投标定价法

投标定价法是指事先不规定产品价格，由买方对产品的各方面提出要求，卖方密封报价，参加比价，由买方以最有利的价格决定成交的一种定价方法。此种方法，卖方应在规定的时间内将可供产品的名称、品种、规格、数量、交货期、价格等密封送达招标人，由买方在规定日期开标，选择报价最低、最有利的卖主成交。政府采购物资和建筑工程承包等，常采用此法定价。

二、影响产品定价的主要因素

价格是市场营销组合中最活跃和最难控制的因素。任何企业都不能随心所欲地制定价格。企业为了科学地进行产品定价，必须研究分析影响定价的基本因素，价格实际上是各因素综合影响的结果。影响定价的主要因素有产品成本、市场需求、竞争环境、产品特点等因素。

（一）产品成本

产品成本是指产品在生产过程中和流通过程中所花费的物质消耗及支付的劳动报酬的总和。这是价格构成中最基本、最主要的因素。

产品成本主要包括制造成本、营销成本和储运成本，而这些成本又包括固定成本和变动成本。固定成本不随着产量的增减而增减，变动成本随产量的增减而增减，这两者构成总成本，商品的售价不应低于总成本。

（二）市场需求

一般来讲，对市场价格敏感的产品，多用低价策略；对价格不敏感的产品，可适当提高价格以增加利润。

（三）竞争环境

一般来讲，竞争定价考虑的主要因素是竞争者的多少、自己在市场中的地位。竞争者少的定价高，竞争者多的定价低；在行业中占主导地位的定价高，而处于跟随地位的定价低。

（四）产品特点

产品的自身属性、特征等方面的因素是企业制定价格必须考虑的因素，一般包括：产品的生命周期；产品为同质还是异质；产品种类的多少；产品的易腐性；等等。

三、定价策略

制定价格不仅是一门科学，而且需要一套策略和技巧。定价方法侧重于产品的基础价格，定价技巧和策略侧重于根据市场的具体情况，从定价目标出发，运用价格手段，使其适应市场的不同情况，实现企业的营销目标。

（一）新产品定价策略

新产品定价策略有三种：撇脂定价、渗透定价和满意定价。

1. 撇脂定价

撇脂定价是指在新产品上市之初把价格定得很高，利用消费者求新求奇的心理获取最大利润，犹如从鲜奶中撇取奶油。美国雷诺公司就是采用撇脂定价法取得成功的典范之一。雷诺公司从阿根廷引进圆珠笔技术，利用第二次世界大战结束后物资短缺的有利条件和广告宣传的作用，在圣诞节前夕把以“原子笔”命名的圆珠笔投放市场。当时每支圆珠笔制造成本为 0.80 美元，售价为 12.5 美元。短短 6 个月，雷诺公司以 2.6 万美元投资，获取了 155.86 万美元的税后盈利。

采用撇脂定价法在短期内可以获取高额回报，有利于企业筹集资金，扩大生产规模，树立企业形象，为今后降价创造条件。但是由于价高利大，不利于开拓市场，也使市场竞争异常激烈和大量仿制品出现。

撇脂定价法的适用条件：一是市场规模大，由高价所引起的需求量减少并不会抵消高价所带来的利润；二是市场具有不同需求弹性的消费者，企业有足够的时间先让需求弹性小的消费者来购买新产品，然后向弹性大的消费者推销新产品；三是为树立高质高价新产品形象；四是拥有专利或技术垄断，竞争者少，或者独家经营。

2. 渗透定价

渗透定价是指在新产品上市之初把价格定得相对较低，以物美价廉吸引消费者，扩大市场占有率。采取渗透定价法有利于扩大产品销售量，提高市场占有率，防止潜在竞争者进入市场。例如，日本本田公司就创造了渗透定价的成功范例，它在美国摩托车售价为1 000～1 500美元时，仅以250美元的低价打入美国市场，很快赢得了大量的市场份额。但是采用渗透定价法，产品投资回收期长，风险大，一旦渗透失败，企业会一败涂地。

渗透定价法的适用条件：市场需求对价格极为敏感，价格弹性大；生产成本和经营费用会随生产规模扩大和经验积累而下降，新技术已经公开或容易仿制，市场上已有同类产品或替代品。

3. 满意定价

满意定价也称君子定价，是在新产品上市之初采取对买卖双方都有利的中等价格销售产品。它是一种比较温和的定价策略，既可以避免撇脂定价因价高而带来的风险，又可以克服渗透定价因价低而造成的投资困难，兼顾了企业、消费者两方面的利益。

（二）系列产品定价策略

系列产品定价是指企业生产的产品不是单一的，而是相关的一组产品。与单一产品销售不同，系列产品定价必须兼顾产品之间的关系，使整个产品获得最大的经济利益。

1. 产品线定价

在一些行业中，卖方为同一产品线不同规格或档次的产品规定几个消费者熟知的价格点。产品线定价策略，既有利于卖方管理产品与价格，又有利于买方选购。

2. 替代产品定价

替代产品是指能使消费者实现同等消费满足的不同产品，它们在功能、用户上可以互相替代。假设 Q_1、Q_2是一组替代产品，提高 Q_1的价格，该产品的需求量就会下降，而对 Q_2产品的需求就会相应的上升。企业可以利用这种效应调整产品结构。

3. 互补品定价

互补品是指功能上相互补充，需要配套使用的产品。互补品广泛存在于日常消费中，如照相机与胶卷，录音机与磁带，剃须刀与刀片等。互补品的价格相关性表现在它们之间需求的同向变动上。假设 Q_1产品与 Q_2产品存在互补关系，那么降低 Q_1产品价格引起对 Q_1产品的需求上升后，Q_2产品的需求也会相应地提高。企业利用这种互补效应，可以降低某种产品尤其是基础产品的价格来占领市场，再通过提高其互补产品的价格使利润增加。如柯达公司以物美价廉的照相机吸引消费者，同时生产比其他牌子昂贵得多的胶卷，配合使用，效果极佳。

4. 分阶段或分部分定价

服务性企业常常采用分阶段或分部分定价的策略。如游乐园先收一部分基础门票，如果游客玩的项目超过了规定的范围，再加收费用。企业在定价的时候，可以将基本费用调低一些，以刺激购买，当顾客需要额外服务的时候，再额外收费，这样能够为企业带来更多的利益。

（三）折扣定价策略

折扣定价策略是指商品按原定价格扣除百分之几出售的一种定价策略。其目的是鼓励消费者及早付清货款、大量购买、在淡季购买和提高顾客忠诚度。

折扣定价策略主要有现金折扣、数量折扣、功能折扣、价格折让和季节折扣等几种类型。

1. 现金折扣

现金折扣是对按约定日期付款或提前付款的顾客给予一定的折扣。实行现金折扣应在付款条款上注明，如：在 10 日内付款，给予 2%折扣；最迟在 30 日内付清，但没有折扣；超过 30 天是违约，要负担利息。

现金折扣的目的是尽快收回货款，加速资金周转，减少坏账损失。因此，现金折扣一般都高于银行利率。

2. 数量折扣

数量折扣是根据一定时间内购买量大小给予不同的价格折扣，分为累计数量折扣和非累计数量折扣两种。数量折扣的目的是让利给大量购买本企业产品的顾客。例如，购买 A 产品单个产品单位售价为 7 元，10 件以上单位售价为 5 元。

3. 功能折扣

功能折扣又称贸易折扣，是制造方给执行某种市场营销职能的批发商和零售商的一种额外折扣。例如，某厂商给批发商的折扣为 20%，而给零售商的折扣为 10%，因为批发商所发挥的作用要大于零售商。

4. 价格折扣

价格折扣也是一种减价形式，有以旧换新折扣、免费服务折扣、特约优惠折扣和促销折扣。

5. 季节折扣

季节折扣是制造商给购买淡季商品或过季商品顾客的一种价格折扣。其目的是保持企业生产和销售一年四季稳定。例如，羽绒服生产厂家对夏季进货的客户给予大量的折扣。

（四）心理定价策略

心理定价策略是企业定价时利用消费者不同的心理，有意识地调高或调低产品价格的定价策略，主要有以下六种。

1. 声望定价

声望定价是利用消费者仰慕名品名店声望的心理特征，故意把产品价格定得很高的一种定价策略。这是因为消费者对名品名店所提供的产品有一种高度信任感，且有一种“一分钱，一分货”的心理，认为高价必然优质，因此愿意为名牌产品付出高价。同时，高价位的产品往往是身份地位、财富权力的象征，因此人们也愿意花高价购买名品名店产品，以展示自己的实力。

2. 整数定价

整数定价是一些名牌产品常用的一种定价策略，它针对一些消费者“便宜无好货，好货不便宜”的心理，凭借整数价格来给消费者造成高价的印象。整数定价常常以偶数，特别是“0”作为尾数。

3. 尾数定价

尾数定价就是零头定价，是指利用消费者对数字认知的某种心理故意把产品价格定成尾数价格的一种定价策略。如中国人对数字“6”“8”“9”情有独钟，因此，有的产品定价“168元”“88.88元”“9.9元”等。

尾数定价能使消费者感到产品的价格是企业经过精细核算得出的，从而使消费者对企业产品产生信任感。尾数定价比较适用于低价产品。

4. 招徕定价

招徕定价是零售商利用消费者求廉的心理特征，故意把几种商品价格定得很低以招徕顾客的一种定价策略。其目的是利用招徕定价的商品吸引消费者购买其他正常价格的商品。

5. 习惯定价

习惯定价是企业按照消费者的习惯价格而定价的一种策略。日常消费者的价格，通常在消费者心目中已形成一种习惯性标准，符合其标准的价格被顺利接受，偏离其标准的价格则易引起疑虑。高于习惯价格常被认为是不合理的涨价；若低于习惯价格又会使消费者怀疑是否货真价实。

6. 分级定价

分级定价是针对消费者喜欢进行价格比较的心理，将同类商品的价格有意识地分档拉开，形成价格系列，使消费者在比较价格中能迅速找到各自习惯的档次，得到“选购”满足的一种定价策略。例如，经营鞋、针织等商品，就可按式样和做工的不同，分为几个档次，一个档次一个标价。蔬菜、水果业等普遍采用这种定价策略。

（五）地区定价策略

地区定价策略是针对顾客的不同地区要求和营销条件而在价格上有不同处理方法的定价策略。

1. FOB原产地定价

FOB（Free on Board）原产地定价即装运港船上交货，是国际贸易中常用的贸易术语，我国习惯上叫“离岸价格”。采用FOB原产地定价，卖方风险小，但利润也少，对远途顾客缺乏吸引力。FOB原产地定价是买方按出厂价购买某种产品，卖方负责将产品装运到产地某种运输工具（如火车、卡车、船舶、飞机等）上交货，交货验收后的一切风险和运杂费用都由买方承担。

2. CIF定价

CIF（Cost，Insurance and Freight）定价是由卖方在规定的时间内租用运输工具，办理货运保险，将货物运抵指定目的港，并负责货物从装运港到目的港的正常运费和保险费。当货物在装运港装上运输工具时，卖方即完成交货。

在CIF条件下，卖方交货属于典型的象征性交货方式，卖方凭单交货，买方凭单付款。因此，在履行CIF合同时，卖方除按合同认真履行交货义务外，按规定向买方提交合格单据至关重要。CIF定价简便实用，卖方利润较多，风险大，有利于吸引远途顾客，不利于吸引近处顾客。

3. 基点定价

基点定价是指企业选择一些城市作为定价基点，按基点到客户所在地的距离收取运输费。基点定价目前在一些基础工业如钢材、水泥行业中运用。

4. 区域定价

区域定价是把市场划分为几个大区域，在每一个区域内实行统一价格。距离企业远的区域，价格定得高些；距离企业近的区域，价格定得低些。

案例思考 让全球每个人都能享受高质平价的美味

近年来，随着人均可支配收入和消费能力的提升，餐饮行业快速升级发展。其中，现制茶饮行业以外带或外卖为主要消费形式，受疫情波动影响较小，在2021年进入爆发增长期。根据中国连锁经营协会发布的《2023年新茶饮研究报告》，现制茶饮市场规模已逾千亿元，预计到2025年市场规模超过2 000亿元。现制茶饮品牌数目前已超过2 000个，其中，蜜雪冰城股份有限公司（以下简称蜜雪冰城）表现瞩目。

“让全球每个人都能享受高质平价的美味”这句话被蜜雪冰城写进了品牌故事里。极低的客单价是蜜雪冰城一直以来坚持的定价策略。一支冰淇淋仅2元，一杯柠檬水4元，单人消费基本保持在10元左右。而同在行业中拥有较大知名度的茶饮品牌喜茶与奈雪的茶，单杯售价高达30元左右。

2023年，蜜雪冰城门店数量已经突破3万家，成为国内门店规模最大的连锁茶饮品牌之一。在获得了美团龙珠、高瓴资本联合领投的首轮融资后，蜜雪冰城估值超过200亿元。

蜜雪冰城为什么能够在2 000多家现制茶饮品牌中脱颖而出？归纳为四个字："薄利多销"。

思考： 蜜雪冰城的营销策略给了我们哪些启发。

任务三 分析渠道策略

一、渠道的概念及职能

（一）渠道的概念

微课：

渠道策略

渠道是指某种货物或劳务从生产者向消费者移动时，取得这种货物或劳务的所有权或帮助转移其所有权的所有企业和个人。

渠道成员主要包括各种中间商：批发商、零售商、代理商等。

渠道的重要意义在于它所包含的轨迹构成了了解营销活动效率的基础。企业产品是否能及时销售出去，在相当程度上取决于渠道是否畅通。

（二）渠道的职能

市场营销渠道对产品从生产者转移到消费者所必须完成的工作加以组织，其目的在于消除产品（或服务）与使用者之间的差距。市场营销渠道的主要职能有以下几种：

（1）研究，即收集制订计划和进行交换时所必需的信息。

（2）促销，即进行关于所供应的货物的说服性沟通。

（3）接洽，即寻找可能的购买者并与其进行沟通。

（4）配合，即使所供应的货物符合购买者需要，包括制造、装配和包装等活动。

（5）谈判，即为了转移所供货物的所有权，而就其价格及有关条件达成最后协议。

（6）实体分销，即从事商品的运输、储存。

（7）融资，即为补偿渠道工作的成本费用而对资金的获取与支用。

（8）风险承担，即承担与从事渠道工作有关的全部风险。

前五项职能，是为了帮助达成交易；后三项职能，是帮助已达成的交易付诸实现。

二、渠道的分类

渠道可分为短渠道和长渠道。

（一）短渠道

短渠道是指商品从制造商转移到消费者不经历中间商或只经历一个中间商环节的销售渠道。

短渠道的优点是中间环节少，有利于生产者及时、具体、全面地了解消费者需求和市场变化，从而能调整生产经营决策；销售环节少，商品可以很快达到消费者手中，从而缩短商品流通时间，减少流通费用。短渠道一般适用于技术含量较高、价值比较低的商品。

（二）长渠道

长渠道是指生产者在产品销售过程中用两个或两个以上的中间商分销商品的销售渠道，包括二级渠道、三级渠道。

长渠道的优点是渠道长、分布密、触角多，可有效地覆盖市场，市场风险小。但是缺点是使生产者市场信息迟滞；生产者、中间商、消费者之间关系复杂，难以协调；商品价格一般较高，不利于市场竞争。

三、影响渠道选择的因素

影响渠道的因素很多，企业在选择渠道时，只有对以下几个方面的因素进行系统的分析和判断，才能做出合理的选择。

（一）产品因素

1. 产品价格

一般来说，产品单价越高，越应注意减少流通环节，否则会造成销售价格的提高，从而影响销路。而单价较低、市场较广的产品，则通常采用多环节的分销渠道。

2. 产品的体积和质量

产品的体积和质量直接影响运输和储存等销售费用，过重的或者体积大的产品，应尽可能选用短渠道。小而轻且数量大的产品，则可考虑长且宽的渠道。

3. 易毁性和易腐性

产品有效期短、易腐性产品、储存条件要求高或不易多次搬运的，应采取较短的分销途径，尽快送到消费者手中，如鲜活品。

4. 技术性与销售服务

多数工业品，如耐用消费品中的家用电器，具有高度技术性或经常需要维修和保养的，可由生产者直接供应给消费者，采用较短的渠道。

5. 定制品和标准品

通用的、标准的、用户比较分散的产品，例如通用机械、量具刀具等，宜采用间接销售形式。专用产品，例如专用设备、特殊品种规格的产品、需求量较大的原材料和燃料等，应由产需双方直接签订供货合同。

6. 新产品

为了尽快把新产品投入市场，一般应采用强有力的推销手段去占领市场。生产企业往往不惜为此花费大量资金，组织推销队伍。如能与渠道中间商进行良好合作，也可以考虑采取间接销售形式。

（二）市场因素

市场是渠道设计时最重要的影响因素之一。影响渠道的市场特征主要包括以下几个方面。

1. 商品的数量

品种少产量大，往往由中间商销售；品种多产量大，除中间商外，生产者自己也需要推销一部分。

2. 潜在顾客数量

潜在顾客的多少，决定了市场的大小，市场范围越大，越需要中间商提供服务。如果潜在市场仅有少数顾客，则可由生产者自己推销。

3. 顾客集中度

在顾客数量一定的条件下，如果顾客集中在某一地区，则可由企业派人直接销售。如果顾客比较分散，则必须通过中间商才能将产品转移到顾客手中。

4. 消费者购买习惯

顾客对各种各样的消费品购买习惯，包括愿意付出的价格、购买场所的偏好，以及对服务的要求，均直接影响分配路线。如消费品中的便利品，需要采用传统的分配路线；而特殊品，则可以选择较短的分配路线。

5. 竞争者的渠道

同类商品的分配方法，在选择分配路线时，应注意研究和参考。一般来说，如果自己的产品比竞争者的产品有优势，可选择相同的渠道；反之，则应尽量避免，另辟蹊径。

（三）企业自身因素

1. 企业规模、实力和管理能力

企业声誉越好，资金越雄厚，越可自由选择分配路线，甚至建立自己的销售网点，采取产销合一的方法经营；反之，必须依赖中间商提供服务。另外，有的企业虽在生产方面表现了卓越的知识和技能，但在市场营销方面却经验甚少。因而有必要物色可靠和有力的代理商，如选择不当或中间商未能尽力，势必使整个企业业务受到影响。

2. 产品组合

企业产品组合的宽度越宽，越适宜采用短渠道；产品组合深度越大，越适宜采用短渠道。反之，如果生产者产品的宽度和深度都较小，生产者只能通过批发商、零售商专卖产品，其渠道是“较长且宽”。

3. 可能提供的服务

生产者对其产品大做广告或愿意负担广告费用，中间商多乐于代其销售，生产者能提供充分的售后服务，或能按零售商要求建立陈列柜，或经常派服务人员与修理人员驻店，则亦能增加中间商经销的意愿。

4. 其他营销策略

如企业需要控制零售价格，或要求大量增进推销力量，均会影响分销途径的选择。

（四）政策规定

企业选择渠道必须符合国家有关政策和法律的规定。某些按国家政策应严格管理的商品或计划分配的商品，企业无权自销和自行委托销售。另外，税收政策、价格政策、进出口法规都会影响渠道的选择。

（五）中间商因素

不同类型的中间商在执行分销任务的时候各有其优势和劣势，分销渠道设计应充分考虑不同中间商的特点。一些技术性较强的产品，一般选择具备响应技术和设备的中间商进行销售。如果零售商的实力较强，经营规模较大，企业就可以直接通过零售商经销产品；如果零售商实力较弱，经营规模较小，企业则只能通过批发商进行分销。

四、渠道的选择与管理

（一）渠道的选择策略

1. 广泛分销策略

这种策略通常用于日用消费品和工业品中标准化、通用化程度较高的供应品的分销。因为这类商品的消费者偏重于迅速而又方便地满足需求而不太重视厂牌商标，其生产者则希望自己的产品能尽量扩大销路，使广大消费者能及时、方便地购买到所需的商品。

2. 有选择分销策略

这种策略也是选择间接销售方式，但是生产者只在一定的市场中选用少数几个中间商。这种策略适用于销售消费品中的选购品、特殊品和工业品中的零件，因为这些商品的消费者和使用者往往注重产品的品牌。

3. 独家分销策略

这种策略也是采用间接销售方式，但生产者在一定时期内，在一定地区只选择一家批发商或零售商来推销本企业的产品。通常双方签订有书面协议，中间商不得再代销其他产品。

（二）渠道的管理

渠道的管理主要分为渠道合作、渠道冲突和渠道竞争。

1. 渠道合作

渠道合作是统一渠道中各成员之间的通常作为。渠道实际上由各企业基于相互利益结合而成，制造商、批发商和零售商彼此间互有需求，各成员由于相互合作而获得的利益，要比自己单独从事分销工作所获得的利益大得多。渠道合作是市场营销观念下的必然产物，这种合作有利于各企业更好地满足目标市场的需求。

2. 渠道冲突

渠道冲突分为水平渠道冲突和垂直渠道冲突。

（1）水平渠道冲突。水平渠道冲突是指处于同一渠道层次的各企业之间的冲突。对于这种冲突，渠道领导者有责任制定正确得力的政策，使渠道冲突的信息能反馈到最高管理层，并迅速果断地采取行动，以缓和或消除这些冲突，否则它将损害渠道的形象和向心力。

（2）垂直渠道冲突。垂直渠道冲突是指不同渠道层次的企业之间的利益冲突，它比水平冲突更为常见。有些垂直冲突不一定有害，反而有益，所以问题不在于如何去压制它，而在于如何因势利导，使大家受惠。渠道领导者应为其渠道系统确立一系列目标，并强化系统内的管理职能，以增强渠道成员的信任感，消除彼此间的冲突。

3. 渠道竞争

渠道竞争是指同一系统内不同企业之间或不同系统之间为了同一目标市场而展开的竞争。水平渠道竞争是指同一渠道层次中的各企业为了同一目标市场而展开的竞争。如百货公司、折扣商店等经营家用电器的零售商，为从同一目标市场那里获得利润收入而展开竞争。渠道系统竞争是指不同系统之间为了同一目标市场而展开的竞争。

任务四 分析促销策略

一、促销及促销组合的含义

（一）促销的含义

促销是促进产品销售的简称。从市场营销的角度看，促销是企业通过人员和非人员的方式，利用视觉、听觉、感觉等，向消费者传递企业信息，引发、刺激消费者的消费欲望和兴趣，使其产生购买行为的活动。

促销有以下几层含义：

（1）促销的核心是沟通信息。

（2）促销的目的是引发、刺激消费者产生购买行为。

（3）促销的方式有人员促销和非人员促销两大类。

（二）促销组合的含义

促销组合就是企业根据产品的特点和营销目标，综合各种影响因素，对各种促销方式的选择、编配和运用。促销组合是促销策略的前提，只有在促销组合的基础上，才能制定相应的促销策略。因此，促销策略也称为促销组合策略。

二、促销的影响因素

促销组合和促销策略的制定，其影响因素较多，主要应考虑以下几个因素。

（一）促销目标

促销组合和促销策略的制定，要符合企业的促销目标，根据不同的促销目标，采用不同的促销组合和促销策略。

（二）产品因素

产品因素主要包括以下两个。

1. 产品的性质

不同性质的产品，购买者和购买目的也不相同。因此，对不同性质的产品必须采用不同的促销组合和促销策略。

2. 产品的市场生命周期

促销目标在产品市场生命周期的不同阶段是不同的，这决定了在市场生命周期各阶段要相应选配不同的促销组合，采用不同的促销策略。

（三）市场条件

市场条件不同，促销组合与促销策略也有所不同。从市场地理范围大小看，若促销对象是小规模的本地市场，应以人员推销为主；而对全国甚至世界市场进行促销，则多采用广告形式。从市场类型看，消费者市场因消费者多而分散，多数靠广告等非人员推销形式；而对用户较少、批量购买、成交额较大的生产资料市场，则主要采用人员推销形式。此外，在有竞争者的市场条件下，制定促销组合和促销策略还应考虑竞争者的促销形式和策略，要有针对性地不断变换自身的促销组合及促销策略。

（四）促销预算

企业开展促销活动，必然要支付一定的费用。在满足促销目标的前提下，要做到效果好而费用少。企业确定的促销预算额应该是企业有能力负担的，并且是能够适应竞争需要的。

三、促销的类别

（一）人员推销

微课：

推销促销实战——促销

1. 人员推销的概念

人员推销是指推销人员直接访问顾客，推销产品，并说服其购买的促销活动。人员推销是企业运用推销人员直接向顾客推销商品和劳务的一种促销活动。在人员推销活动中，推销人员、推销对象和推销品是三个基本要素。其中前两者是推销活动的主体，后者是推销活动的客体。这种方式通过推销人员与推销对象之间的接触、洽谈，将推销品推给推销对象，从而达成交易，实现既销售商品，又满足顾客需求的目的。人员推销分为上门推销、柜台推销和会议推销。

2. 人员推销的特点

人员推销是一种古老的促销方式，也是现代一种重要的促销方式。人员推销具有信息传递的双向性、灵活性、完整性，在推销的效果上是较好的，但是人员推销受时间、天气、被推销人员心情等影响较大，而且成本高，覆盖范围小。

3. 人员推销的关键问题

一是识别顾客，二是访问准备要周全，而最难的问题是如何让你选择的顾客能够接受和信任你，愿意听你推销。所以，一个成功的推销人员，需要掌握很多的推销技巧，学会使用推销策略。

4. 人员推销策略

（1）试探性策略，也称为“刺激-反应”策略。这种策略是在不了解顾客的情况下，推销人员运用刺激性手段引发顾客产生购买行为的策略。推销人员事先设计好能引起顾客兴趣、能刺激顾客购买欲望的推销语言，通过渗透性交谈进行刺激，在交谈中观察顾客的反应；然后根据其反应采取相应的对策，并选用得体的语言，再对顾客进行刺激，进一步观察顾客的反应，以了解顾客的真实需要，诱发购买动机，引导产生购买行为。

（2）针对性策略，是指推销人员在基本了解顾客某些情况的前提下，有针对性地对顾客进行宣传、介绍，以引起顾客的兴趣和好感，从而达到成交的目的。因推销人员常常在事前已根据顾客的有关情况设计好推销语言，这与医生对患者诊断后开处方类似，故又称针对性策略为“配方-成交”策略。

（3）诱导性策略，是指推销人员运用能激起顾客某种需求的说服方法，诱发引导顾客产生购买行为。这种策略是一种创造性推销策略，它对推销人员要求较高，要求推销人员能因势利导，诱发、唤起顾客的需求；并能不失时机地宣传介绍和推荐所推销的产品，以满足顾客对产品的需求。因此，从这个意义上说，诱导性策略也可称“诱发-满足”策略。

案例思考

董宇辉的直播营销

我们已经厌倦了直播间主播飞快急促的语速，他们力图说明这件商品奇货可居，“宝宝们，123 上链接”，他们声嘶力竭努力去推销自己的产品。

在东方甄选的直播间里，你听着董宇辉侃侃道来：当你背单词的时候，阿拉斯加的鳕鱼正跃出水面；当你算数学的时候，南太平洋的海鸥正掠过海岸；当你晚自习的时候，地球的极圈正五彩斑斓。但少年，梦要你亲自实现，世界你要亲自去看。未来可期，拼尽努力。当你为未来付出踏踏实实努力的时候，那些你觉得看不到的人和遇不到的风景，都终将在你生命里出现。

这是董宇辉在直播间的推销，他先是共情，引起大家感情上的投入，再推出产品。在董宇辉加入东方甄选之后，直播平台粉丝从 6 月 9 日的 100 万涨到 6 月 17 日的 1 200 多万，新东方在线的股价也在短短 5 个交易日里，从 4.47 港元/股飙升至 28.60 港元/股，累计上涨 539.82%。

思考：董宇辉的直播营销方式给我们提供了哪些有益的启示？

（二）非人员推销

微课：

推销促销实战——广告

1. 广告的定义及分类

广告是最主要的非人员推销策略。作为一种传递信息的活动，广告是企业在促销中普遍重视且应用最广的推销方式之一。广告是指广告主以促进销售为目的，付出一定的费用，通过特定的媒体传播商品或劳务等有关经济信息的大众传播活动。

根据不同的划分标准，广告有不同的种类。根据内容和目的划分，广告可以分为商品广告、企业广告和公益广告。根据传播的区域来划分，广告可分为全国性广告和地区性广告。此外，还有一些分类。例如，按形式划分，广告可分为文字广告和图画广告；按媒体不同，广告可分为报纸广告、杂志广告、广播广告、电视广告、互联网广告等。

广告传递信息快，覆盖范围广，没有地域限制，但是真实性和说服力没有人员推销强，因此广告通常是长期播放，以期达到影响消费者的目的。

2. 广告决策

企业必须在确定目标市场和购买动机的基础上再进行广告决策。其决策主要包括五项，即5M：目标（mission），预算（money）、信息（message）、媒体（media）、评估（measurement）。

（1）确定广告目标。广告决策的第一步就是确定广告目标。这些目标必须服从先前制定的有关目标市场、市场定位和市场营销组合决策。广告目标制约着广告预算、信息决策和媒体决策，不同目标的广告有着不同的要求，需要投入的成本也不同。

（2）制定广告预算。制定广告预算需要考虑下述五个特定的因素：产品生命周期、市场占有率和消费者、竞争与干扰、广告频率、产品替代性。

（3）决定广告信息。决定广告信息可分三步进行：信息的创意、信息的选择、信息的表达。不过，在做广告信息决策之前必须明确诉求的对象，根据不同的诉求对象而加以区别对待。

（4）选择广告媒体。广告媒体的选择要从以下几个方面着手：确定广告媒体的接触率、频率和效果；广告媒体种类的选择；具体媒体的选择；广告时机的选择。

（5）评估广告效果。广告效果有经济效果和社会效果之分，也有即效性效果与迟效性效果之分，还有促销效果和广告本身效果之分。

案例思考

接地气的广告文案

对于品牌而言，首先打造实用性的生活文案或者广告，反而能更符合消费者的需求和兴趣，更容易引起共鸣，让消费者觉得品牌更接地气。其次从实用生活角度入手，能够更好地传达品牌的产品或服务特性，让消费者感到品牌的实用价值更加切实可行。

这样接地气、切实可行、贴心、说服力都能够覆盖的创意，赢得消费者的喜爱自然也在意料之中。某打车软件的出圈实用文案，通过不同场景下的提醒，输出品牌服务的同时，其实也是在传递品牌的温度和关爱，引发用户的共鸣。机场场景下：现在手上拿的行李下车时可别忘在后备厢里。商场中：Hi，在商场一层面向我，正后方20米就是1号门，打车定位选那里，司机更好找到你。喝酒后：小酌是为了开心，打车记得酒后报备，让关心你的人放心。被牵挂：有一种牵挂叫作还有多久到"家"，分享行程，让TA安心。为爸妈打车：抽不开身陪爸妈，为TA代叫，我们帮你照顾好。老年人出行：叔叔阿姨，您如果想打车，就拨打400-688-17××，我们帮您安排。一起拼车：和顺路的同事叫一辆车，加个途经点就不用反复修改终点了。东西落下了："身手钥钱"都还在吗？落车上的话，我们努力帮你一起找。

生活是每个人都能够共同体验到的，生活中的情感体验非常丰富，所以以生活为创意打造的广告，自然很容易触发观众的情感共鸣，让用户更容易接受、喜欢品牌，而且相比传统的广告创意，能为品牌带来新鲜感。

思考：滴滴的出圈实用文案给我们提供了哪些有益的启示？

（三）销售促进

1. 销售促进的概念与类型

（1）销售促进的概念。广告提供了购买的理由，营业推广则提供购买的刺激。销售促进（sales promotion）是营销活动的一个关键因素，它包括各种短期性的刺激工具，用以引导消费者和贸易商迅速或大量购买某一特定产品或服务。

（2）销售促进的类型。销售促进的类型主要包括三种：消费者促销（如样品、优惠券、现金折款、价格打折、赠品、奖金、光顾奖励、免费试用、产品保证、产品示范和竞赛）、交易促销（如购买折扣、免费产品、商品折扣、合作广告、广告和陈列折让、促销资金和经销商销售竞赛），以及业务人员促销（如奖金、竞赛和销售集会）。

2. 销售促进策略选择

选择促销工具要考虑市场的类型、促销目标、竞争条件，每一种促销工具的成本效益。根据面对的对象不同，销售促进策略选择分为三类：消费者促销工具、中间商促销工具、业务员和销售队伍促销工具。

（1）消费者促销工具。

1）样品。样品是指免费提供给消费者的产品，样品可以挨家挨户地送上门、邮寄发送、在商店内提供、附在其他产品上赠送，或作为广告品。赠送样品是最有效也是最昂贵的介绍新产品的方式。

2）优惠券。持有者在购买某特定产品时可凭优惠券按规定少付若干钱款。优惠券可以邮寄、包进其他产品内或附在其他产品上，也可刊登在杂志和报纸广告上。其回收率随分送方式不同而不同。优惠券可以有效地刺激成熟期产品的销售，诱导消费者对新产品的早期使用。专家认为，优惠券必须提供15%～20%的价格减让才有效果。

3）现金折扣。现金折扣是在购物完毕后提供减价，而不是在零售店购买之时提供减价。消费者购物后将一张特定的“购物证明”寄给制造商，制造商用邮寄的方式“退还”部分购物款项。

4）赠品（或礼物）。这是指以比较低的价格或免费向消费者提供赠品，刺激其购买某一特定产品。第一种是附包装赠品，即将赠品附在产品内（包装内附赠品），或附在包装上面（包装上附赠品）。第二种是免费邮寄赠品，即消费者交上购物凭证就可以获得一份邮寄赠品。第三种是自我清偿性赠品，即以低于一般零售价的价格向需要此种物品的消费者出售的商品。目前，制造商给予消费者名目繁多的赠品，这些赠品上都印有公司的名称。

5）奖品（竞赛、抽奖、游戏）。奖品是指消费者在购买某物品后，向他们提供赢得现金、旅游或其他物品的各种获奖机会。竞赛要求消费者参与一个参赛项目，然后由一个评判小组确定哪些人被选为最佳参赛者。抽奖则要求消费者将写有其名字的纸条放入一个抽奖箱中抽签。游戏则在消费者每次购买商品时送给他们某样东西，如纸牌号码、字母填空等，消费者参与这些游戏有可能中奖，也可能一无所获。所有这些都将比优惠券或者几件小礼品赢得更多的注意。

6）光顾奖。它是指以现金或其他形式按比例地用来奖励某一主顾或主顾集团的光顾。如购买积分卡就是一种光顾奖励。

7）免费试用。邀请潜在顾客免费试用产品，以期他们购买此产品。

（2）中间商促销工具。

据国外统计，制造商用于交易促销的资金（46.9%）要多于用于消费者促销的费用（27.9%），而用在媒体广告的沟通资金为25.2%。中间商促销工具主要包括以下三种：

1）价格折扣。在某段规定的时期内，每次购货都给予低于价目单定价的直接折扣。这一优待鼓励了经销商去购买一般情况下不愿购买的数量或新产品。

2）补贴或津贴。制造商提供补贴，以此作为零售商同意以某种方式突出宣传制造商产品的报酬。广告补贴用以补偿为制造商的产品做广告宣传的零售商。陈列补贴则用以补偿对产品进行特别陈列的零售商。

3）免费商品。制造商给购买某种质量特色的或购买达到一定数量的中间商额外赠送几箱产品。它们也可向零售商提供促销资金或免费广告礼品。如制造商免费赠送附有公司名字的特别广告赠品，譬如钢笔、铅笔、年历、备忘录等。

（3）业务员和销售队伍促销工具。

业务员和销售队伍促销工具主要包括以下三种：

1）贸易展览会和集会。行业协会一般都会组织年度商品展览会和集会。向特定行业出售产品和服务的公司在商品展览会上租用摊位，陈列和演示它们的产品。业务市场营销者每年将35%的促销预算用于商品展览会。他们要做出一系列的决策，包括参加哪个商品展览会，如何将展台布置得富有吸引力，如何有效地追踪销售线索等。

2）销售竞赛。销售竞赛是一种包括推销员和经销商参加的竞赛，其目的在于刺激他们在某一段时期内增加销售量。方法是谁成功谁就可获得奖品，许多公司出资赞助，为其推销员举办年度竞赛，或经常性的竞赛。用刺激性项目来激励经销商或业务员完成较高的公司指标。优胜者可以获得免费旅游、现金或礼品等。有些公司则给各参赛者打分，参赛者可用这些得分去换取各种奖品。

3）纪念品广告。纪念品广告是指由推销员向潜在顾客赠送一些有用的低成本的物品，条件是换取对方的姓名和地址。常用的物品有圆珠笔、日历、打火机和笔记本等。这些物品能使潜在顾客记住公司名字，并由于这些物品的有用性而引起对公司的好感。

（四）公共关系

1. 公共关系的概念

公共关系又称公众关系，是指企业在从事市场营销活动中正确处理企业与社会公众的关系，以便树立企业的良好形象，从而促进产品销售的一种活动。

公共关系是一种社会关系，但不同于一般的社会关系，也不同于人际关系，因为它有独有的特征。公共关系的基本特征表现在以下几个方面：

（1）公共关系是一定社会组织与其相关的社会公众之间的相互关系。

（2）公共关系的目标是为企业广结良缘，在社会公众中创造良好的企业形象和社会声誉。

（3）公共关系的活动以真诚合作、平等互利、共同发展为基本原则。

（4）公共关系是一种信息沟通，是创造“人和”的艺术。

（5）公共关系是一种长期活动。

2. 公共关系的促销方法

公共关系的促销方法很多，根据公共关系活动内容的不同，公共关系促销方法可分为以下几种：

（1）新闻。发现或创造对企业或产品有利的新闻，这是企业公共关系人员的一项主要任务。一条具有影响力的新闻，对树立企业形象、扩大产品销量具有不可估量的作用。新闻在企业中是经常存在的，企业发生的各种事件，如庆典、展览会等，都可以作为新闻事件来宣传。新闻也可以由企业自己去创造，如由企业发起举行一些活动，邀请知名人士参观考察等。

在利用新闻进行公关宣传时，与有关新闻媒介建立良好的关系，以将新闻及时传播出去是新闻宣传活动取得成效的关键。

（2）演讲。通过各种演讲活动开展宣传，也是公关促销的一种手段。对于企业来说，可以利用的演讲机会很多，如产品订货会、学术讨论会、推销演讲与讲解等，这些类型的演讲都可以对企业或产品进行直接宣传，起到促进产品销售的作用。例如，西安杨森制药有限公司每年都要举行多次针对本企业产品的学术会议，对促进产品的销售起到了很大的作用。在利用各种演讲机会进行宣传时，演讲者必须认真做好准备，以提高演讲的宣传效果。

（3）参与各种社会公益活动。各种社会公益活动为企业开展公关促销创造了良好的机会，企业应恰当利用这种机会，以引起各种传播媒介的注意，并及时进行宣传。现在，可以利用的这种活动很多，如文体活动、公益宣传活动、教育活动、慈善捐赠活动等。

（4）印制、出版各种资料。企业可以印制各种宣传资料，如企业与产品介绍、企业重大活动信息、视听资料、年度报告等，以起到介绍企业、宣传产品、树立企业形象的作用；企业也可以出版报刊、图书，以引起公众的兴趣；企业还可以通过其他的传播工具，如业务名片、厂徽、厂服、交通工具、建筑物、纪念品等，展示企业的特色。

（5）提供各种服务。企业可以开展一些服务活动，如电话信息服务、用户咨询服务等，使顾客从中得到所需的有关信息和服务，加强与顾客的联系。

项目小结

产品是指向市场提供的能满足人们某种需要和欲望的物质产品及其非物质形态的服务；产品整体概念包括核心产品、形式产品、期望产品、延伸产品和潜在产品；产品类别按照是否耐用和有形划分，可分为耐用品、非耐用品和服务；按照用途划分，可分为消费品和工业品两大类。

产品组合是指一个企业生产或销售的全部产品的有机构成方式。产品组合一般是由若干条产品线组成的，每条产品线又是由若干个产品项目构成的。考察产品组合的广度、长度、深度和相关性对企业营销决策有重要的意义。典型的产品生命周期一般可以分为四个阶段：导入期、成长期、成熟期和衰退期。

品牌是指用来识别一个（或一群）卖主的商品或劳务的名称、术语、记号、象征或设计，或其组合；具有属性、利益、价值、文化、个性、用户等六层含义。

企业定价方法有三种类型：成本导向定价法、需求导向定价法和竞争导向定价法。影响定价的主要因素有产品成本、市场需求、竞争环境、产品特点等。新产品定价策略包括：撇脂定价、渗透定价和满意定价；系列产品定价策略包括产品线定价、替代产品定价、互补品定价、分阶段或分部分定价；折扣定价策略主要有现金折扣、数量折扣、功能折扣、价格折扣和季节折扣等类型；地区定价策略包括 FOB 原产地定价、CIF 定价、基点定价、区域定价。

渠道是指某种货物或劳务从生产者向消费者移动时，取得这种货物或劳务的所有权或帮助转移其所有权的所有企业和个人；渠道成员主要包括中间商、批发商、零售商、代理商等。渠道可分为短渠道和长渠道；影响渠道选择的因素包括产品、市场、企业自身因素、政策规定、中间商因素；渠道的选择策略包括广泛分销、选择分销、独家分销；渠道的管理主要分为渠道合作、渠道冲突和渠道竞争；渠道冲突分为水平渠道冲突和垂直渠道冲突。

促销组合就是企业根据产品的特点和营销目标，综合各种影响因素，对各种促销方式的选择、编配和运用。促销组合和促销策略的制定要综合考虑促销目标、产品因素、市场条件、促销预算；促销的类别包括人员推销、非人员推销、销售促进、公共关系。

即测即评

项目测评

一、简答题

1. 简述产品整体概念。

2. 简述撇脂定价及其适用条件。

3. 简述影响渠道选择的因素。

4. 简述如何实施促销组合策略。

二、案例分析题

案例一

耐克公司在六种不同类型的商店中销售其生产的运动鞋和运动衣：(1) 体育用品专卖店，如高尔夫职业选手用品商店；(2) 大众体育用品商店，供应许多不同样式耐克产品；(3) 百货商店，集中销售最新样式的耐克产品；(4) 大型综合商场，仅销售折扣款式；(5) 耐克产品零售商店，设在大城市中的耐克城，供应耐克的全部产品，重点是销售最新款式；(6) 工厂的门市零售店，销售的大部分是二手货和存货。同时，在一个城市，耐克公司还限制了销售其产品的商店数量。例如，在佐治亚州牛顿县，它仅允许两家商店销售其所生产的产品。

思考并回答以下问题：

1. 耐克公司销售采用的是什么分销策略？

2. 采用这种分销策略有什么优点？

案例二

某化妆品厂针对促销对象，设计了两种类型的促销组合：（1）以最终消费者为对象的促销组合。基本策略：以塑造产品形象为目标的广告宣传活动，并辅之以一定的零售点销售促进活动。（2）以中间商为对象的促销组合。基本策略：以人员促销为主导要素，配合以交易折扣和耗资巨大的年度订货会为主要特征的销售促进活动。

该厂在制定两种促销组合策略的基础上，对促销组合的几个方面都做了十分广泛而深入的工作。

在广告方面，广告历来由厂长亲自决策。（1）广告费投入十分庞大，2023 年为 2 400 万元，占当年产值的 6%。（2）广告内容的制作，除聘请著名影星参与外，还把强化企业整体形象作为重点，播映一部以“旭日东升”为主题的电视广告片，同时利用中国驰名商标的优势，强调“国货精品”的品质。（3）在广告媒体的选择方面，因其目标市场是国内广大中低收入水平的消费者，而电视在他们日常生活中占有重要地位，因而把 70%的费用用于电视广告，20%的费用用于制作各种形式的城市商业广告和霓虹灯、广告牌，其余 10%的费用用于其他形式的广告媒体。

在人员推销方面，全厂产品的销售任务由销售科全面负责，该科人员数占全厂总人数的十分之一。推销人员实行合同制，每年同厂方签订为期一年的合同。推销人员若不能完成销售指标，第二年即不再续签。推销人员的报酬实行包干制，无固定月薪收入，按销售实到货款提取 0.5%的费用。推销人员工作实行地区负责制，每一省区配 1 至 3 名推销人员。此外，还派出营业员进驻全国各大百货商店的联销专柜，提高推销主动性。

在公共关系方面，每年大约投入 150 万元，主要公关活动有：（1）召开新闻发布会，如 2022 年在北京人民大会堂召开“走向世界”新闻发布会，会议地点本身就产生了不小的新闻效应。（2）举办和支持社会公益活动，如赞助“全国出租车优质服务竞争”“夜间应急电话网络”；特别是针对女性消费者对文艺活动的偏好等特点，赞助华东地区越剧大奖赛。

在销售促进方面，该厂对零售环节采取一些常规性的推广活动，创新不大，对批发环节则集中了主要精力，主要包括两种手段：（1）经常性手段，如交易折扣、促销津贴等。（2）即时性手段，每年都举办隆重的订货会，既显示企业强大的实力，同时又进行感情投资，融洽工商关系。

思考并回答以下问题：

1. 试分析该厂化妆品促销组合策略的成功之处。

2. 本案例给我们带来了哪些方面的启示？

项目五　销售产品

学习目标

知识目标

1. 熟悉并掌握企业产品销售的程序。
2. 熟悉并掌握企业寻找准顾客和开发新顾客的方法。
3. 熟悉并掌握访问时接近顾客的主要方法。
4. 了解洽谈沟通的原则，熟悉并掌握洽谈的技巧。
5. 了解成交策略和成交的具体方法。

能力目标

1. 掌握寻找准顾客和开发新顾客的方法，并能就某种具体产品分析其寻找准顾客和开发新顾客适用的具体方法。
2. 能够将接近顾客的主要方法应用到具体产品的销售访问中去。
3. 能够根据具体企业和产品选择使用合适的洽谈策略。
4. 能够在实践中学会使用促使成交的具体方法。

素养目标

1. 把诚信经营理念融入产品销售实践。
2. 洞察消费者购买心理，制定科学合理的销售方案。

案例导入

森马：定位 Z 世代　融入新国潮

作为中国服装行业的“资深企业”，森马自成立以来已经走过了 26 年，森马的第一批消费者已经不再年轻。但直到现在，森马的核心客群的年龄仍然在 18～29 岁。

正是对年轻人深度的、迭代的洞察，以及快速的执行，让森马能够稳定地保持数十年如一日。今天的 Z 世代终将会成为明天的“上一辈”。建立能紧贴跟踪年轻人群喜好的消费者洞察机制是极为重要的。

森马在电商品牌部门下建立了消费者洞察团队，布局数据化建设，建立了全域的消费者人群画像。通过消费者行为分析，森马能够准确抓取新一代年轻消费者的兴趣点，反向赋能其他业务团队。比如当下年轻人市场，尤其是95后，多元的职业、爱好传递出年轻人知道自己想要什么，也敢去做的特点。他们追求自我，活出自己想要的样子。基于此，森马致力于让产品更加舒服，也不能因此失去了时尚的味道。在时尚方面，品牌通过采用新科技，新面料带给消费者新感觉；同时，会融入国潮元素、增加小设计，更好迎合年轻人需求。

在深度调研Z世代的偏好后，森马在疫情前积极布局B站、抖音及直播平台等线上渠道，邀请了受Z世代欢迎的明星合作，成功拉近了与年轻人的距离。这样长期的、有目标的消费者洞察能够帮助品牌提前布局新的渠道和赛道，建立长期一致的品牌心智，让品牌在趋势变化中游刃有余。

资料来源：林梦雪．牵手Z世代，森马从国潮听见“品牌焕新”的“声音”[EB/OL]．(2022-10-05)[2023-01-05]．

任务一　寻找顾客

案例思考

两位营销员的观点

两家生产皮鞋的工厂，各派一名营销员到非洲某地去开发市场。到达目的地之后，两名营销员各自给自己的公司拍了一封电报。一名营销员这样写道：“这里的人都不穿鞋子，皮鞋没有市场。”而另一名营销员则写道：“这里的人都没有鞋子穿，皮鞋大有市场。”

思考：为什么两名营销员的观点反差会这么大呢？

产品销售是营销人员日常工作中最重要的内容，也是企业市场营销活动的核心部分。产品销售过程可以划分为七个步骤，每一个步骤都是紧密联系的（见图5-1）。

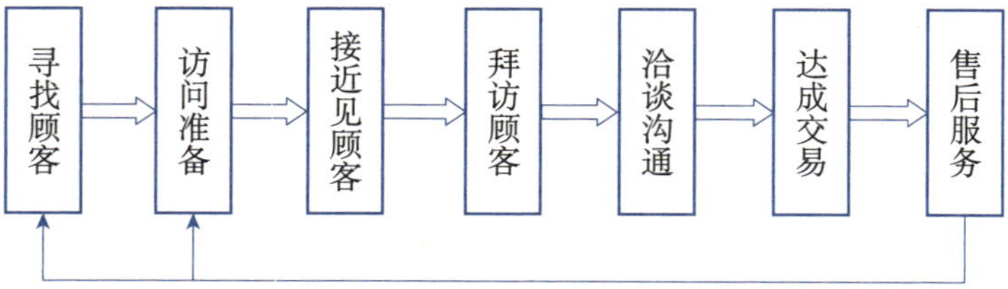

图5-1　销售过程的七个步骤

产品的销售过程首先需要营销人员做好充分的准备，然后寻找、拜访、接近目标客户；再进入实质性的商务洽谈阶段；双方就买卖达成一致时，可以开始签订销售合同；最后，营销人员要能够对货品进行有效的管理。

寻找顾客是产品销售过程的第一步。顾客包括准顾客和潜在顾客（新顾客）两种类型。

一、寻找准顾客

（一）准顾客的概念及资格认定

准顾客是指既能因购买某种销售商品而获得价值，又有支付能力购买这种商品的个人或组织。准顾客是营销员的销售对象。

寻找准顾客是销售过程的第一步。准顾客资格的认定有以下三项内容：

（1）需求的认定。

（2）支付能力的认定。

（3）购买决策权的认定。

（二）寻找准顾客的方法

1. 卷地毯式访问法

卷地毯式访问法俗称“扫街”，是指在对销售对象一无所知或知之甚少的情况下，营销人员直接走访某一特定区域或某一特定职业的所有个人或组织，以寻找准顾客的方法。

适用场合：对销售对象一无所知，进入新的销售区域或领域。

2. 链式引荐法

链式引荐法是指营销人员在访问现有顾客时，请求为其推荐可能购买同种商品或服务的准顾客，以建立一种无限扩展式的链条。

适用场合：工业品，同行之间联系广泛；无形产品，可发挥口碑的作用。

3. 中心开花法

中心开花法是指通过销售努力，让某一领域具有影响力的核心人物（或名人）成为自己的客户，利用核心人物的广泛影响，发展准客户的方法。

适用场合：时尚商品、无形产品的推广。

4. 关系拓展法

关系拓展法是指利用各种社会关系寻找准顾客。

适用场合：日用品的推广。

5. 个人观察法

个人观察法是指营销人员通过对周围环境的直接观察和分析，以寻找准顾客。

例如，一个超市营销员，通过观察消费者的行为，进行精准营销。

适用场合：所有产品的推广。

6. 委托助手法

委托助手法是指营销人员雇用人员帮助寻找顾客，自己则集中精力从事实质性的销售活动，安排“助手”，协助营销，事后分享提成。

适用场合：所有产品的销售。

7. 广告探查法

广告探查法是指营销人员利用各种广告媒介寻找顾客的方法。

主要手段：邮寄广告或商品目录、电话营销、网络营销。

8. 文案调查法

文案调查法是指营销人员通过收集整理现有文献资料，以寻找准顾客的方法。

主要途径：年鉴、电话簿、行业协会资料等。

二、开发新顾客

（一）开发新顾客的重要性

不断地寻找新顾客，不断扩大销售对象范围，是确保销售工作获得成功的重要环节。开发新顾客，相当于人体的造血功能。人体若不能造血，不能补充新鲜血液，就会走向死亡；同样，开发新顾客，是营销员及其所在的企业得以生存、发展的关键。

（二）新顾客的分类

新顾客开发对象应包括以下几个方面。

1. 全新的顾客

这部分顾客从未与企业打过交道，或者从未与企业发生过业务往来。这类对象的开发，是企业扩大业务的主要内容。

2. 已停止业务往来的老顾客

营销人员首先要调查清楚顾客停止往来的原因，再决定是否采取回访、洽谈以重新建立业务关系。首先，对于这类顾客，由于过去曾经发生过业务关系，有联系的基础，再联系的渠道是现成的；其次，对于业务终止原因的调查，可以帮助企业发现销售工作存在的问题，从而改进。

3. 有购买倾向但没有最终购买的群体

这类群体的特征是，在与企业的接触中，已表现出购买的愿望，但因为某种原因最终没有购买企业的产品。没有采取购买行动的原因很可能是企业的销售工作出现失误，说服力不够，方法不正确，没有找准顾客真正的需求和利益点，没有很好地贯彻利益销售，等等。因此，这类群体也是企业的重点销售对象，营销人员应该立即采取行动，拜访他们，以促成交易。

4. 现有的客户

对于现有的客户，企业要注意进一步深挖掘。展开回访活动，促使顾客扩大购买量，或者购买他们还没有买过的产品类型。从这个意义上讲，对老客户的深挖掘，也属于新客户开发工作。

（三）开发新顾客的方法

1. 连锁介绍法（链式引荐法）

这是运用最为普遍的一种方法。所谓连锁介绍法，就是通过现有顾客的介绍引荐作用，开拓新顾客，也就是营销人员让顾客帮忙介绍新顾客。

连锁介绍法有三个明显的优点：第一，可以为营销人员提供大量的、有效的寻找准顾客的线索。每个人或组织都有自己的关系网络，有效地利用顾客的关系网络，营销人员可以有源源不断的新客户。第二，通过现有的顾客介绍新顾客，符合消费者信息的传播规律，同时有利于营销人员获得有价值的需求信息。第三，顾客以熟人、朋友身份的引荐，将使营销人员与新顾客的沟通变得容易，大大降低了新顾客对营销人员的心理防线。

2. 销售伙伴法

销售伙伴法，就是营销人员结成销售伙伴，交换顾客名单，从销售伙伴那儿取得新的销售对象，迅速扩大销售对象。

一位顾客，特别是组织购买者，对产品的需求不是单一的，而是一系列的。这个系列产品的销售之间，就具有互补性。将这些产品的营销人员组织起来，相互交换客户资源，相互提供客户需求信息，是开发新顾客的一个有效的办法。

3. 从竞争对手处挖走顾客法

从竞争对手处挖走客户，是激烈竞争中常用的手法。不过在使用这个方法时要注意两个前提：第一，不要恶意竞争，激怒竞争对手。否则，会招致对手的报复。第二，出手要快且准。提出的条件，应比竞争对手优惠，才能将客户争取过来。考虑给客户更优惠的条件，是否符合企业自身的成本要求，是否伤害了企业自身的利益，企业一定要仔细研究，研究得出结论后，出手要快，以免失去机会。

案例思考

两个营销员的“道听途说”

营销员甲乘坐地铁时，邻座有两个人一直在抱怨买不到需要的农用物资，所住的宾馆条件很差等。营销员甲听得不耐烦，将头扭向窗外。但是等他下车后，在与生意伙伴的洽谈中，他得知生意伙伴仓库积存的货物正是那两个人所需要的农用物资。营销员甲立即去寻找那两个人，但是跑遍了所有的低价位旅店，就是找不到。营销员甲懊悔不已。

营销员乙在乘坐公共汽车时，听到两位女乘客闲聊，说某家医院的康复病房，一位老人跌倒在地上，摔伤了。营销员乙立刻上前打听具体是哪一家医院，并上门销售轮椅。接待他的正是公共汽车上的其中一位，原来她是该院的护士长。护士长感到意外并且惊喜，对营销员乙立刻产生了好感和敬意，因此营销员乙做成了一笔20万元的交易。

思考：这两个营销员的做法给我们提供了哪些有益的启示？

任务二 访问准备

确定好顾客后，营销员就应该充分了解顾客的个性、习惯、爱好以及禁忌等，根据顾客类型或顾客购买决策类型，做好访问准备，拟定销售方案。

一、了解目标顾客的情况

（一）个人或家庭消费者

（1）一般内容：姓名、年龄、性别、民族、宗教信仰、受教育程度、居住地点、联系方式等。

（2）家庭情况：工作单位、职业、职务、收入、价值观念、消费习惯、兴趣爱好等。

（3）需求内容：购买动机，需求的指向和特点，需求的排列顺序；购买能力，购买决策，购买行为在时间、地点、方式上的规律等。

（二）组织购买者

（1）基本情况：法人的全称、地址、电话、传真、邮政编码；交通运输条件；行业性质和生产规模；成立时间、发展经历；组织人事状况、主要领导个人情况；等等。

（2）生产经营：产品品种、产量；生产能力、设备状况；产品工艺、生产技术、研发能力；市场销售情况；管理风格与水平；发展、竞争策略；等等。

（3）购买特征：购买决策程序；购买时间、批量及频率；现有进货渠道；购买信用支付方式；供求双方关系；等等。

二、拟定销售方案

（1）设定访问对象、见面时间和地点等。

（2）选择接近的方式，比如当面洽谈、电话销售、产品解说、一般性回访等。

（3）商品介绍的内容要点和示范等。

（4）异议及其处理。事先设想顾客可能提出的异议，初步拟定处理顾客异议的方法和策略等。

（5）预测销售中可能出现的其他问题。

三、做好必要的物品准备

（1）仪表与服饰。

（2）文件资料、样品、价目表、合同、便携式电脑等。

任务三 接近顾客

做好访问准备，拟定销售方案后，营销人员要努力接近顾客。

一、接近目标顾客

接近是为正式的面谈做准备。有效的接近不会让顾客觉得唐突，而会为顾客顺利接受产品销售做好铺垫。

二、接近顾客的方法

接近顾客的方法主要有以下几种。

（一）介绍接近法

介绍接近法是指营销人员自我介绍或经过第三者介绍而接近销售对象的办法。一般人对陌生人的推销都有排斥感，可是在熟人的介绍之下，看在熟人的面子上，都会接受你的好意或邀请。营销人员与准顾客之间共同的经历、共同的爱好、共同的朋友、共同的母校等都是拉近关系的好话题。

（二）产品接近法

产品接近法，也叫实物接近法，是指营销人员直接利用所销售的产品引起顾客的注意和兴趣，从而顺利进入销售面谈的接近方法。

优点：产品接近法符合顾客认识和购买产品的心理过程。顾客购买商品，关注的毕竟是商品的性能、品质、价格等指标，以及颜色、造型等外观或感性的东西，而不仅仅是营销员的说辞。顾客也喜欢亲自触摸、操作、体验产品。

缺点：销售品必须具有一定的知名度或外在吸引力，且品质优良，不易损坏。

（三）利益接近法

这是最直接、最有效的接近方法。我们知道，营销人员销售的不仅是产品，也不仅是产品的质量，更是产品的利益。应通过简要说明产品能提供的利益及优点而引起客户的注意和兴趣。

案例思考

营销员的“话术”

某营销员曾几次拜访一家皮鞋店，并提出要拜见鞋店老板，但都遭到了对方的拒绝。后来他又来到这家鞋店，口袋里揣着一份报纸，报纸上刊登一则关于变更鞋业税收管理办法的消息，他认为店家可以利用这一消息节省许多费用。于是，他大声对鞋店的一位售货员说：“请转告您的老板，就说我有路子让他发财，不但可以大大减少订货费用，而且还可以本利双收赚大钱。”

思考：该营销员这个做法是否有效？

（四）问题接近法

问题接近法，就是营销人员通过提问的方式接近顾客。可以配合产品接近法、利益接近法使用。

问题的设计要注意以下几点：

（1）突出重点，有的放矢。

（2）生动、量化。比如“您希望在同等物流量的条件下，贵公司明年的运输费用能下降 15%吗?”要比简单地说“节约开支”效果要好得多。

（五）赞美接近法

赞美接近法指营销人员利用人们的自尊和希望他人重视与认可的心理来引起交谈的兴趣。当然，赞美一定要出自真心，而且要讲究技巧。

（六）表演接近法

表演接近法是指营销人员利用各种戏剧性的表演手法来展示产品的特点，从而引起顾客的注意和兴趣。

（七）求教接近法

一般来说，人们不会拒绝登门虚心求教的人。营销人员可直接向顾客求教来引起顾客的兴趣，从而促使顾客集中精力，更好地理解和记忆营销人员发出的信息，为激发顾客购买欲望奠定基础。

（八）其他方法

其他方法包括社交接近法、馈赠接近法等。

任务四 拜访顾客

拜访顾客是一个综合性的过程，旨在建立信任、了解顾客需求并推动业务合作。

一、开场与寒暄

礼貌问候：以热情、友好的态度向顾客问候，表达拜访的意图和目的。

寒暄交流：简短地聊一些非业务性的话题，如天气、近期热点事件等，以营造轻松愉快的氛围。通过寒暄，可以拉近与顾客的距离，为后续的交流打下良好的基础。

二、了解顾客背景与需求

顾客背景询问：询问顾客的公司规模、业务范围、市场地位等基本信息，以便更全面地了解顾客。

需求分析：通过提问和倾听，深入了解顾客的需求和痛点。可以询问顾客当前面临的问题、挑战以及期望达成的目标等。

三、产品介绍与演示

产品特点说明：根据顾客需求，有针对性地介绍产品的特点、优势和应用场景。通过生动具体的例子，让顾客更直观地了解产品的价值。

现场演示：如果条件允许，可以进行产品的现场演示或试用，让顾客亲身体验产品的功能和效果。演示过程中，要注意操作的规范性和流畅性，确保演示效果达到预期。

四、解决方案提供

定制方案：根据顾客的具体需求，提供定制化的解决方案。方案要具有针对性和可操作性，能够切实解决顾客面临的问题。

案例分享：分享与顾客情况相似的成功案例，增强顾客对产品和解决方案的信心。通过案例分享，可以展示公司的专业能力和服务质量。

五、处理异议与谈判

异议处理：在交流过程中，顾客可能会提出一些异议或疑问。要耐心倾听顾客的意见，并针对异议给出合理的解释和解决方案。避免与顾客发生争执或冲突，保持冷静和理智的态度。

商务谈判：在双方达成共识的基础上，进行商务谈判。商谈内容包括价格、交付时间、售后服务等具体条款。在谈判过程中，要坚守底线，同时也要灵活应变，争取达成双赢的结果。

六、总结与跟进

总结回顾：拜访结束时，对本次拜访的内容进行总结回顾，确保双方对交流的内容有清晰的认识。同时，感谢顾客的接待和配合。

后续跟进：拜访结束后，要及时整理拜访记录，对顾客进行后续跟进。可以通过电话、邮件等方式与顾客保持联系，了解顾客的反馈和意见，并根据情况调整后续的服务计划。

七、注意事项

尊重顾客：在整个拜访过程中，要始终保持尊重顾客的态度。尊重顾客的时间、意见和需求，避免给顾客带来不必要的麻烦或压力。

专业形象：注意自己的仪表和言行举止，保持专业的形象。通过专业的表现赢得顾客的信任和认可。

准备充分：在拜访前要做好充分的准备工作，包括了解顾客背景、准备产品资料、制定拜访计划等。确保在拜访过程中能够有条不紊地进行交流。

通过以上内容的实施，可以有效地提升拜访顾客的效果和质量，为建立长期稳定的顾客关系奠定坚实的基础。

任务五 洽谈沟通

一、洽谈的目标和原则

（一）洽谈的目标

在洽谈之初，必须准确找出顾客的真正需要；在洽谈过程中，向顾客介绍情况，传递信息，努力诱发顾客的购买动机。说服引导是销售的重要特征。在洽谈过程中，要有效促使顾客采取购买行动，促成交易。

（二）洽谈的原则

1. 针对性原则

针对性原则是指销售洽谈要服从销售目标，使洽谈具有明确的针对性。具体要求：针对顾客的购买动机开展洽谈；针对顾客的个性心理进行洽谈；针对所销售的产品的特点展开洽谈。

2. 参与性原则

参与性原则是指营销人员设法鼓励和引导顾客积极参与销售洽谈，促进信息的双向沟通。具体要求为：营销人员要尽量与顾客同频，以消除其心理防线；营销人员要主动引导顾客参与洽谈沟通，提高洽谈的质量和效率；营销人员要让顾客发表意见，认真倾听顾客讲话。

3. 辩证性原则

辩证性原则是指营销人员要用唯物辩证法来指导洽谈。营销人员要全面地、发展地、联系地看待顾客和销售品。

4. 鼓动性原则

鼓动性原则是指营销人员要在洽谈中用自己的信心、热情和知识去感染、激励顾客，促使顾客采取购买行动。

5. 灵活性原则

灵活性原则是指营销人员应根据不同的具体情况做出具体分析，随机应变，相机行事。

二、洽谈的技巧

（一）洽谈的基本技能

洽谈的技巧具体可以归纳为以下几点：

（1）语气一定要肯定，因为营销人员的自信可以使顾客自信，营销人员的疲惫可以使顾客疲惫。

（2）询问顾客时要从一般性的事务开始，然后慢慢深入。

（3）先了解顾客的需求层次，然后询问具体要求。

（4）注意提问的表述方法，尽量用肯定句提问。

（5）保持与客户的思维同步，不与其在具体观点上进行争论。

（6）让客户充分参与，促使其多说，多表演。

（7）带齐所有的动员性资料。

（8）利用从众心理，介绍旁边及最近发生的事情，使客户产生对比和联想。

（9）感染和利用在场的其他人。

（10）不要用太多的生僻专业术语。

（二）洽谈的倾听技巧

在销售洽谈中，学会倾听非常重要。

营销人员必须掌握以下几条倾听时的技巧：

（1）营销人员要心胸开阔，善于接受和理解顾客的观点，不要对顾客的观点不屑一顾。

（2）营销人员要全神贯注，努力集中注意力。倾听是一种礼貌，如果不能跟上顾客的思路，不能听懂顾客讲话的内容，将会引起顾客的反感。

（3）营销人员不要轻易插话，或打断顾客的讲话，不要自作聪明妄加评论。

（三）洽谈的语言技巧

1. 销售洽谈中的叙述技巧

婉转表达自己的反对意见，比如“这样做肯定对双方不利”“再这样拖下去，只怕最后结果也不妙”。

2. 销售洽谈中的提问技巧

（1）封闭式提问。例如：“您是明天上午有时间，还是后天上午有时间？”

（2）开放式提问。例如：“您对我们的产品有什么看法？”

（3）协商性提问。对顾客提出要求或要求顾客同意自己的观点时，尽量以协商的口吻，采用提问的方式进行。例如：“您看，这样写合同是否妥当？”

（4）引起注意的提问。例如：启发式、利益法、震惊法等。

3. 销售中的答复技巧

不要彻底回答所提的问题。在接触伊始，顾客可能会问产品的价格，如果这时营销人员完整回答了价格问题，顾客可能会对产品失去兴趣。“我相信我们产品的价格会让您满意的，请先让我把产品的性能说一下好吗？我相信您会对我们产品的功能感兴趣。”不要确切回答顾客的提问。学习外交辞令，好像回答了，其实什么都没回答。不要仓促回答顾客的提问，回答之前要经过充分的思考，避免出错，掌握主动。

4. 销售洽谈中的说服技巧

洽谈开始时，要先讨论容易解决的问题，然后再讨论容易引起争论的问题（求同存异，“同”是基础）；如果把正在争论的问题和已经解决的问题连成一气，就有希望达成协议；营销人员与顾客双方的希望和洽谈结果有密不可分的关系，适时传递信息给顾客，影响顾客的意见，进而可影响洽谈的结果；强调双方处境的相同，要比强调彼此处境的差异更能使顾客了解和接受；强调买卖合同中有利于顾客的条款，能比较容易地使顾客在合同上签字；通常顾客比较容易记得营销员所说的头尾部分，中间部分则不容易记清楚，营销人员对此要关注；与其让顾客做结论，不如先由自己清楚地陈述出来；重复说明一个问题，更能使顾客理解和接受。

（四）洽谈的策略技巧

1. 揣度顾客心理策略

有关顾客的情况可以概况为以下几个方面：顾客需要什么？顾客在工作和生活方面有哪些奋斗目标？哪些因素有利于顾客工作和个人奋斗目标获得成功？哪些因素不利于顾客工作和个人奋斗目标获得成功？顾客在组织中起什么作用？顾客对营销员的态度如何？

2. 设身处地为顾客着想策略

在销售中，我们要问自己，我们真能理解顾客吗？特别是当顾客行为反常或出乎我们的意料时，我们能知道顾客内心在想什么吗？如果能知道顾客在想什么，想顾客所想，销售洽谈才会更有针对性。

3. 寻找共同点策略

人们都喜欢听到赞美的或与自己意见相同的话语，对于不同的意见，刚开始总是难以接受。从共同点开始，销售洽谈将变得容易进行下去。

4. 察言观色策略

对顾客察言观色，随机应变。

5. 事实运用策略

对顾客少说空话、套话，摆事实证据，将更具有说服力。

6. 参与说服策略

在销售洽谈中，如果营销人员把一个意见说成是自己的，容易引起顾客的攻击，因为攻击显示了顾客存在的价值。但是，营销人员如果把自己的意见“装扮”成顾客的意见，在提出自己的意见之前，先问顾客如何解决问题，并表达出对顾客的意见的赞同，承认顾客意见具有新意，然后将自己的意见嫁接上去，就不会招致顾客的反对。

7. 笑到最后策略

当洽谈接近尾声，胜利在望时，营销人员往往会得意忘形，不再集中注意力处理顾客提出的问题，导致“煮熟的鸭子飞了”，因为顾客觉得他没有受到尊重。

案例思考

失败的房地产经纪人

一位房地产经纪人，与某个客户已经谈好了条件，准备签订合同，让客户租用他负责的某处房产作为公司办公室。最后一次会谈，该经纪人拿着准备签字的合同，来到客户办公室。他最近也成功地说服了这位客户的一个竞争对手，租用他负责的另一处房产做办公室。因为陶醉于成功的喜悦之中，无意中，他在客户面前赞美了客户竞争对手几句，说其如何优秀，如何具有眼力，挑中他的房子是正确的选择。接下来，他正要恭维眼前这个客户，并准备与之签约。不料，客户站起身来，说感谢他做了这么多介绍，并说暂时还不想搬家。这位房地产经纪人一下傻眼了。当他告辞时，客户在后面说：“顺便提一下，我们公司的工作最近有一些创意，形势很好，不过这可不是踩着别人的脚印走出来的。”

思考：这个营销人员的做法有何不妥？

三、顾客异议

（一）顾客异议的定义

顾客异议是指顾客对销售品、营销人员及销售方式和交易条件发出的怀疑、抱怨，提出否定或反面意见。营销人员与顾客是两个利益不同的主体，信息双向交流，利益冲突碰撞，顾客异议就产生了。顾客提出异议，是营销人员面谈所要达到的目的和追求的效果。只有产品介绍、洽谈等销售活动引起了顾客注意，激起了顾客的兴趣，顾客才会提出异议，这样才表明销售活动取得了效果。并且，顾客开口说话，提出自己的看法或反对意见，营销人员才能知悉销售重点和方向所在，才能开展进一步的、有针对性的说服工作。顾客异议既是成交的障碍，也是成交的信号。营销人员应持积极主动的心态：希望顾客提出异议，再去处理、解决顾客异议，而不是回避顾客异议。

（二）顾客异议的类型

1. 主体上的划分

（1）借口。顾客异议只是借口，顾客并非真正对产品不满意，而是有另外的原因不便明说。例如，顾客无权做出购买决定，就推说产品质量有问题。营销人员应弄清楚隐藏在借口背后的真实动机。

（2）真实的意见。顾客从维护自身利益出发，提出对产品功能、质量、价格、售后服务等方面的质疑。营销人员应正面回答顾客提出的各种问题，为顾客解决困难，消除疑虑。

（3）偏见或成见。顾客从主观意愿出发，提出缺乏事实根据或不合理的意见。营销人员不要与顾客争辩，而应婉转表达自己的意见。对于这类异议，不一定非要弄出一个是非输赢的结果不可。

2. 客体上的划分

（1）价格异议。商品的价格是顾客最关心的问题，顾客最为敏感，因为价格关系到顾客的切实利益。营销人员在介绍产品之前，最好不要将具体价格告诉顾客。“太贵了”，这是顾客经常挂在嘴边的话。顾客抱怨价格高的动机，很多时候是出于心理满足的需要。顾客购买商品，都爱砍价，不还价心里不舒服；即使你事先声明“不二价”，他也会向你提出降价要求，以探究你们公司的价格管理机制，以及你对具体商品价格的看法。

（2）需求异议。顾客提出不需要所销售的商品，如“我们已经有了”“我们库存还很多”“这个东西有什么用?”等等。营销人员要正确区分顾客的现实需要和潜在需要。现实需要是顾客已经认识到并表现出来的对产品的需要；潜在需要是顾客还没有表现出来的需要。据统计，潜在需要占的比重达30%。我们在向顾客销售产品时，听到最多的一句话就是“我不需要你的产品”。销售工作的一个重要任务，就是唤起顾客的需要，然后再去满足顾客的需求。如果顾客对产品确实没有需求，则没有必要强行推销。

3. 货源异议

货源异议是顾客对所销售的产品来自哪个地区、哪个厂家、是何品牌，甚至对营销人员身份提出的异议。“我们一直用的是××品牌的产品，从来没有买过你们的产品。”“没有听说过你们公司。”“这个牌子产品质量不好，我们想用其他企业生产的产品。”

4. 购买时间异议

购买时间异议可以细分为三种情况：

（1）顾客对产品已经认可，但存在资金紧缺问题。

（2）顾客对产品认识不够，还需要进一步了解。

（3）顾客根本不想购买产品，提出时间异议是借口。

5. 权力异议

权力异议可分为两种情况：

（1）顾客的陈述是事实，他没有购买决策权。

（2）推脱或借口。

第一种情况说明营销人员对顾客资格审查出了差错，应及时纠正，重新接近有关的销售对象；对于第二种情况，要根据具体情况，灵活化解。

6. 财力异议

财力异议，也称为支付能力异议，即顾客自认为无钱购买。财力异议也分为真实和虚假两种情况。对于真实情况，营销人员可能要暂时停止销售；虚假情况则是借口，说明顾客对产品价值没有认识，或已经决定购买其他品牌的产品，对此营销人员要采用利益销售等销售法则，开展有说服力的销售工作。

7. 服务异议

服务异议是指顾客对售前、售中、售后服务提出的异议。对于顾客提出的服务异议，营销人员要诚恳接受、耐心解释，并立即采取行动，将承诺的各项服务兑现，以树立良好的企业形象。

（三）顾客异议的成因

1. 从顾客方面看（从对方身上找原因）

（1）顾客没有真正认识自己的需求。顾客没有意识到需要改变现状，固守旧有的消费方式。顾客对于购买对象、购买内容和购买方式墨守成规，不思改变，缺乏对新产品、新服务项目、新供应商的需求和购买动机。

营销人员对于这类缺乏认识而产生需求异议的顾客，应通过深入全面的调查，了解顾客的需要，从关心与服务顾客的角度出发，利用各种提示和演示技术，帮助顾客了解自己的需要和问题，刺激顾客的购买欲望，提供更多的销售信息，使之接受新的生活方式和消费方式。

（2）顾客缺乏商品知识。科技发展日新月异，新产品层出不穷，需要营销人员对顾客进行新产品知识的宣传，通过显性或者隐性的方式传递给顾客。

（3）顾客的偏见、成见或习惯。偏见与成见往往缺乏逻辑，内容复杂而带有强烈的感情色彩，不是靠讲道理就可以轻易消除由此产生的异议的。营销人员要避免与顾客直接讨论、争论，应采用迂回和巧妙的方式消除顾客偏见。

（4）顾客有比较固定的购销关系。大多数工商企业，即组织购买者，在长期的生产经营活动中，往往与某些营销人员及其所代表的企业形成了比较固定的购销合作关系，双方相互了解和信任。当新的营销人员出现时，顾客不敢冒险丢掉已有的供货关系。营销人员应从降低顾客购货风险、避免受制于人的角度来化解顾客异议。

（5）组织购买者的企业性质、经营机制、决策程序、购买习惯。如果营销人员了解的情况不准确，往往会导致权力异议。营销人员要知晓购买者决策中心的构成情况，避免发生权力异议。

（6）其他原因。比如，偶发的顾客情绪不佳，顾客个性很强或优柔寡断，等等。

2. 从销售本身看（从自己身上找原因）

（1）销售品方面的问题。产品的性能、款式、质量、包装、价格等引起顾客异议。

（2）销售服务方面的问题。营销人员没有提供给顾客足够的信息情报、服务态度欠佳等导致顾客产生异议。

（3）企业方面的问题。企业形象欠佳、知名度不高、服务安排不周等导致顾客产生异议。

（四）处理顾客异议的原则

1. 尊重顾客异议

不论顾客的异议有无道理和事实依据，营销人员都应以温和的态度和语言表示理解。营销人员要善于倾听顾客的异议，不要轻易打断顾客讲话。在提出对顾客异议的处理意见之前，营销人员可以沉思片刻，让顾客感觉到你很重视他的意见并经过了认真考虑。必要时，营销人员可以简单概括和重复顾客异议。

2. 永不争辩

与顾客发生争辩，很容易使顾客感到他没有受到应有的尊重。营销人员取得争辩胜利的同时，将很可能取得销售的失败。顾客永远是对的。例如，有公司这样规定：第一条，顾客永远是对的；第二条，当顾客不对时，参考第一条。

3. 维护顾客的自尊

要给顾客留足面子，不要训斥、诋毁顾客。如果顾客没有听清楚你的解释或回答，可重复进行解答。营销人员千万不能不耐烦地说："我刚才不是告诉过你吗?"

4. 强调顾客受益

营销人员应学会换位思考，从顾客的角度处理顾客异议。顾客花钱购买产品，总是希望以最小的代价获取最大的利益。那么，营销人员在处理顾客异议时，就应强调顾客受益原则。这一点，与利益销售一致。

（五）处理顾客异议的方法

1. 直接否定法

直接否定法，又称反驳处理法，是指营销人员根据比较明显的事实和充分的理由直接否定顾客异议。例如，顾客提出："你们的产品比别人贵。"营销人员回答："不会吧，请看，我这里有其他公司同类商品的报价单。我们的价格是最低的。"

优点：直接、明确、不容置疑的否定意见，反馈速度快，提高销售效率。

缺点：易使顾客产生心理压力和抵触情绪，甚至伤害顾客自尊，造成紧张气氛。

2. 间接否定法

间接否定法，又称"但是处理法"，是指营销人员根据有关事实和理由间接否定顾客异议的方法，并采用相应的句法结构。例如，顾客提出："这个东西太贵了。"营销人员回答："这个东西价格是不低。不过，它比同类型产品的功能多了三项，从价格性能比的角度来看，它还是便宜的。"

优点：先退后进，顾客心理上容易接受。

缺点：可能会使顾客感到营销人员圆滑、玩弄技巧，从而产生反感。

3. 转化法

转化法，也叫利用处理法、反戈处理法，是指营销人员直接利用顾客异议中有利于销售成功的因素，并对此加工处理，转化为自己观点的一部分去消除顾客异议，说服顾客接受产品。例如，顾客提出："你们的产品又涨价了，我们买不起。"营销人员回答："您说得对，最近这些商品的价格又涨了。这是因为原材料的价格在上涨，并且原材料价格仍有继续上涨的趋势，因此商品的价格还会继续上涨。现在不买，过一段时间，就更加贵了。"

优点：以子之矛，攻子之盾。把拒绝的理由转化成购买的理由，把成交的障碍转化为成交的动力。说服力很强。

缺点：可能会使顾客觉得被钻了空子，受了愚弄，从而产生不快。

4. 补偿法

补偿法，又称抵销处理法、平衡处理法，是指营销人员在坦率承认顾客异议指出的问题确实存在的同时，指出顾客可以从销售品及其购买条件中得到另外的实惠，使异议所提问题造成的损失得到充分补偿。例如，顾客提出："这批羽绒服要到 10 月份以后才销得出去，提前两个月进货，占用资金时间太长。"营销人员回答："现在进货可以享受七折优惠。您算算，还是很划算的。"

优点：先实事求是，承认缺陷，再另外强调优点，顾客容易接受。

缺点：肯定顾客异议，承认缺陷，可能会削弱顾客对产品的信心。

5. 询问法

询问法，也叫反问处理法、追问处理法，是指营销人员利用顾客异议来反问顾客以化解异议。例如，顾客提出："你们的东西价格是不贵。不过，我们现在还是不想买。"营销人员追问："您认为价格便宜，为什么现在不买呢?"

优点：通过询问，营销人员可以掌握更多的信息，为进一步销售创造条件。

缺点：可能引起顾客的反感。

6. 不理睬法

不理睬法，又叫装聋作哑处理法、沉默处理法、糊涂处理法，是指营销人员判明顾客异议与销售活动主题无关紧要，或是顾客有意刁难时，采取的避而不答的异议处理方法。例如，顾客说："你们厂可真不好找。"营销人员随声附和，并转移话题："对，我们厂的位置是有点偏。您看，我们的新产品在功能上又有了一些改进。"

优点：避免节外生枝，浪费时间。

缺点：可能会使顾客觉得他没有受到应有的重视和尊重。

任务六 达成交易

一、成交的内涵及原则

（一）成交的内涵

成交，即达成交易。

一方面，从销售过程来讲，成交是销售洽谈的延续。如果洽谈工作进行得很顺利，产品介绍、顾客异议等环节都得到妥善处理，达成交易就是顺理成章的事情了。另一方面，成交是销售工作重要的一个环节，也是有技巧的。如果营销员能掌握并正确运用成交技巧，那么他与顾客达成交易的可能性将大大地增加。

销售活动的目的就是达成交易。前面工作做得再好，最后如果不能达成交易，那就会前功尽弃。

案例思考

把握成交的主动性

甲、乙是两个不同厂家的营销员，同时到某家工厂销售他们的阀门。客户让他们分别介绍自己的产品。甲营销员先开始介绍自家的产品。他口齿伶俐，产品介绍得很到位，客户也显示出兴趣。介绍完之后，双方互相留下了联系方式。然后，他信心十足地对客户说："这样，我留5天的时间供您考虑、决策。5天之后，我再来和您讨论订货事宜。"说完，他就离开了。5天之后，他再次来到这家工厂，准备拿下这个客户。与客户洽谈之后，他大失所望，原来这家工厂早已与乙营销员代表的厂家签订了购销合同。

思考：甲营销员为什么没有促成交易？

（二）成交三原则

1. 主动

营销员要主动向顾客提出成交要求。美国施乐公司董事长曾经说过："营销员提出成交要求，与射击中的扣动扳机一样。如果你瞄准了目标，最终没有扣动扳机，目标瞄得再准，也是毫无意义的。"

案例思考

把握销售良机

某营销员为销售工业用产品，与某工厂的供应部门连续联系了几个月，不停地跑，最后终于获得了客户的订单。生意谈成之后，他跟客户聊天，问客户："为什么你们拖了这么久才下订单？"客户不经意的回答着实令他吃了一惊："今天，是你第一次提出来要我们订货呀？"事实上的情况是：即使顾客需要产品，他们也不会主动提出成交要求，而是等待着营销员提出成交要求。在直销情况下，只有3%的客户会主动向营销员提出成交要求，其余97%的顾客需要营销员促成他们购买。

思考：把握成交的主动性有多么重要？

2. 自信

营销员要以大胆、自信的口吻向顾客提出成交要求，不可支支吾吾、犹犹豫豫、吞吞吐吐。自信是具有感染力的，当营销员自信时，顾客也会坚定购买信心。

案例思考

成交源于自信的态度

有一个从事设备销售的营销员，上星期刚拜访了一个单位的老总，双方洽谈的效果还算可以。这天上午，他在办公室准备材料，打算下午再去拜访那位老总，心里盘算这次要不要提出成交要求，想提出来，又有点不敢。要是遭到对方拒绝，一笔大生意就这么泡汤，他很不甘心。正当犹豫不决的时候，他接到正在上小学二年级的儿子打给他的电话："爸爸，中午给我买一支铅笔回来。"儿子说完就把电话挂了。儿子这么干脆的要求，深深地感染了他，也使他明白了其中的道理。下午的事情好办了！就照着儿子命令自己的口气，去谈生意，让对方签合同！下午，他信心十足，与老总进行了实质性的谈判，并提出成交请求，终于如愿以偿。

思考：这个案例给我们把握销售时机提供了哪些有益的启示？

3. 坚持

有很多营销员在向顾客提出成交要求，遭到顾客拒绝后就放弃了。他们拜访了某位顾客，向顾客提出成交要求后，顾客说："我现在不想买""你们的东西太贵了，我没太多的钱""你们的产品不好，我不喜欢"。营销员听到这类顾客拒绝的话之后，就收拾东西走人，匆匆忙忙去敲下一位顾客的门。他们想象中的顾客都是那种直爽、理智的人，认为只提出一次成交要求就够了，不需要啰唆、浪费口舌。持这种观点的营销员很多。据统计，有 64%的营销员没有多次向顾客提出成交要求。很显然，他们的观点是错误的。

有营销研究机构表明，营销员在获得顾客订单之前，平均要得到 6 次的否定。也就是说，营销员没有 6 次的坚持，也就不会有第 7 次的成功。而第 1 次提出成交要求，就能成交的比例只有 10%。胜利往往就在再坚持一下的努力中。坚持不懈，不是死缠烂打、揪住不放，要讲究策略。我们介绍产品，不要把产品的优点一口气全部介绍完。可以采取这样的策略：介绍产品的第一项优点是："我们的产品质量很好。"得到顾客的证实，顾客说："质量不错。"提出成交要求："那您这次是买 5 件，还是买 10 件？"顾客同意，交易达成。顾客拒绝："我还没有考虑好。"假装没听见。接着介绍产品的第二项优点："我们的产品功能齐全。"得到顾客的证实，顾客说："功能很多。"提出成交要求："那您这次是买 5 件，还是 10 件？"顾客同意，交易达成。顾客拒绝："我还没有考虑好。"假装没听见……几轮下来，成交可能性就大为增加。

二、成交策略

成交策略是指促成交易活动的基本思路。成交策略不同于成交方法，成交的各种方法只适用于特定条件或物品的销售，不具有一般性。

（一）善于识别购买信号，把握最佳成交时机

营销员在什么时候做出成交提议比较好？一般在顾客购买心理活动过程的确信阶段提出较为适宜。在销售洽谈过程中，顾客对商品的认可，是通过一系列或明或暗的购买信号表现出来的。顾客的心理活动对于营销员来说，是一个暗箱，不易察觉。并且，在很多时候，顾客也不愿意让营销员觉察到他的真实意图。尽管如此，在交流过程中，顾客说话的口气、动作、表情，无时无刻不在泄露出他内心的真实想法。关键在于营销员有没有能力捕捉到顾客透露出的信息。因此，营销员要善于识别购买信号，察言观色，以便及时做出成交提议。

案例思考

善于发现顾客购买信号

有一个销售商务通的营销员，拜访了一家公司的某位副总。营销员向他展示产品，并介绍了商务通的多种用途。比如说，可以把名片都存储进去，不需要再随身携带。解说到这个地方的时候，顾客说："我的名片有好几盒，那得需要多长时间才能输完？"一般营销员可能会把顾客的这个提问当作顾客异议，认为顾客嫌产品功能不适用，太麻烦，认为顾客在找借口推脱。而这个营销员不这么认为，他认为顾客的提问就是一个购买信号，他就采用假设成交法，向顾客试探提出成交要求："王总，您介不介意把您所有的名片让我带回去，我给您都输好？"没料对方答应了。营销员就把名片带回家，连夜输完了。第二天，他带着已经输完了名片的商务通，以及销售发票，再来拜访这位副总。生意成交了。

思考：善于发现购买信号有多么重要？

（二）预防第三者搅局

顾客购买决策是一个求证的过程，顾客原本对营销员就心怀警惕，对产品有关的信息非常敏感，稍微有点风吹草动就可能改变主意。因此，营销员在洽谈准备中，就应当对洽谈中可能出现的各种不利局面，包括第三者搅局，进行预测并做出适当的安排。预先安排一个安静、相对独立的场所；当现场出现可能搅局的第三者时，采取紧急行动；或是对顾客说"我们找一个清净的地方谈吧"；或是将顾客带到仓库去挑商品；最好的办法是，让另外的营销员接待前来找麻烦的第三者。

（三）克服拒绝恐惧，培养正确的销售心理

很多营销员或多或少对成交有恐惧感，总是担心提出成交请求后遭到顾客的拒绝；或是觉得难为情，觉得是自己有求于顾客；甚至认为用商品来交换顾客口袋里的钱是不道德的，销售就是骗顾客。持有这些心理的营销员在与顾客洽谈中，始终处于下风，自然不敢提出成交的要求。

（四）关键时刻亮出“王牌”

营销员在介绍成交条件时，要有所保留，不要一口气把全部有价值的宣传要点都用完，“弹尽粮绝”之时也就是“坐以待毙”之日。营销员把商品的利益、基本的成交条件都给顾客介绍了，顾客还在那里犹豫不决，怎么办？使用绝招、王牌的时候到了！比如：“对了，我忘了告诉您，为了表明我们与贵公司合作的诚意，第一笔生意的运费由我们来承担。”

（五）做出最后的销售努力

在销售洽谈似乎要以失败告终时，营销员仍不要放弃努力，最后的成交机会始终是向你敞开着的，很多时候都能“峰回路转”“柳暗花明”。因为此时顾客紧张的压力已经得到充分的释放，心理上如释重负，心情变得愉悦，甚至对“可怜的”营销员产生了一点同情心。营销员要坦然面对受挫的情况，面部表情、心理上都要放松，反正遭到拒绝是常有的事。营销员在收拾样品准备离开时，应该抓住最后的成交机会，放慢整理样品的动作，有意无意间露出一些未曾向顾客介绍过的样品，以引起顾客的注意和兴趣，以此开始一次新的努力，说不准还是会带着订单回去的。

三、成交的主要方法

（一）直接成交法

直接成交法，即营销人员直截了当地提议准顾客购买产品的方法。

美国谈判和销售专家麦科马克在《哈佛学不到》这本畅销书中，给我们讲了这样一则故事。麦科马克有一个朋友，担任一家大公司销售部门的经理。这位销售经理在私下场合，经常穿一件很滑稽的绿颜色的西装。麦科马克问他原因，他就讲了这件西装的来历。一次他逛街，随便进了一家服装专卖店。营销员是一位热情、大方的年轻小伙。小伙为他挑选衣服，一件一件试穿，并逐一讲解，语言很有感染力。在试穿一件绿颜色的西装时，小伙非常自信，围着销售经理转了一圈，然后语气坚定地说：“好，就这件！”好一个“好，就这件”！身为大公司销售部门的经理，在销售领域见多识广，也被眼前的这位年轻人深深地折服了，毅然购买了这件具有纪念意义的、绿颜色的西装，好用来告诫自己和自己的部下：自信以及其他的销售技巧是何等的重要。“没问题吧，我给您开票啦。”我们经常听到商场的营销员这样说。这就是直接成交法。

（二）假设成交法

假设成交法，就是营销人员在心中假设顾客肯定会购买商品，然后向顾客询问一些关键性问题来结束销售。询问的问题不应是关于商品本身的问题，而应是涉及如何交货、付款、保修及保管产品等，或者是写订货单、开发票等。

例如：国内一家石油公司聘请一位销售专家做顾问。销售专家到加油站考察。加油的员工手里拿着油枪，对前来加油的汽车司机说："先生，加多少？"销售专家说："停！你这个问法不对。应该说：先生，给您加满吧？"司机开车来加油站，就是来加油的，不是来买汽水的。你尽管大胆对他说：把油箱加满！

（三）选择成交法

选择成交法，是指营销人员向准顾客提供两种或两种以上购买选择方案，并要求其迅速做出抉择的成交方法。

比如：有个营销员，在外面跑销售，中午吃饭的时间到了。他来到一家面馆，让老板给他下一碗面条。只听见老板对他说："先生，是要一个鸡蛋还是两个鸡蛋？""一个就够了。"他想都没想就回答了。话音刚落，只听见"咔嚓"一声，老板在下面条的同时，给他炸了一个荷包蛋，他这才回过神来。这个面馆的老板用的就是选择成交法。

（四）总结利益成交法

总结利益成交法，即营销人员在销售洽谈中记住准顾客关注的主要特色、优点和利益，在成交中以一种积极的方式成功地加以概括总结，以得到准顾客的认同并最终取得订单的成交方法。

（五）连续点头成交法

连续点头成交法，与总结利益成交法有类似之处，但营销人员不直接总结产品的利益，而是提出有关利益的一系列问题让准顾客回答的成交方法。

（六）从众成交法

从众成交法，即营销人员利用从众心理来促成准顾客购买销售品的成交方法。"这是今年最流行的款式。"营销人员说这句话有时是真的，有时是他编造的，以增强顾客的购买信心。一般人都有赶时髦的心理，谁都不愿落在时尚的后头。

（七）最后机会成交法

最后机会成交法，即营销人员向准顾客暗示最后成交机会，促成立即购买销售品的成交方法。例如："这种型号货物的库存已经不多了，请您抓紧时间。""今天是展销会的最后一天，展销会结束后，您只能以正常价格购买这种商品了。""大削价，最后三天。"

（八）优惠成交法

优惠成交法，即营销人员利用优惠的交易条件来促成顾客立即购买销售品的成交方法。强调优惠的成交条件，如价格、运费、折扣、现金（购物券）返还、赠品等，以此吸引顾客成交。

（九）小点成交法

小点成交法，即营销人员利用交易活动中的次要方面来间接促成交易的成交方法。如果营销人员一开始就向对方提出一个大的要求，会把对方吓跑。在这种成交方法中，营销人员的策略就是，从小处着眼，一口一口将对方“吃”掉。

案例思考

有意义的小点成交法

有个汽车4S店销售高手，顾客上门看汽车，他从来不这样问顾客：“先生、小姐，您要不要买汽车？”他的做法是：预先设计一张表格，表格分项描述汽车特征。当有顾客前来光顾时，他就拿出这张表格，一项一项询问顾客。“您是要红色的还是黑色的？”“红色的”，打个钩。“您是要排气量大的，还是小的？”“排气量大的”，打个钩。“您是要有音响的，还是没有音响的？”“有音响的”，打个钩……问完了之后，他就把顾客带到符合这些条件的汽车面前，“这就是您要买的汽车”。这就是小点成交法，也是化整为零的手法。

思考：这个案例给了我们哪些有益的启示？

（十）谈判成交法

谈判成交法，即营销人员用一种条件来交换顾客提出的另一种条件，双方相互妥协，达到共赢，以此来促成交易达成的方法。例如：“为什么我们不相互退让呢？您知道我绝不能给您打折，但我可以接受您到本月底才付款的要求，这就是我能做到的，您觉得怎样？”有时，谈判成交法也叫顾客异议处理成交法。例如：“如果我们解决了您提出的技术协助问题，您能下购买决定吗？”

（十一）技术成交法

技术成交法，是指营销人员利用多媒体信息技术将产品、交易条件、顾客分析资料等直观展现在顾客面前，以此促成交易达成的方法。

（十二）保证成交法

保证成交法，是指营销人员直接向顾客提供成交保证来促使顾客立即购买产品。有时候，顾客对交易条件不放心，因担心质量问题、技术问题、价格过高等原因而不敢下购买决定。营销人员应为顾客提供保证，解决顾客的后顾之忧。

任务七 售后服务

销售是一个没有终点的航程，真正的销售始于售后。失败的营销员常常是从寻找新顾客以取代老顾客的角度来考虑问题的，成功的营销员则是从保持现有顾客并且扩充新顾客，使顾客越来越多、销售业绩越来越好的角度来考虑问题的。对新顾客的销售只是锦上添花，没有老顾客做稳固的基础，对新顾客的销售也只能是对所失去的老顾客的抵补，总的销售量不会增加。营销员应该记住这样一句话："永远不要忘记顾客，也永远不要被顾客忘记。"

一、保持与顾客的定期联系

营销员必须定期拜访顾客，并清楚地认识到：得到顾客重复购买的最好办法是与顾客保持联系。既然与顾客认识了，营销员为何不珍惜这个缘分呢？在市场不景气的时候，企业与顾客良好的关系可以将企业的经营推向高潮；在市场低迷的时候，企业与顾客牢固的关系可以使企业安然渡过难关。

以前有一个知名的营销员，他经常出差。旅行包里塞了很多信封和邮票，在等车、坐车的空隙里，他就开始给顾客写信。给顾客写信是一种非常好的与顾客联系、增进双方感情的方式。即使在电话普及率、电子邮件使用率相当高的今天，也不例外。今天，私人场合写信的情形已经不多了。但在商业领域，信函仍是一种比较好的联系方式。人们对电话干扰、垃圾邮件比较厌烦，而对传统的信件有一种亲切感。

二、正确处理顾客的抱怨

处理好顾客抱怨可以提高企业和产品的竞争力，可以得到许多有用的信息，新产品的开发设想有50%以上来自顾客意见；还可以赢得顾客的忠诚。专家研究表明：当顾客从一家企业获得良好服务，并满意企业所提供的产品时，顾客对企业的拥护度为60%。然而，在购买产品后出现问题的情况下，如果企业能礼貌而有效地处理问题，顾客对企业的拥护度可提高至90%。

处理顾客抱怨有三个原则：热情、倾听和及时。耐心听顾客说完意见，不要打断对方说话，也不要迫不及待地为自己辩解。处理顾客抱怨，营销员要用80%的时间来听，用20%的时间来说。迅速采取措施，消除顾客抱怨的原因。

三、向顾客提供服务

为顾客提供售后服务，营销员不仅要向顾客描述产品利益，更重要的是在产品售出之后，使顾客真正地享受产品利益。营销员促成每一笔生意的时候，就是售后服务开始的时间。

第一次成交，在于产品的魅力；第二次成交，在于服务的魅力。向顾客提供服务，除了产品售后服务外，还可以是顾客需要的其他各种服务。营销员为顾客做一些有益的事情，就是最好的服务。比如，可以不断地向顾客提供一些介绍最新技术发展方向的资料；可以向顾客介绍公司计划进行的新的促销方案；可以告诉顾客从哪条渠道购买新产品；可以邀请顾客参加公司活动；等等。

项目小结

本项目主要介绍了产品销售的七个过程，包括：寻找顾客、访问准备、接近顾客、拜访顾客、洽谈沟通、达成交易和售后服务。

寻找顾客是产品销售过程的第一步，顾客有准顾客和潜在顾客（新顾客）两种类型。寻找准顾客的方法有卷地毯式访问法、链式引荐法、中心开花法、关系拓展法、个人观察法、委托助手法、广告探查法、文案调查法八种。开发新顾客的方法除了以上八种外，还有连锁介绍法（链式引荐法）、销售伙伴法和从竞争对手挖走顾客法三种方法。

访问准备过程中，要先了解目标顾客的基本情况，然后拟定销售方案，确定访问对象、见面时间和地点等。

接近客户的主要方法有：介绍接近法、产品接近法、利益接近法、问题接近法、赞美接近法、表演接近法、求教接近法和其他方法。

拜访顾客是一个综合性过程，旨在建立信任、了解客户需求并推动业务合作。

洽谈沟通的原则包括：针对性原则、参与性原则、辩证性原则、鼓动性原则和灵活性原则。洽谈的策略包括：揣度顾客心理策略、设身处地为顾客着想策略、寻找共同点策略、察言观色策略、事实运用策略、参与说服策略和笑到最后策略等。

顾客异议是指顾客对销售品、营销人员及销售方式和交易条件发出的怀疑、抱怨，提出否定或反面意见。处理顾客异议要坚持尊重顾客异议、永不争辩、维护顾客的自尊和强调顾客受益的原则。

成交策略，是指促成交易活动的基本思路。成交的主要方法有：直接成交法、假设成交法、选择成交法、总结利益成交法、连续点头成交法、从众成交法、最后机会成交法、优惠成交法、小点成交法、谈判成交法、技术成交法和保证成交法等。

即测即评

项目测评

一、简答题

1. 寻找顾客的基本原则有哪些？
2. 约见不同的顾客，应该做好哪些方面的准备工作？
3. 简述洽谈中营销员进行表述的技巧。
4. 如果顾客提出一个完全错误的异议，营销员应该如何处理？
5. 销售成交的基本策略有哪些？

二、案例分析题

案例一

小李大学毕业以后，立誓继承父母的事业，继续经营杂货店。但他认为不能像父母那样进行传统的经营，应变“坐商”为“行商”，引进某些现代的经营理念，如积极主动地寻找顾客、提供良好的售后服务、进行有效的市场定位等，将杂货店做大。刚开始，小李碰到的第一个困难便是：根本不知道从哪里能够找到更多的顾客，不知道有哪些较好的寻找顾客的方式。

思考并回答以下问题：

假设你是小李的朋友，你会给他哪些有建设性的意见，帮助他寻找潜在顾客？

案例二

有一位营销员在拜访一位客户前，打听到这位客户非常挑剔，总喜欢提出异议。于是，他经过精心准备之后，满怀信心去拜访这位客户。一见面，这位营销员就很礼貌地说：“我知道您是一位非常有主见的人，对于我的销售一定会提出不少的异议。”他一边说着，一边将事先准备好的 36 张卡片摊在客户面前：“请随便抽出一张来。”客户从中随手抽出一张，卡上写的正是一条异议。等这位客户把 36 条异议读完后，这位营销员说，请把卡片反过来读一下。每张异议的背后都标明了对异议的驳斥和辩解。客户忍不住笑了起来。于是，双方成交了。

思考并回答以下问题：

1. 该销售洽谈人员在洽谈之前做了哪些准备？

2. 他是如何取得洽谈成功的？对你有什么启发？

案例三

东方厂的多功能搅拌机在某商场设有展销专柜。营销员刘明是厂方生产车间的工人，他的特点是细心、耐心。在展销会上，他不断地向顾客介绍产品的用途、使用办法和优点。

一位中年男顾客看了一眼演示情况，就说这个搅拌机不容易洗干净，也不安全。刘明听了，二话没说，重新演示了一遍，并说明部件位置不到位，机器不会启动，有一定的安全保证。顾客又看了一下产品，犹豫不决地说，搅拌机功能多，是优点，但是零部件塑料制品多，容易坏。刘明拿出保修单，说明东方厂在商场所在城市设有多处特约维修点，对本产品实施“一年内不论任何原因损坏均可免费保修、包换；一年后整机终生维修，修理费免收，零部件按成本价供应”的维修承诺。

思考并回答以下问题：

1. 刘明处理顾客异议时采用了哪种方法？

2. 你认为该顾客异议属于哪种类型？其根源是什么？

项目六 开发产品

学习目标

知识目标

1. 熟悉并掌握企业产品开发的程序。

2. 熟悉并掌握企业产品开发时的重要影响因素。

3. 能够对新产品制定相对应的定价、生产（采购）、销售和竞争策略。

4. 了解如何根据实际市场反应，验证产品开发的成效以及如何进行产品的改进。

能力目标

1. 掌握产品开发报告的写作方法；能就具体行业的产品开发，写出完整的产品开发报告。

2. 知道如何收集产品开发所需的数据和资料，以保证产品开发的正确性。

素养目标

1. 学会新产品上市的各种活动的策划。

2. 学会做新产品上市的可行性分析。

案例导入

“西瓜变方”的启示

多少年来，人们只知道西瓜是圆的，而今，日本有人生产出了方形西瓜，实乃破天荒。西瓜是如何由圆的变成方的呢？原来是在小西瓜上套上事先做好的一定规格的方形模具，西瓜在后期生长中就按照人们的意愿，长成方形了。

传统的圆西瓜惹人喜爱，但是日本人认为圆西瓜占据存放空间、好滚动、易损坏，不利于长途运输和贮藏，不能获得最佳经济效益。于是培育出了方西瓜，西瓜由圆变方独特新奇，销路大增，获利可观。

从"西瓜变方"中，我们得到如下启示：

在激烈的市场竞争中，企业经营者必须充分运用独创思维，想他人未想，做他人未做，求新求异，开辟一条广阔的营销之路。而要求新求异，就得仔细研究人们习以为常的商品或事物，找出其不足和改进的方法，这光靠经营者苦思冥想是办不到的，而是要扎扎实实地依靠现代科学技术。

西瓜由圆变方的精髓就是"人无我有，人有我新"，多研制和生产独具特色的新产品，不仅可以满足市场需要，而且也能使经营者自身获得最大的经济效益。

任务一 分析产品开发策略

企业的利润是通过销售产品或提供服务来获得的。因此企业所提供的产品或服务能否为消费者所接受就成了企业生存和发展的根本问题。在营销领域，只有永久的市场，没有永久的产品。因此，企业必须不断地审视本企业的产品结构，及时调整，选择合适的产品面对竞争，同时考虑在当前业务情况良好的情况下，如何保证下一步的利润。

一、产品开发策略概述

产品开发策略是指企业在运营过程中，从更新换代、参与竞争、获取利润最大化、建设和发展品牌的角度对自身产品结构、产品组合进行不断优化的过程。

产品开发，不仅仅指新产品的推出，还包括对原有产品的缩减和结构的调整。由此也反映出，产品开发策略是一个贯穿企业日常运营的常规工作，需要企业在日常运营过程中不断研究、不停思考和长期坚持，同时也是营销人员特别是营销负责人最重要的业务工作之一。但是实际上，为了与营销学中的 4P 策略有所区分，我们在涉及产品开发的时候，更多的是狭义的新产品开发策略，即指企业在现有产品结构的模式下，为了进一步提高竞争优势、提高企业营业额和利润，获得长期稳定发展，推出新产品的过程。

二、新产品的概念

新产品泛指企业目前未涉及的产品。新产品包含以下内容。

（一）全新的产品

全新的产品包括两个方面：一是指这个产品以前在某个特定的市场上没出现过，尚属于这个特定市场上的第一次；二是指企业以前从来没有生产和销售过的，但是其他企业或市场上有，对企业来讲尚属第一次生产和销售的。第一种方式下的新产品缺少经验和借鉴，在推出的时候需要严格按照新产品推出的程序，在市场调查、价格制定、渠道选择等各个营销方面进行精密计划和数据研究后才能进行；而后一种情况则相对简单，只需要借鉴对方的经验，与自身条件相结合即可进行。在实际工作中，营销负责人需要做的工作重心是不一样的。第一种情况下通常利润率较高（此时缺乏竞争对手），便于迅速占领市场，建立新进入者的优势，同时可以在竞争中占有先机。一旦发现有比较强大的竞争对手进入，可以通过及时调整利润率的方式来打击对方，以保护自己的市场份额；但是风险较大，见效和施行缓慢。第二种情况下通常风险较小，施行快速，但是不利于获得市场先机。

（二）更新换代产品

更新换代产品是指企业在原有产品的基础上，开发或引进具备更强大的功能、更新颖的外观造型的产品。这是目前企业之间产品竞争的主要手段，毕竟全新产品的开发研究和推广所需要的创造性更强，即使有相当科研实力和资金实力的企业也不能时刻保证全新产品的推出。在目前的社会产品中，手机类产品是在这方面表现得最为突出的，基本上每个公司一年之内要推出多款更新换代产品。如果说从键盘到触屏的改变才算是手机全新产品的话，那么我们以往熟悉的各种功能的出现，比如从发短信到网上冲浪到 QQ 到文件处理到图片处理等，都只算是功能上的增强。

三、新产品开发的程序

新产品开发的程序如图 6-1 所示。

图 6-1 所演示的是一个新产品开发的工作流程。对于不同行业、不同企业来讲，由于所选择的新产品类型，以及面临的实际问题不一样，在实际工作中，并不是严格按照此程序来进行的。有的可能不需要进行商业分析，有的可能不需要进行新产品试销。所以，营销人员需要根据现状和公司内部的组织结构设置来考虑流程及具体的工作由谁来承担的问题。

（一）调查研究

通常情况下，新产品开发总是在企业遇到困境、现有市场占有率下降、利润率下降、竞争对手推出新产品、消费者的需求发生变化等情况下发生的，所以收集第一手市场资料就变得尤为重要。

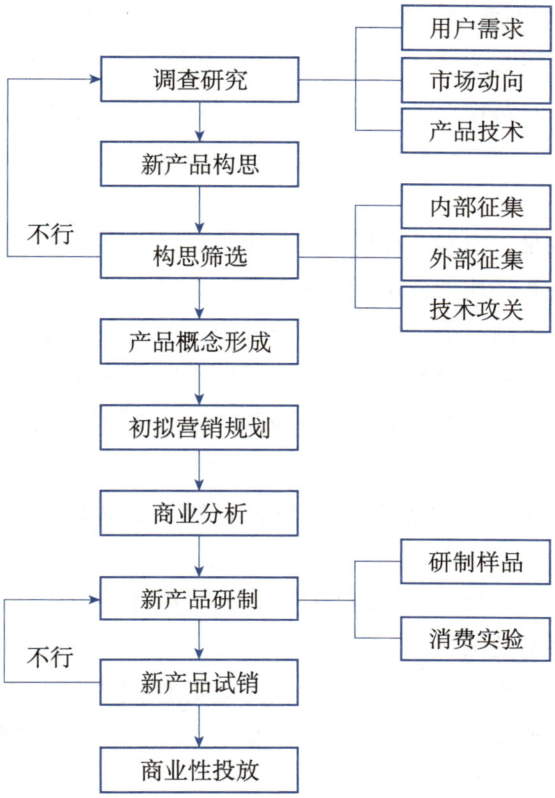

图 6－1　新产品开发的程序

1. 用户需求资料

用户需求资料包括：消费者需求的变化、消费者产生的潜在新需求。

2. 市场动向资料

需要收集的第一手资料主要包括：现有各个业务单位的销售额和利润情况（包括系列产品和单个产品）、竞争对手产品结构的变化、竞争对手产品销售的变化、市场新产品的推出。这些资料的收集需要营销人员时刻关注市场的变化及不停地了解消费者的需求状况，否则临时性地收集资料将是一件非常巨大的工程。

3. 产品技术资料

产品技术资料即新的技术的出现、最新研究成果和未来趋势等资料。

同时，营销人员除了要知道需要什么资料以外还需要了解从何处获得这些资料。有些资料是内部的统计资料，有些资料需要从外部获得；另外，行业的属性不同，获得资料的方式也不一样，这还需要营销人员学会分析。

（二）新产品构思

新产品构思是一种术语上的称呼，其实就是指新推出来的产品怎么能够体现与众不同，从而创造更高的附加值。比如饭勺，通常情况下我们是挂在电饭煲旁边或者插在饭里，等再用的时候很烫手或者很不干净。2012 年市场上卖得比较火的是一款松鼠造型的饭勺，在盛饭后可以四足落地，平放在台子上，比以往的饭勺使用起来更方便。这种方便是顾客愿意花钱购买的，所以在成本增长了一成的情况下，售价可能可以提高两成，于是更高的销售利润出现了。

另外还有一种情况是，消费者在这款产品出来之前可能并不知道自己需要，但是当产品面世后，发现自己需要。比如在矿泉水上市前，大家都是自己烧水灌在水壶或水杯里带去上班或上学，感觉也不缺水喝，但是当矿泉水上市后，大家发现其实自己是有这方面需要的。鉴于以上的原因，在构思新产品的时候通常有以下几种方法：

（1）市场缺口分析法。仔细分析市场现有的产品或企业现有的产品，从中寻找市场空缺，如产品型号、特征等。

（2）产品属性法。先列举产品的主要属性，然后对属性逐一修改，以找出改进的产品。

（3）强制关联法。先列举若干不同的产品，然后把某一产品与另一产品或几种产品强行结合起来，产生一种新的构思。

（4）征集意见法。征集意见法是指产品设计人员通过问卷调查、召开座谈会等方式了解消费者的需求，征求科技人员的意见，询问技术发明人、专利代理人、大学或企业实验室、广告代理商的意见，并且长期坚持，形成制度。

（三）构思筛选

当收集到足够的信息后，切不要以为就此可以生产，首先要跟企业的实力相结合，将构思转送到公司内部有关部门，征求修改意见，使得内容更加充实。要留下符合企业发展目标和长远利益，并与企业资源相协调的产品创意，摒弃那些可行性小或获利较小的产品创意。筛选时需要注意以下两点。

1. 企业自身条件

（1）新产品开发成本和企业现有资源的匹配程度。

（2）原材料的获取或市场上产品的供应情况。

（3）新产品与现有产品的关系及对现在销售情况的影响。

2. 市场成功的条件

（1）新产品目标市场的潜在需求量，关系到最终利润总量。

（2）新产品上市后可能获得的利润，关系到企业的市场占有率。

（3）新产品上市后市场竞争的状况，关系到企业能否顺利实现战略目标。

（4）新产品及其获利水平对企业原有销售的影响，关系到企业能否拓展新的市场。

通过对以上问题的反思，剔除那些不符合企业发展需要的构思。

（四）产品概念形成

新产品概念是指企业从消费者的角度对产品构思进行详细描述，即将产品构思具体化，描述出产品的性能、具体用途、形状、外形、价格、名称、提供给消费者的利益等，让消费者能识别出新产品的特征。

如2013年福特汽车新推出的蒙迪欧车型，通过一系列的图形文字的结合，把新款车型在外观、发动机、重量、最高时速、舒适性、新技术的运用、保驾年限、配置情况、车灯变化等方面大大小小的细节配合实体车的样式向广大消费者宣传，从而在消费者心目中确立此款车型的价值和优越性，在消费者心中留下了鲜明的形象。

（五）初拟营销规划

选择了最佳的产品概念之后，必须制定出把这种产品引入市场的初步营销规划，并在未来发展的阶段中不断完善。一般来讲，这种计划的拟订主要包括以下几个部分：

（1）描述目标市场的规模、结构、消费者的购买行为、产品的市场定位以及短期（如一个季度）的销售量、市场占有率、预期利润等。相当于一个可行性方案的前半部分，用来对市场反应做一个预期，以说服决策者决定进行，同时也是一个新产品开发后期试投入的一个控制标准。

（2）对产品预期的定价、销售渠道、销售方法、促销方案及营销预算做出一个预案。

（六）商业分析

企业可从经济利益的角度分析新产品概念是否符合企业目标。商业分析包括两个具体的步骤：预测销售额和推算成本利润。预测的时候需要参照的信息包括：类似产品的销售情况、竞争者的强大性、替代产品的威胁、市场跟进的速度、企业的影响力、可能发生的费用等。例如，预测明年“双11”淘宝网可能的销售额，可以参照今年“双11”淘宝网的销售额、“双11”这个品牌在消费者心目中的影响力、京东商城等竞争对手会否有相应的对策、整个淘宝网卖家在去年“双11”的利润情况以及今年对待“双11”的态度等。

（七）新产品研制

通过商业分析后，决策者一旦对营销人员提出的新产品发生兴趣，此概念将交由相关部门研制，以使得该新产品得以获得。研制的目的在于弄清楚将来产品生产的大概成本、需要改进的地方、需要的周期、是否适合公司现状等问题。研制可以交给产品开发部门，也可以交给采购部门。对于某些传统企业来讲，这个环节可能还包括包装的研究和品牌的设计等事项。

（八）新产品试销

新产品试销是大规模生产前检验产品是否达到预期的一个重要环节，是指将新产品投入某个或某些指定的市场，通过观察在该市场的反应，达到改进产品、修正或放弃营销计划的目的。在该阶段，产品并未大量生产，只在指定市场和指定时间按需生产。

试销的过程虽然只是一个将新产品投入指定市场的过程，但是在试销的时候，营销负责人还需要在以下方面做出决策：

（1）试销的市场范围和特性，是大的地区还是省级行政区，是超市还是卖场等。

（2）试销的周期长短和起始时间。

（3）通过试销收集哪些数据资料。

（4）试销需要的费用和人员安排。

（5）试销的手段和方式。

（6）试销的数量需求。

（7）试销成功后应采取的下一步战略行动。

如果试销不成功的话，就需要重新研制新产品。

（九）商业性投放

试销一旦成功，新产品就可以开始大量生产并全面上市。在这个阶段，企业通常会面临较大的压力。因此，营销部门在此阶段需要对投放市场的时机、区域、目前市场的选择和营销组合做出细致慎重的决策。

1. 新产品投放的时机

选择投放时机的首要考虑要素是：能迅速扩大销量。当这一目标能够实现的时候，我们再在可以投放的时机里面进行新的考虑，比如考虑新产品的特性和市场的压力，以确定最终投放的时机。产品的特性主要指是否是季节性产品，比如羽绒服在夏天投放显然不大合理。实际上，大多数的行业在每一年都有淡旺季。投放的时候可能是淡季也可能是旺季，不论是什么季节，都应经过严密的数据分析和合理的判断。比如一款新饰品的推出，夏天是饰品行业的淡季，但是这个时候推出，面临的竞争压力比较小，而且有利于先期培养市场，在旺季来临的时候快速回收资金。当然，现在很多行业并不存在绝对的淡旺季。毕竟，消费者的购买意愿是可以引导的。

市场的压力主要指企业目前在市场上面临的竞争情况。当企业目前市场前景黯淡，竞争对手势态强劲时，推出新产品可以有效抵御竞争对手，打开市场局面。

2. 新产品投放的区域

选择投放区域的首要考虑因素是：目标市场规模总量的大小以及目标市场消费者的购买能力。这些需要通过第一步收集的市场信息来了解。

3. 营销组合

营销组合主要是指定价、促销、渠道的策略组合，这是市场营销的基本策略。

首先是定价。需要考虑的要素包括：制造成本、利润率、替代品或同类产品的价格、是否需要控制新进入者、消费者能接受的最高和最低价格、回收资金的时间跨度、新产品的新颖性、公司在市场上的影响力、预期的降价空间等。

其次是促销。根据计划，在考虑成本的情况下，选择最能体现投入产出优势的促销组合。

最后是渠道。这是指选择何种类型的终端销售群体或批发商对产品进行销售的问题。有些传统型行业还要考虑当地销售渠道的能力，以保证能按计划迅速或有条理地铺开，甚至可能需要考虑批发商和零售商等各个渠道之间的配比问题。

四、产品开发战略

以上的工作程序最后会形成不同的计划和方案，这些计划和方案体现出来的是一种竞争思想。我们按照不同计划方案的侧重点，将这些计划方案归为以下几类战略指导思想。

（一）抢占市场战略

从市场竞争的角度来看，市场上的先机对于竞争者存在很大的优势。领先者通过先机甩开对手，挑战者通过先机逼迫对手，追随者通过先机获得更多的占有率和利润。通过不断地开发新产品，企业可以战胜竞争对手，建立竞争的优势。

在这种战略指导之下，企业新产品开发的策略侧重于新产品开发的速度和推广的速度，因而在制订新产品开发计划的时候，各个环节应体现快速的特点。

（二）超越自我战略

这种战略着眼于长远利益，是为了培育潜在市场而存在的，通常需要强大的技术后盾做支撑。这样做的结果势必使自己在新产品开发和生产能力提高上走在竞争对手前面，代表着新的方向。例如，华为公司不断创新，超越自我，成了民族优秀品牌，屹立于世界手机品牌之林。

这种战略下，新产品开发策略的计划通常有自己的特点，比如加强科技研发、非常周密的调查和新产品试销、反复不断地改进、高价位、高促销等。

（三）跟随战略

所谓跟随，就是模仿，即等其他企业推出新产品后，立即加以仿制或改进，然后推出自己的产品。这种策略不把重点放在研发上，以节省开发的成本。

此种战略下，新产品开发策略的计划通常表现为低价、快速的渗透，只有这样才能在别人占有先机的情况下抢夺市场。

（四）补缺战略

补缺战略即发现一些未被竞争对手占领的市场。这种战略同超越自我战略和抢占市场战略是有区别的。前两者的目标市场通常是规模最大的细分市场，而补缺战略的目标市场是规模相对比较小、其他竞争对手不屑进入的细分市场。

案例思考

“白加黑”与“升降席梦思床”

在国内市场上有两种价格比同类商品高而且在市场上还比较俏销的商品。一是江苏盖天力制药公司生产的“白加黑”。一小盒感冒药有12片药片，8片白的，4片黑的，白天服白片，晚上服黑片。白片只有消热息痛作用，不会让人嗜睡；黑片主要是抗过敏，让患者好好休息。另一个是浙江喜临门家具有限公司生产的“升降席梦思床”。这种床有真空气动装置，可以升降，床托部位为藏物箱，开启很方便，且一面是弹性好、睡感舒服的床垫，另一面是上等藤席。

这两种产品以其独具匠心的创意，一进入市场就受到消费者的青睐，成为同类产品中的俏销货。

思考：“白加黑”与“升降席梦思床”带给我们哪些启示？

任务二 开发文具用品

文具用品是一个产品和类别范围很广的行业，囊括学习用品、体育用品、办公用品等。目前文具用品行业产品种类齐全、品牌繁多、功能基本满足、制造成本相对稳定透明、人力资源和生产技术比较稳定，除部分特殊市场外，普通的消费者市场较趋近于平缓，市场格局非常明显。在这样一个成熟市场，要想扩大市场份额、获取更高额的利润目标，战胜竞争对手，推出新产品尤为重要。

要想推出一款新的文具用品，就需要我们以营销学的知识为指导，具体市场具体分析，从产品设计开发到投入生产，到定位定价，采取适合的销售渠道。

一、文具用品市场分析

微课：

文具用品营销——SWOT 分析

（一）消费市场概况

文具消费市场的情况主要包括消费群体、需求状况等。通常我们需要使用实地调查和案头调查两种方式，结合数据和经验，有效、快速地确定新产品开发策略所需要的预测信息。

1. 消费群体

文具市场的消费群体主要包括学生、上班族。其中，中小学生多用铅笔，中学生多用圆珠笔和水笔，大学生多不带文具盒，等等，也是可以进一步细分的。在文具市场上，以往文具用品的消费族群，学生及上班族各占一半，且两者对文具的需求量不相上下，但自从办公室自动化后，上班族改用计算机处理往来文件，笔、纸、档案夹等办公室文具用品需求减少，消费者结构也随之转变，学生逐渐取代上班族，成为文具用品的主要消费族群。

2. 需求状况

需求状况主要研究不同类别的消费者对产品需求的侧重点和偏好，是对自己选择的目标市场进行消费者购买行为的分析，了解他们对产品需求的重点，以便不同应对。

学生族与上班族对文具用品的需求不同，除了基本书写流畅的笔类外，学生喜欢尝试新奇的文具用品，一般颜色鲜艳、功能特殊少见的商品，只要单价在学生所能负担的范围内，学生都会购买，从而创造不错的销售成绩。另外，一般学生会以笔袋、笔盒等携带笔类、橡皮擦、修正液等文具用品，所以，学生使用的笔类强调重点在书写流利，笔杆设计则强调瘦长型，以方便学生携带。而上班族对于文具用品的要求，则偏重实用性、方便性和舒适性，价格反而不是主要诉求。因为不需携带大量笔类，所以在设计上除了加入色彩外，笔杆也较学生用笔粗，以增加握笔舒适度。

（二）市场竞争情况概述

某个市场拥有较大的需求总量，并不代表该市场拥有很强的吸引力。我们需要充分考虑该市场的竞争情况，才能做出最好的判断。任何从事市场营销工作的人员都不能忽视这一点，即要充分研究现有的竞争对手对市场可进入度的影响。

市场竞争的情况主要包括：市场格局、知名品牌的数量及情况、市场竞争情况及竞争者的优势等。

1. 市场格局

市场格局主要指两个方面的指标：一是不同类型的产品在总体中的比重，必要的时候还要细分出来；二是不同企业或品牌在市场上的占有率。

例如，文具市场中的小学生市场。小学生通常必备的文具有：一个书包、一个文具盒、一块橡皮、一套尺子、四支铅笔、一个卷笔刀及其他。那么不同类型的文具在总体中的比重就很清楚了。

微课：

文具用品营销——产品分析

2. 知名品牌的数量及情况

在确定市场品牌的时候，要依据选定的市场来细分。拥有品牌的企业通常具备与一般企业不一样的竞争能力。

我国现有的文具市场，有十大品牌：

（1）晨光文具（中国驰名商标，中国名牌）。

（2）白雪文具（中国驰名商标，中国名牌，国家免检产品）。

（3）得力文具（国家免检产品）。

（4）齐心文具（国家免检产品）。

（5）真彩文具（中国名牌，国家免检产品）。

（6）都都文具（全国最大的文化办公用品连锁零售企业之一）。

（7）贝发文具（中国名牌，国家免检产品）。

（8）中华铅笔（中国名牌，国家免检产品）。

（9）广博文具（中国驰名商标，中国名牌，国家免检产品）。

（10）樱花文具（国家免检产品）。

这个划分方式是以全国市场为例的。若是细分后，情况就不一样了。例如在浙江地区排名可能是晨光、白雪、得力，而在上海地区排名可能就是得力、樱花、白雪了。这对我们有针对性地提出更具有竞争力的产品策略有着根本性的影响。

3. 市场竞争情况

市场竞争情况主要包括市场竞争的激烈程度和竞争手段。市场竞争的激烈程度决定了竞争对手在新产品推出时的反应。在一个竞争很激烈的市场，任何新产品的推出都会遭到强烈的反击。如果是这样，企业就必须考虑如何才能保证新产品推出的计划得以顺利进行。如在文具市场上，外观的设计还有很大空间，某个新外观产品的推出可能不会遭到强烈的反击。

竞争手段主要是指竞争对手在抢夺市场的时候通常以什么为重点。在诸多的竞争手段中，价格竞争是最恶劣的竞争手段。以小学生铅笔为例，该产品已经非常成熟，基本上没有什么可以建立竞争优势的地方，只有价格竞争一条路。所以即使明知道这类产品的新产品推出在单个产品上没有利润可言还是要推出。也就是说，竞争手段直接决定了推出的新产品在利润上的空间。如果一个市场是以价格竞争为主要手段的，那么企业进入该市场的时候就不能以利润作为新产品策略的主要目的。

4. 竞争者的优势

竞争者的优势包括很多方面，任何比其他人领先的都可以称之为优势，可以是设计、资金、人力资源、品牌影响力、本土优势等。企业收集并了解了以上的情况后，就可以着手综合考虑，确定选择自己在何细分市场推出何种具体的产品了。如在浙江地区，得力文具的影响力还是很大的，但是它的优势是办公文具。晨光文具和白雪文具的优势是学习文具，它们只需要绕开办公文具，从学生文具入手，慢慢建立在浙江地区的影响力就行。

二、企业内部分析

（一）销售部门的能力

微课：

文具用品营销——销售技巧分析

对于文具市场，大多数的产品市场都比较成熟，可以推出新产品的地方不多，技术含量不高，因此部门能力中最关键的是销售部门。销售部门的能力主要包括以下几个方面。

1. 覆盖的市场范围

这是指现在的销售部门拥有什么样的市场格局，能为企业推出新产品保证多少的市场份额和销量。

2. 扩展业务的能力

这是指企业的销售部门是否有能力在原市场或新市场进一步拓展销量；是否有足够的思路、物力和人力以扩大销量或迅速打开销量。主要包括：能否提供优秀的策划方案；宣传是否具有较强的吸引力；能否提供恰当的人员保证；是否具备广泛的销售资源；等等。

3. 对销售渠道的掌控能力

这是指是否具有足够的销售渠道，是否对销售渠道有很强的掌控能力，是否熟悉了解每种销售渠道的特性。

（二）采购部门的能力

对于大多数企业来讲，特别是不具备研发能力、生产能力或生产能力不足的企业，采购部门是主要的成本节约点。营销人员在推出新产品的时候，一定要将这一要素考虑进去。采购部门能够获得稳定持续的货物或者原材料来源并保持在畅销的时候价格最低，是新产品推出获得利润的保证。特别是文具类的某些产品，日产量很高或者日销量很高，每日需求量大，更需要对采购部门进行合理的规划。

三、新产品营销策划

（一）选择产品类型

企业需要根据以上分析，确定选择哪类产品推出新产品。例如笔类产品的价格浮动非常大，既有不赚钱的 1 元以下的产品，也有价位高达几百上千元的高档产品。此时企业需要根据综合分析，确定要选择哪类产品，并在营销策略中具体描述出要推出的新产品的概念，包括核心产品的概念和衍生产品的概念。

（二）确定价格

在考虑竞争对手、生产成本、战略意图的基础上制定产品的价格。目前文具市场的价格制定通常具有较强的竞争意识和利润意识。如得力文具，是通过品牌竞争而不是价格竞争，所以其价格通常定位比较高；当然，为了抢夺市场，得力文具也会制定低价策略以配合企业提高市场占有率，从而进一步提高品牌效用的战略，如 0.7 元的卷笔刀、1.2 元的拉链文件袋等。但是总体来讲，大部分产品是以高价位来定位的。

（三）选择渠道

目前文具行业的销售渠道主要包括文具专卖店、小卖铺、书店、超市、网店，也有批发商性质的渠道。如果是学生文具，应当以学校附近和小区附近的小店铺为主，书店也是一个很重要的选择；如果是办公文具，则应当以网店、文具专卖店和批发商为主。具体选择哪种零售商，还要参考零售商在地方的影响力和客流量等问题。

（四）确定促销方式

由于受渠道的限制，大部分文具产品的单价不是很高，所以在选择宣传方式的时候要注意宣传的内容、宣传的表现形式、宣传的载体选择等。

任务三 开发创意产品

一、创意产品的概念

创意是什么？创意是传统的叛逆，是打破常规的哲学，是破旧立新的创造，是投资未来、创造未来的过程。简而言之，创意就是具有新颖性和创造性的想法。

创意产品，是由创意市集这个概念引出的。创意市集是一种专门售卖富有创意、时尚、原创、非批量生产并富有商业价值货品的集市，多以摊位的形式呈现。简而言之，创意产品是具备一定的使用功能，重在体现新颖性与个性化的产品。

二、创意产品分析

（一）主要产品类型

创意产品是一个跨行业的产品集合。任何能够给人们带来个性化体验的产品都可以称之为创意产品。一般来讲，创意产品的具体表现形式为在原有产品的基础上加上一些新颖性的东西，多集中在外观上，偶尔也涉及特殊使用功能。

（二）生产和销售特点

创意产品的卖点在创意，而不是产品的功能。创意产品的市场情况受消费群体对创意接受的程度影响很大。消费者受观念、审美、个性和文化程度的影响，对创意有着各自的偏好，所以创意产品很难实现量化生产。而且对于创意产品来说，一个新的创意就会涉及一条新的生产线或者新工艺的运用，成本昂贵，所以大多数创意产品的生产者都会选择生产小件产品或生产技术门槛较低的产品。比如饰品，女性饰品的模具制造成本非常低，一个好的模具价格在人民币 500 元以下，但是可以反复使用，产出至少在 5 万元以上。但是对于需要流水线和机器加工的产品来讲，很显然没有哪家企业能够承担不停改动生产线和加工技艺的费用。在销售模式上，由于受生产限制，创意产品在价格上多趋向于高利润回报的方式进行。在渠道上，由于目标市场的限制，以网络销售、精品店形式以及集市形式为主。

（三）盈利模式

创意产品不以产品本身的质量和技术含量为主要盈利模式，主要通过设计、定制的方式获得盈利。简单地说，盈利的来源在于“创意”与消费者愉悦程度的平衡。

另外，创意产品的品牌价值非常小，因为对于这个行业来讲，资本的限制和技术的限制几乎等于零，而且创意的概念又是完全因人而异的，人们看重的是具体展现出来的“创意”而不是售后的服务、产品的质量及其他，所以通过建设品牌的方式来获得盈利的可行性很低。

三、消费者市场分析

（一）市场规模和容量

在国外，特别是欧美地区，由于自由主义和个性化标榜的文化影响，大多数消费者能够接受创意产品。在国内，受个性化潮流的影响，创意产品目前正处于上升期，市场前景非常广阔。

（二）主要目标群体

1. 按年龄划分

按年龄划分，创意产品的目标群体可以分为少年群体、青年群体、中年群体。其中，青年群体是主要的目标消费群体，他们对新鲜事物有比较强的兴趣，同时接受能力比较强，并具有较强的带动性，往往容易引起流行。这类人员是小饰品、日用品等创意产品的主要消费群体。少年群体是下一步的青年群体，是需要重视的。中年群体相对数量较少，但是这个市场利润较高，亦不可忽视。

2. 按家庭划分

按家庭划分，创意产品的目标群体可分为中、低、高收入家庭。消费者多集中在中高收入群体内部，这部分消费群体对生活有比较强的追求意识。如中国的哈韩风，使得韩国很多的用品在中国受到广泛的欢迎。这些群体是创意家居用品的主要群体，如擦手巾、挂钩、小摆设等。

（三）购买特征

1. 求新鲜购买

绝大多数消费者购买创意产品的动机都是求新鲜，他们需要的是能够体现他们个性的产品。因而，创意产品消费者市场的购买行为通常是冲动型购买。

2. 受流行影响较大

无论是青年群体还是家庭群体，在购买的时候都体现出很强的流行性特征。体育、影视、公益宣传、网络推动都是这些影响的动力。创意产品的价值体现的是其新奇性，这种新奇性会转化为产品销售的推动力，即群体的模仿性和跟随性。

3. 价格不再是购买决定因素

一般来讲，消费者的购买影响因素中，价格往往是最主要的影响因素，但是对于创意产品的购买者来说，在消费能力之内，贵一点还是便宜一点不再是他们关注的重点。影响创意产品消费者购买的要素中，产品体验比价格的影响力来得更大一些，而这种体验多以个性化展示为主要突破口。

四、创意产品竞争状况分析

创意产品在中国消费市场还未形成具体的格局，市场占有率和品牌意识非常淡漠，大多数企业只将创意产品的推出放在一定的产品范围内。

（一）竞争手段

（1）小饰品和日用产品等小成本创意产品行业竞争非常激烈，市场中创意产品更新速度很快。而大件产品由于受各种因素制约，又缺少创意的活力，创意产品较少，从而导致大多数企业在一个利润空间较狭窄的领域内竞争。

（2）模仿和跟随速度很快。由于受到创意的限制，很多企业并不具备快速创意的基础，在受到新产品冲击的时候，不得不选择模仿其他人的创意，这种行为已经成为一种主要的竞争手段，而这进一步降低了产品的利润。

（3）个性化定制的概念没有得到有效实施。大多数的创意产品是根据流行去制定的，比如某个热播的动画片、某个热门的游戏、某种流行的因素。由于这些因素是大多数生产企业都能得到的信息，所以这类产品竞争激烈，价格低，利润低，只有小部分开发能力强的企业能够利用先进入的优势获得一定的利润，而且比正常行业的新产品开发后的生命周期更短。但是真正能够满足消费者特别需求的个性化的创意产品并不多，这个市场有很大的空间。

（二）主要竞争对手

创意产品市场内的主要竞争对手除了创意产业本身的生产企业，还包括基础产品本身和替代品。

由于目前还未形成有效的市场格局，因而对于企业来讲，相比成熟行业，创意产品行业的竞争对手既可以说非常多，也可以说非常少。只要运营得当，思路准确，就可以在创意产品行业中率先崛起，创造竞争优势。

五、创意产品开发的特点

（一）开发速度要快

由于创意产品受流行因素的驱动较大，而流行的特点是迅猛但变化很快，所以，任何一个企业推出新创意产品的速度一定要快。而且创意产品行业竞争的手段以模仿为主，获得高利润空间的时间过短，只有不停地推出新的创意产品，才能保证企业有一定的利润率。

（二）不以单款为主要目标

创意本身是一种思想，这种思想体现在很多方面。一个产品进行创意的角度非常多，可以是功能上的，可以是包装上的，也可以是外观上的。而任何一个具体的创意角度又能形成各种不同的具体落脚点，并且每一种卖点大多都能形成一定的客户群体。所以，在创意的过程中，妄图依靠某一个款式争夺市场的行为是不理智的。对于那些选择小成本产品为主要产品的行业更是如此，它们可以将产品线铺得更开一些，保证产品线的宽度和长度。

（三）重视创意设计

创意产品销售的是创意，而不是使用价值，或者说创意产品的使用价值就是创意。所以，对于创意产品的生产企业来讲，“创意”是新产品推出的关键。创意的好坏直接决定了新产品推出后的市场前景、销售及利润。所以在创意产品新产品的营销中要尤其注意思路的收集、设计研发以及生产线的改制。

（四）推广的选择

在制定创意产品营销策略的时候，要特别注意推广方式的选择。一要迅速，二要低成本。目前最好的方式就是利用销售渠道本身和利用网络推广。在具体手段运用的时候可以选择成交佣金的方式。网络推广要注意覆盖范围和速度。

（五）定价要严格

创意产品是一种不易实现量化的行业，所以大多数创意产品要么需要很长的时间回收资金，要么走高价路线，以保证企业的盈利。第一种情况，重点在设计经典，适用于一些日常产品。因为此类创意产品即使失去了创意产品的意义，仍然可以作为功能性产品销售。但是这个时候的创意不能太随意，要符合主流文化。因为一款创意产品很可能会面临创意不再新鲜同时还被新文化排斥的可能性。第二种情况，适用于重点在创意的产品。因为大多数购买此类产品的消费者愿意为满足其个性化要求而承担更高的价格。

（六）替代品是创意产品创新的最大敌人

作为主要的竞争手段，模仿是创新产品的重要竞争手段。模仿者绝对不只是单纯地模仿，大多数的创意产品是很难去申请专利的（或许产品的寿命还没有申请专利的时间长）。这种模仿在这个行业内并不是一两家的问题，特别是在电子商务高度发达的现在，一个新款式的产品生命周期正在缩短，被大多数竞争对手和消费者了解的时间也大大缩短了。

（七）向个性化定制发展

企业需要考虑跳出现有的产品结构，创意的最终必须是个性化的体现。既然每个人的个性都不一样，那么个性化定制必然是将来创意产品推出的重要来源。用个性化定制的方式，去选择满足一部分人的需要。另外，从单个产品的利润情况来看，个性化定制的利润空间也是相对较大的。当然，这并不是说个性化定制将取代现在的创意产品推出的方式，而是指其将会成为未来企业的一种业务手段。

(八)销售渠道的选择

随着网络时代的高速发展,结合创意产品更新快、价格高、生命周期短的特点,在销售渠道上,建议选择以网络为主要的销售渠道。一方面,电子商务的传递速度适合创意产品的生命周期特征;另一方面,其低廉的销售成本也适合创意产品的竞争。此外,创意产品的主要消费群体基本上也都是忠实的网络用户,他们通常通过网络而不是报纸和电视来获得新的资讯。比如,淘宝、微博、微信等都是比较好的渠道。

案例思考

有个性才有市场

上海华宝羊毛衫时装公司,以“标新立异、避免雷同”为经营宗旨,在公司兴建之初,就设巨奖向广大消费者征集服装款式设计,并派出大批信息员深入许多城市了解市场情况,防止自己的产品设计与市场上同类产品在款式、选料、色彩上重复,就连品牌也别具一格,起名为“阿拉”(上海话“阿拉”即“我”)。通过这样充满个性的追求,登台不久的“阿拉”牌羊毛衫便在市场上争得了一席之地。

瑞士有一个制表商,摒弃传统方法采用的金属材料和塑料,首选石料作表壳,凭借石料不可能造出两个完全相同的表壳的特性,生产出花色各异的“石表”,以每只195美元试销,一举成为轰动欧美市场的抢手货。

思考:现代市场企业如何制胜?

任务四 开发日用品

一、日用品概述

(一)日用品的定义

日用品又名生活用品,是普通人日常使用的物品,即家庭用品,包括家居器物、家庭用具及家用电器等。日用品囊括日常生活中大部分的产品,是任何一个消费单位为了满足生活需要而必须购买的产品,包括除服装和食品两个大类以外的衣食住行的各个类目。

（二）日用品的分类

1. 按照使用频率或范围划分

日用品按照使用频率或范围可分为生活必需品和奢侈品。

（1）生活必需品（或称日常生活用品）。这类产品是指人们为了满足日常生活而必须购买的产品，比如牙膏、筷子、衣架等。缺少此类产品将严重影响人们正常的生活。

（2）奢侈品。奢侈品是指需要花费一定资金才能获得的产品。此类产品非生活必需，但是此类产品的购买能够极大地改善生活质量或给予消费者身份地位和某种心理满足。如汽车、手表、珠宝等，是日常生活用品，但并不是必需品。没有它们并不影响正常生活，但是拥有它们却能改善生活质量。

生活必需品和奢侈品所包含的产品并非一成不变，比如手机，在20世纪末还属于奢侈品，但是如今随着生活质量的提高和现代通信的需要，已经逐渐转移为生活必需品。

2. 按照用途划分

日用品按照用途可分为个人生活用品和家居生活用品。

（1）个人生活用品是指为了满足个人生活需要的日常用品，如化妆品、饰品、个人清洁用品等。

（2）家居生活用品是指为了满足家庭日常需要而购买的生活用品。这些产品是以家庭为单位购买的，如床上用品、厨卫用品、洗漱用品等。

二、日用品市场分析

随着居民收入水平的提高和国民素质的全面提升，特别是国内“80后”“90后”逐渐成为消费主体，受消费观念的影响，日用品消费市场出现了新一轮的爆发式增长。国家统计局公布的《2023年国民经济和社会发展统计公报》显示，全年社会消费品零售总额471 495亿元，比上年增长7.2%。按经营地统计，城镇消费品零售额407 490亿元，增长7.1%；乡村消费品零售额64 005亿元，增长8.0%。其中，日用品类增长2.7%，低于增长的平均水平。

三、日用品消费群体分析

日用品的消费者市场可以囊括所有人，但是作为企业的营销人员，需要在广阔的市场中寻求自己的目标市场。一般情况下，我们通常根据目标群体的数量、购买力来判断目标市场的基本情况，再结合企业的产品和预期利润来选择实际进入的目标市场。很多时候，大多数企业在公司发展的初期都能很好地做到这一点，但是随着公司规模的扩大，公司品牌的推广会形成以自我为中心的趋势。以下我们将以丝袜这种日用产品为例进行分析，分析其消费者市场的特征，以求做出合适的日用品新产品营销策略。

（一）消费者的组成

丝袜是女性用品，企业在运营的过程中，可以只对女性市场进行划分。我们可以按照不同的要素，把丝袜市场划分出来。以我国市场为例，按照年龄结构可以划分为两个区间：18～25岁，26～35岁。这两个区间是丝袜的主要消费群体。

当然，这样的划分是不够的，这样的划分只能给我们一个模糊的概念，还达不到市场细分明确目标市场的要求。我们还需要在这个程度上进行进一步的细分。

（二）消费者购买特征

按照细分市场的不同，购买特征会有所不同。我们这里只针对普遍情况做出说明。

1. 价格

作为日常支出，虽然每次支出的数额比较小，但是日常中有太多这种小规模支出，所以在购买日常生活用品时，尽可能追求相对更加便宜实惠的价格是此类产品消费的主要特征。

2. 质量

日常生活中的产品使用频率较高，这就要求产品能有一定的耐用性。比如合金饰品能戴多久不褪色？丝袜能穿多久不会坏？衣架是否容易断裂？等等。

3. 功能

此类产品的消费者总期望有个产品能够具备更多的用途。比如纸巾盒能够当作家庭摆设；挂毛巾的支架能够作为洗澡时放衣服的地方；饭勺除了能盛饭还要不烫手、好放置；护肤品除了能护肤还要有香味等。实际上，现在的日常生活用品越来越多地具有多功能要求。

4. 购买频次

大多数的消费者不会一次性买一年的肥皂放在家里备用，而是用完才买，衣架也是买够用就行，相对而言，日用品购买的频次会比较高。

5. 方便购买

对于低价格的产品，人们往往不会为了节省一点小钱到处奔波，而是以方便为主，就近购买。

6. 集中式购买

集中式购买是指消费者期望通过在一个地方尽可能多地获得想要的产品类别以节省消费时间。实体经营的模式下很难实现这一点，因为受库存和人工等固定成本的影响，这种方式需要大量的资金支持。目前电子商务领域基本上可以做到，通过缩减人工等固定成本的支出转向支持库存的扩大。

四、市场竞争分析

我们以袜业为例，对袜业市场的竞争情况做一个简单介绍。

（一）竞争格局

目前国内袜业市场的基本竞争格局为：一是行业集中度低；二是行业产品结构不合理，低档产品产能过剩，且同质化现象严重；三是中高档袜类产品市场格局相对稳定，这样的企业数量较少。

中小型袜类企业定位于低端产品，主要以价格竞争为主，依赖于粗放型增长方式，抗风险能力较弱，主要体现在：（1）生产技术落后，设备陈旧；（2）生产规模小，从单个企业规模上看，相当一部分“企业”是“家庭作坊”；（3）缺乏自主研发能力，产品品种相对单一；（4）产品的下游客户主要是国内外中小品牌商或经销商；（5）自主定价能力较低。而像梦娜袜业、浪莎针织、宝娜斯袜业、浙江情怡袜业、海宁耐尔袜业等在国内袜类产品市场占有优势地位的企业，主要定位于中高端产品，在研发、生产、质量、市场营销等方面与欧美企业的差距明显较小。这些企业之间的竞争主要在于产品开发速度和能力、营销网络建设等方面。

（二）主要竞争手段

价格成了比较常见的竞争手段，厂商纷纷以低价产品抢占市场。为达到降低成本的目的，有些企业会生产一些低劣的产品，导致低档产品充斥市场。另外，产品同质性现象比较严重。这些问题都阻碍了袜业的发展。

除了价格外，渠道是现在袜业市场的又一个重要竞争领域。特别是电子商务的出现，对企业销售产生了较大的影响。

五、日用品新产品策略的要点

（一）目标市场选择

目标市场细分完成之后，企业需要选择细分市场作为新产品推出的市场。以丝袜市场为例，在第一步市场细分之后，我们通常需要做以下两件事情：

首先，确定企业推出新产品的战略思想。也就是此次新产品的推出是为了抵制竞争、扩大市场占有率、进入新市场、提高利润还是为了重新建立品牌。因为这决定了企业推出新产品的时候到底是在现有的细分市场进一步渗透还是需要进入新的市场。如果是在现有的市场内推出新产品，工作会简单很多，需要考虑的重点是需求趋势和预测、产品设计、生产组织和营销组合；如果是在新的细分市场推出新产品，工作相对比较复杂，需要考虑的重点有竞争对手的反应、新产品线的组织、费用预算、新产品试行等环节。

其次，分析企业的能力，研究每一个细分市场的可进入性。丝袜行业作为一个非常成熟的行业，目前已经有了新的趋势。以低价产品为例，不管是大型企业还是小型企业，都在生产低价产品，即使是浪莎和梦娜袜业，在产品的结构中也是有低价产品的，比如浪莎的包芯丝长筒袜，也有2～4元价格区间的产品。特别是随着电子商务的进一步发展，价格的竞争越来越激烈，越来越透明，某些款式基本上是在保本销售。这类行业的可进入性是非常低的，竞争激烈。所以在丝袜行业新产品的推出一般不会选择以价格作为主要竞争手段。

（二）新产品设计和构思

日用品市场传统的新产品推出模式仍然有非常大的作用。以丝袜为例，丝袜的款式还是推出新产品时主要的着眼点。但是在现代的竞争中，这种方式带来的是一时的新款产品的销售额上升，对稳定企业市场地位、扩大品牌影响所起的作用是不大的。丝袜新产品推出需要重视以下几个方面。

1. 潜在需求

开发潜在的需求可以有效避开竞争，能够真正起到领先和巩固地位的作用，同时还能在现有的利润率普遍较低的市场开发出高回报的产品。如21世纪初推出的一款“防静脉曲张袜”，选择了白领阶层作为主要目标市场，此类客户群体长期坐班，从医学上来讲，容易引起静脉曲张，结合健康概念越来越受到重视而开发出来的新款式，为袜业企业赢得了高额的利润。

2. 进行趋势预测，重视科技开发

丝袜作为成熟行业，大部分产品的制造成本除了现在的规模化生产能有限地降低外，很难再有成本降低点。而一种新的加工工艺、一种新原材料的产生，能够带给企业的往往是更具有效果的市场巩固和利润获得。所以，在新产品的开发策略上，科研能力在营销中占有更重要的地位。

（三）重视产品核心

作为日常生活用品，必须要弄清楚该产品最重要的是功能，也就是必须将功能始终作为产品的核心来做。比如丝袜产品，安全舒适、长度合适、款式新颖、色牢度要强等，这些基本的质量保证必须得到重视和体现。

同时，我们还要在营销过程中传递给消费者关于本企业产品相较于其他产品的突出优势。这个优势并不一定是这个产品最有优势的，而是相对于其他企业生产的产品而言的。任何一个产品在营销的时候总需要找一个切入点。这个点是企业产品区别于其他企业同类产品或现有同类产品的主要表现，也是企业创造利润的主要依靠。

（四）做好营销策略

作为成熟行业，日用品营销遭遇的竞争相对比其他行业更加明显，在新产品推出时，就必须更加重视营销策略的制定。

1. 根据产品制定合理的价格

以丝袜为例，在制定价格的时候除了考虑成本因素以外，还要考虑竞争的激烈程度、新产品在一段时间内所拥有的领先优势和预期利润等来合理制定价格。

例如一款新丝袜的推出，通常会根据预期利润目标、市场销售总量预测、预期推出的时间长短以及成本制定一个平均价格。在这个平均价格的基础上，考虑在刚推出的时候，为了达到推广的目的或者建立品牌的目的，围绕平均价格给出一个定价；当新产品推出的前期结束时，又给出一个价格；在这个过程中，竞争对手跟进或者替代品出现时，在此价格基础上浮动给出一个价格；当这个产品比较成熟的时候，又给出一个价格。另外在新产品推出的过程中还要不断考虑市场上实际产生的问题不停地小幅甚至大幅调整价格。当然，价格的调整对企业的品牌建设是不利的，所以我们需要在做新产品策划的时候应力求精确和可靠。

2. 选择最恰当的销售渠道

不同的日用产品有不同的特性，同一个产品的不同档次又有不同的特性，需要根据特性来选择销售渠道。

以丝袜为例，目前最快速的推广方式是利用电子商务。但是并不是所有的丝袜都可以利用电子商务来进行推广，特别是价值非常高的丝袜，通常还是需要依靠线下展示的方式来进行推广。

3. 促销

市场竞争的特性在电子商务的影响下产生了很大的变化，特别是丝袜产品，基本上主要的消费群体都在通过网上购物。促销也是一样，在成本最小化的情况下，应该选择更快速的方式进行。目前可以利用的促销方式主要有：大规模购物网站的推广，如淘宝的直通车、微博营销、微信营销、各网站的弹窗广告等。

（五）快速反应

由于市场竞争的时间缩短，现代日用品竞争更需要企业的营销人员有随时关注市场动态的工作态度，讲求效率，能够根据市场反应随时调整产品的营销模式。

项目小结

本项目主要介绍了产品开发策略、文具用品开发、创意产品开发和日用品开发四部分内容。

产品开发策略是指企业在运营过程中，从更新换代、参与竞争、获取利润最大化、建设和发展品牌的角度对自身产品结构、产品组合进行不断优化的过程。产品开发策略包括抢占市场战略、超越自我战略、跟随战略和补缺战略。新产品开发的程序主要包括调查研究、新产品构思、构思筛选、产品概念形成、初拟营销规划、商业分析、新产品研制、新产品试销和商业性投放等。

文具用品是一个产品和类别范围很广的行业，囊括学习用品、体育用品、办公用品等。本项目详细分析了文具用品的消费市场概况和市场竞争情况，同时介绍了文具市场的生产能力，并在此基础上提出了适合文具产品的开发策略。

创意产品是一种具备一定的使用功能，重在体现新颖性与个性化的产品。本项目主要分析了创意产品的类型，创意产品生产和销售的特点，创意产品的市场规模、目标群体和购买特征以及创意产品的竞争格局；同时指出了创意产品在新产品营销时与其他行业不同的独特之处，需要特别注意开发速度、款式、创意、定价和个性化等方面。

日用品又称生活用品，是普通人日常使用的物品，即家庭用品，包括家居器物、家庭用具及家用电器等。本项目主要分析了日用品（袜业）消费市场的规模容量、消费者构成情况和市场竞争等因素，并在此基础上提出了日用品新产品开发策略的要点。

即测即评

项目测评

一、简答题

1. 新产品开发对企业的意义是什么？

2. 试述新产品的开发过程。

二、案例分析题

美国阿姆和汉默公司生产的小苏打牙膏占据了美国洁齿市场前 5 大品牌之一。在牙膏大战的硝烟中，阿姆和汉默公司花了许多时间教育消费者，其宣传词是“你在刷牙时能获得一种更彻底更清洁的感受”“使你的牙齿像刚刚被牙医专家清理后的感觉”，激发消费者对这种牙膏的需求欲望。一段时间后，消费者的欲望被带动了起来，阿姆和汉默公司理所当然地成为这个新的分割市场的领导者，并且现在正有大批的追随者蜂拥而至欲分杯羹。

强生公司的婴儿用爽身香皂原本是专为婴儿提供的一种清洁保健皮肤的产品，但是在市场策略的检讨和对顾客的需求变化的研究中，强生公司发现成年人对保护皮肤越来越重视。于是强生公司决定将这种爽身香皂来一次大胆的细分市场，广告诉求为“成人使用效果也非常好，它将像呵护婴儿的皮肤一样使您的皮肤获得细致深层的护理”。此举居然大受成年消费者的追捧，强生爽身香皂成为护肤的新宠。强生公司成功地为产品找到了新的卖点，赚取了新的分割市场的利润。

众所周知，拜耳阿司匹林曾经一度是止痛剂品牌的领先者，但是随着泰诺、阿迪威乐等品牌的出现，拜耳品牌的地位受到了极大的威胁。拜耳公司一方面在这块市场上与这些市场入侵者争夺市场份额，另一方面却在积极地寻找着可以实现差异化的产品需求，以建立新的市场分割。经过不懈的努力，20 世纪 90 年代中期，拜耳公司发现拜耳止痛剂加上合理的饮食和锻炼能够使第二次心脏病发作的概率降低 50%多。这是一个重大的发现。于是拜耳公司毫不客气地把从未患过心脏病的消费者全部囊括其中，声称拜耳阿司匹林新片剂“不但依然具有止痛功效，而且对于防范心脏病的发作具有明显的效果”。结果拜耳阿司匹林的销量一再攀升，并在市场上赢得了“永久品牌”的称号。

思考并回答以下问题：

1. 拜耳公司采取了什么市场营销策略使拜耳阿司匹林的销量再度上升？请具体解释、评价拜耳公司所采取市场营销策略的意义、性质和特点。

2. 阿姆和汉默公司、强生公司和拜耳公司的案例对于企业开发市场有什么借鉴意义？

项目七 客户管理

学习目标

知识目标

1. 理解服务质量的概念及服务质量评价标准的特征。
2. 掌握提高服务质量的策略。
3. 理解信用管理的目标，掌握信用标准、期限、额度的概念。
4. 掌握分销商的概念以及选择分销商时应考虑的因素。

能力目标

1. 准确建立服务质量评价标准，找寻提升企业服务质量的途径与方法。
2. 基于客户的不同情况，制定合理的信用政策。
3. 正确使用选择分销商的方法。
4. 准确分析窜货现象的成因，合理选择解决的对策。

素养目标

1. 树立全面服务意识，服务好客户。
2. 培养服务至上的现代经营理念，以客户需求为导向。
3. 树立以人为本的观念，做好客户管理。

案例导入

宜家重视顾客让渡价值

一、顾客总价值最大

（一）提高产品价值

1. 产品设计重视顾客需求

平板包装设计：家具的平板包装是宜家的首创。绝大部分的宜家产品都被设计成可分拆运输的结构，外包装是平板式，这样可以充分利用运输工具的空间。

2. 设计简约、人性化

除木制家具外，宜家还有陶土、金属、玻璃、硬纸等制品。宜家的产品简约、精美、时尚、温馨，搭配丰富的色彩，不矫揉造作。

3. 产品设计推陈出新频率高、引领时代潮流

宜家有一种四季被，属三被合一，一层是温凉舒适的夏季被，一层是中暖度的春秋被，也可以把两层放在一起，那就是温暖的冬季被。

4. 产品系列广泛

宜家共有10 000多种产品供顾客选择。基本上，任何品味的顾客都可以在宜家买到所需的家居产品。

广泛的功能：顾客在宜家可以找到所有实用的家居用品，不必在各个家居店之间东奔西走。

风格范围广泛：不同品位的人在这里都能找到自己的所爱。

但宜家的产品也不是无所不包，宜家没有过于极端或过于夸张的产品。宜家提供的是为创造舒适的家居环境所需要的产品。

另外，通过适当协调，顾客可同时实现广泛的功能和风格。例如，无论顾客喜欢哪种风格，都会有一款扶手椅与书柜相配，有一款书柜与新的折叠桌相配，有一款新的折叠桌与扶手椅相配。因此，宜家的“系列广泛”有着多层含义。

（二）提高服务价值

1. 精细入微的商品导购信息

宜家的商店没有“销售人员”，只有“服务人员”。他们不允许主动向顾客推销某件产品，不会像其他家具店的店员一样，顾客一进门就喋喋不休地推销。

宜家精心为每件商品制定“导购信息”，有关产品的价格、功能、使用规则、购买程序等几乎所有的信息都一应俱全。宜家将每一个细节都考虑进去，来指导消费者快速做出购买决定。如果你仍不放心，那不要紧，宜家的《商场指南》里写着：“请放心，您有14天的时间可以考虑是否退换。”

2. 信息透明化

在厨房用品区，宜家出售的厨柜从摆进卖场的第一天就开始接受测试器的测试，厨柜的柜门和抽屉不停地开、关着，数码计数器显示了门及抽屉可承受开关的次数。如果你不懂怎样挑选，宜家会用漫画的形式告诉你。对于组装比较复杂的家具，宜家则在卖场里反复放映录像和使用挂图解释如何组装该家具。

3. 客户服务

送货上门：送货服务只收取合理的费用。

付款方式：接受现金、转账支票及有银联、VISA和Master Card标记的储蓄卡、借记卡及信用卡、移动支付。

组装服务：采用平板包装，内含指示说明和宜家的特殊工具，所以顾客可以放心自行组装。如果顾客需要帮忙，宜家会提供上门服务。

退换货政策：只要包装和货品没有损坏，并保持出售时的状态，顾客可在60天内带上原始发票或收银条及信用卡收据和完整的货品，前往购物商场更换等值货品或退款。

儿童服务：车库近在咫尺，为带着全家人驾车来商场的顾客提供了方便。宜家开设了由专人看护的儿童乐园。宜家餐厅和咖啡厅为孩子们准备了儿童餐、高脚凳和奶瓶加温设施。卫生间内还设有婴儿尿布更换设施。

布料加工服务：提供指定式样的窗帘、靠垫套和桌布的布料加工服务。

（三）提高企业形象价值

宜家的营销策略之一是通过对于环保的重视来提升企业形象。

几十年前，宜家集团就开始有计划地参与环境保护事宜，涉及的方面包括：材料和产品、森林、供货商、运输、商场环境等。1990年，宜家制定了第一项环境保护政策；1991年，宜家开始履行关于热带林木使用的严格规定……以上这些措施为宜家赢得了良好的社会声誉和品牌形象。

二、顾客总成本最低

（一）降低货币成本

在宜家创始人倡导的节俭企业文化里，浪费被认为是“致命的罪过”。所以，宜家以降低成本为核心，从设计、生产、运输到销售的每一个环节都不遗余力地降低生产成本。

1. 模块式设计

宜家用“简单”来降低顾客让渡成本，用“美”来提高顾客让渡价值，采用以“模块”为导向的研发设计体系，把低成本与高效率结为一体。这样设计的成本和产品的成本都能得到降低。

2. 与顾客合作打造低价格

宜家把顾客也看作合作伙伴：顾客翻看产品目录，光顾宜家自选商场，挑选家具并自己在自选仓库提货。大多数货品采用平板包装，方便顾客将其运送回家并独立进行组装。

3. 平板包装策略降低成本

在储运方面，宜家采用平板包装，以降低家具在储运过程中的损坏率及占用仓库的空间；更主要的是，平板包装大大降低了产品的运输成本，使得在全世界范围内进行的规模化布局生产成为可能。

4. 不断采用新材料、新技术来提高产品性能并降低价格

以近乎完美的奥格拉椅子为例。起初，奥格拉椅子用木材生产，随着市场变化，其价格变得太高，宜家遂采用平板包装降低成本；当平板包装也不能满足低成本要求时，宜家改用复合塑料替代木材；后来，宜家更将一种新技术引入了家具行业——通过将气

体注入复合塑料，节省材料并降低重量，并且能够更快地生产产品。

（二）降低精神成本——为顾客创建温馨、娱乐的购物体验

1. 卖场的人性化布局

宜家的卖场设计有其标准规范，进入商场后，地板上有箭头指引顾客按最佳顺序逛完整个商场。主通道旁边为展示区，展示区的深度不会超过 4 米，以保证顾客不会走太长的距离。展示区按照客厅、餐厅、工作室、卧室、厨房、儿童用品和餐厅的顺序排列。这种顺序是从顾客习惯出发制定的，客厅最为重要，餐厅是人们吃饭的地方，家庭工作室紧随其后，卧室是最后一个大型家具区。这种展示方法有利于给客户一个装饰效果的整体展示，还有利于连带购买，同时又为顾客降低了购物时间成本。在宜家的展示区中，有一个个分隔开来的展示单元，分别展示了在不同功能区中如何搭配不同家具的独特效果。在宜家的餐厅示范室，你会看到一张餐桌、几把椅子，餐桌上摆放着高脚玻璃杯、咖啡壶、闪闪发亮的刀叉、精美的瓷盘，以及鲜花和果蔬；而在卧室示范室，被子、床单、枕头和抱枕在大床上展示它们的效果，灯光也和家中一样柔和、浪漫……这些示范室内往往集中了宜家家居所售卖的大部分商品品种，摆放有序，就像一个真“家”那样设施齐全、温馨迷人。

2. 鼓励顾客体验

生动化的展示不仅仅是给人看的，宜家还鼓励、引导顾客进行随意全面的体验，比如拉开抽屉、打开柜门、在地毯上走走、试一试床和沙发是否坚固等。在宜家，所有能坐的商品，顾客无一不可坐上去试试感觉。宜家出售的一些沙发、餐椅的展示处还特意提示顾客：“请坐上去！感觉一下它是多么的舒服！”宜家告诉你，质量是经得起考验的，同时还向你传递一种消费观念：一定要体验过，做出的决策才是最好的。

3. 卖场人性化服务

顾客在逛宜家时，累了可以在床上或者沙发上休息，饿了宜家餐厅有美味实惠的瑞典食品和适合本地顾客口味的中国食品。在淳朴浪漫的音乐环境中，顾客心情渐趋平静，回归自然。而宜家洗手间的水一年四季都是舒适的温度。宜家对顾客的感受贯穿于每个细节，美好的环境让人不忍离去。这样的购物体验，使每个顾客都不会感到疲惫或者厌烦，经常光顾的结果就是习惯消费，而停留时间和购买数量之间是成正比的。宜家就这样用“春风化雨”的方式俘获了光顾者的心。

4. 独具特色的 DIY

宜家倡导“我们做一些，你来做一些，宜家为你省一些”的理念。所以，宜家采用顾客自选方式，以减少商店的服务人员。而且服务人员不主动向顾客推销，除非顾客要求店员帮助，否则宜家店员不会上前打扰，以便让顾客静心浏览、体验，轻松、自在地逛商场和挑选家具、自己提货。顾客可以选择付费送货，但一般是自己搬回家。另外，家具运送到家后，顾客还要自己花费数小时动手组装，因为宜家销售的多是散件。

任务一 客户服务管理

一、客户服务管理概述

服务是企业联系市场的基础，而服务质量则是企业营销策划的核心与关键。无论是提供有形产品的生产企业还是提供无形产品的服务企业，服务质量都是企业在竞争中制胜的法宝。消费者对服务质量的评价不仅要考虑服务的结果，更要关注服务的整个过程。服务质量被消费者识别、被消费者认可，才是营销的关键所在。

（一）服务质量的概念

服务质量（Service Quality）是指服务能够满足客户需求和潜在需求的特征和特性的总和，是指服务工作能够满足被服务者需求的程度，是企业为使目标顾客满意而提供的最低服务水平，也是企业保持这一预定服务水平的连贯性程度。

鉴于服务交易过程的顾客参与性和生产与消费的不可分离性以及服务质量发生在服务生产和交易过程之中，是在服务企业与顾客交易的真实瞬间实现的，服务质量必须被顾客识别、被顾客认可，并且要有客观方法加以制定和衡量，更多地要按顾客主观的感受加以衡量和检验。同时，服务质量的提高需要内部形成有效管理和支持系统。服务质量的内涵应包括以下内容：

1. 服务水平

好的服务质量不一定是最高水平，管理人员首先要识别公司所要追求的服务水平。当一项服务满足其目标顾客的期望时，服务质量就可认为是达到了优良水平。

2. 目标顾客选择与确定

目标顾客是指那些由于他们的期望或需要而要求得到一定水平服务的人。随着经济的发展和市场的日益成熟，市场的划分越来越细，导致每项服务都要面对不同的需求。企业应当根据每一项产品和服务选择不同的目标顾客。

3. 连贯性

连贯性是服务质量的基本要求之一。它要求服务提供者在任何时候、任何地方都保持同样的优良服务水平。服务标准的执行是最难管理的服务质量问题之一。对于一个企业而言，服务的分销网络越分散，中间环节越多，保持服务水平的一致性就越难。服务质量越依赖于员工的行为，服务水平不一致的可能性就越大。

案例思考 **数字技术助力客户服务管理转型**

贵州燃气集团股份有限公司专业运营城市燃气20多年，是贵州省供气规模最大、管网覆盖区域最广、服务用户最多的城市燃气及综合能源供应服务商。但天然气开发与应用的高速发展为城镇燃气管理带来很多矛盾与冲突，例如规模化发展与客户个性化需求的冲突，急速增长的管道规模与安全性要求的冲突，庞大的信息与落后的信息管理方式冲突，复杂的客户管理模式与轻松的客户体验的冲突等。

2017年以来，贵州燃气集团股份有限公司致力以数字创新驱动集团战略发展。通过三年多的建设，公司依托云计算、物联网和大数据、人工智能等技术，在客户服务等主要业务领域进行数字化改造，通过构建一套适应企业经营发展的全业务数字化场景，提升集团集中化统一管理，面向燃气客户提供标准化服务，提高内部协同、监管效率。

为进一步提高数字客户全生命周期管理，2017年集团重建数字客服计费系统，同步推出移动作业App系统、微信公众号在线业务服务等工具，通过制定标准化客户服务主数据模型，建立标准的数据审核、估数、预估、出账等系统规则，实现了对贵州燃气68项客户服务工作标准化的业务流程再造，全面杜绝了人工计费、人工收费、现金收费、人工干预业务数据和销售报表等不规范管理现象，集团及各地燃气销售收入月报表每月最后一天由系统自动生成，提高了收入确认的准确性。

思考：先进的客户服务管理理念和标准有什么共性的特征？客户服务管理未来的发展方向有哪些？

（二）客户服务管理的概念

客户服务管理是指企业为了建立、维护并发展顾客关系而进行的各项服务工作的总称，其目标是建立并提高顾客的满意度和忠诚度、最大限度地开发利用顾客。

客户服务是一个过程，是在合适的时间、合适的场合，以合适的价格、合适的方式向合适的客户提供合适的产品和服务，使客户合适的需求得到满足，价值得到提升的活动过程。基于此，客户服务管理是了解与创造客户需求，以实现客户满意为目的，企业全员、全过程参与的一种经营行为和管理方式。它包括营销服务、部门服务和产品服务等几乎所有的服务内容。

客户服务管理的核心理念是企业全部的经营活动都要从满足客户的需要出发，以提供满足客户需要的产品或服务作为企业的义务，以客户满意作为企业经营的目的。客户服务质量取决于企业创造客户价值的能力，即认识市场、了解客户现有与潜在需求的能力，并将此导入企业的经营理念和经营过程中。优质的客户服务管理能最大限度地满足客户需求，增强客户的满意度，使企业在市场竞争中赢得持续的竞争优势，获得超额利益。

二、客户服务管理的内容

客户服务管理的过程比较复杂，不仅包括跟踪监测、绩效评价，还要在分析后做出及时而准确的反馈与响应，简单来说即收集信息、捕捉偏差、分析后果和协调管理四个过程。制定适合企业现状与发展的客户服务绩效测定指标体系并不是一个简单的工作，需要考虑企业现阶段各方面的实际情况，并结合企业在售前、售中和售后三个阶段所遇到的问题。因此，梳理与细化客户服务管理内容的重要性就显得尤为重要。客户服务管理的内容主要包括以下几个方面：

（一）服务要求管理

（1）服务要求记录，包括发生时间、要求描述、联系人、完成时间、要求人地址等。

（2）服务要求类型，包括咨询、查询、建议、请求、故障申告、投诉、走访、回访等。

（3）服务订单管理，规定服务订单各项目是否收费，适用的价格清单和折扣。其主要目的是能更好地把个性化、差异化服务有机地融入客户管理中去，能推动经济效益和客户满意度的提升。服务订单内容主要包括订单的类型、优先级别和订单时间。

（4）服务要求活动计划，即根据客户具体的服务要求，设计相关活动计划，包括活动时间、活动形式、活动内容等。

（5）问题解决方案管理，其着重关注与维护解决问题方案的执行状态，及时反馈与合理排除方案在执行过程中的突发状况。

（二）客户投诉建议管理

（1）受理人：对本次客户投诉建议提供服务的员工信息，以此确保客户投诉建议记录的准确度以及将对客户投诉建议的处理落实到人。

（2）服务的对象（客户）：提出投诉建议客户的具体个人信息，包括客户姓名、性别、联系方式、家庭住址等。

（3）投诉建议类型：客户提出投诉建议的类型。例如：

按投诉的原因划分：产品质量投诉、服务投诉、产品广告宣传投诉。

按投诉的行为型划分：极端激进投诉、消极抱怨投诉、负面宣传型投诉、温和阐述型投诉。

按投诉的目的划分：控告性投诉、批评性投诉、建议性投诉。

按投诉客户的表现划分：谈判型投诉、质量监督型投诉、受害型投诉。

（4）投诉建议内容：客户投诉建议的详细内容。

（5）涉及部门、员工：客户投诉建议所涉及的部门、员工信息的确认。

（6）受理时间：客户投诉建议发生（收到）的时间。

（7）服务时限：对不同类型客户投诉建议处理过程的各个环节的反应时间限制，或者说是从受理客户投诉到完成投诉处理的全过程的时间总和。

（8）服务过程：客户投诉建议的处理全过程信息。

（9）服务结果：对客户投诉建议的处理反馈意见，涉及部门、员工的答复处理情况。

（10）客户满意度：客户对投诉建议的处理结果的满意程度，以及一段时间后的客户跟踪调查反馈。

（11）其他信息：客户投诉建议管理的其他信息。

（三）维修与故障处理管理

（1）受理人：受理本次故障的员工信息。

（2）服务对象：发生故障的具体客户信息。

（3）故障类型：发生故障的类型。

（4）故障紧急程度：发生故障的级别。

（5）责任部门、员工：故障维修的责任部门和员工信息。

（6）受理时间：客户报告故障的时间。

（7）故障时间：机器设备发生故障的时间。

（8）服务时限：对不同类型、不同级别的故障处理过程的各个环节的反应时间限制。

（9）修复过程：修复故障的处理过程。

（10）修复结果：故障修复的结果。

（11）其他信息：本次故障的其他相关信息。

（四）客户问题信息管理

对客户的问题信息进行规范化的管理，以便对客户的各种问题进行分类处理分析，发现问题的焦点与共性，从而有针对性地改善企业的生产与服务。

客户问题信息包括：问题的编号、种类；问题申报的时间、地点、问题描述、期望获得的解决程度与结果、处理问题的时限；申报问题客户的姓名和联系方式；问题的处理跟踪以及问题处理过程与结果的信息汇总与反馈。

（五）客户咨询信息管理

客户服务管理必须对客户的咨询信息进行规范化与全程化的管理，以便对客户的咨询行为进行分类与分析，发现咨询的关键点与重复点，从而发现现有服务与产品中可能存在的共通性的问题以及新的商机。

客户的咨询信息包括咨询的编号、种类、咨询发生的时间与地点、咨询的目的、咨询人的姓名和联系方式等。

（六）客户建议信息管理

客户建议信息管理重点在于对客户的建议信息进行规范化管理，从而深度了解客户的需求，以便更好地为客户提供个性化、有重点的服务。客户的建议种类包括企业形象及文化建议、产品建议、技术建议、业务规则建议、业务发展建议和其他方面的建议等。

客户的建议信息包括建议的编号与种类、建议发生的时间、建议的内容、建议人的姓名与联系方式、对建议处理的跟踪、建议处理结果、建议处理的效果以及建议反馈等信息。

（七）客户回访信息管理

客户回访是企业用来进行产品或服务满意度调查、客户消费行为调查、进行客户维系的常用方法，由于客户回访往往会与客户进行比较多的互动沟通，因此是企业完善客户数据库，加强客户服务管理的有效补充。

客户回访信息管理的内容包括：回访的客户选择、回访时间、回访的员工安排、回访方式、回访内容、回访结果与效果、回访成本等。

三、客户服务质量管理的评价

微课：

客户服务质量的评价指标

（一）客户服务质量的评价指标

由于客户服务具有无形性与差异性等明显的特征，服务质量很难像有形产品质量那样进行科学而精确的测定、评价。美国学者贝利（Berry）、帕拉休拉曼（Parasuraman）及赞瑟姆（Zeithaml）等于 1985 年所提出的服务质量模型，归纳得出评价服务质量的五个主要评价指标，分别是：有形性、可靠性、响应性、安全性和移情性。

1. 有形性

有形性主要是指服务被感知的部分。由于服务的本身是一种行为过程，而不是某种实物形态，因而具有不可感知的特征。因此，客户正是直接通过服务中能被感知的有形的、可见的这部分来把握服务的实质。有形的、可见的这部分提供了有关服务质量的唯一参照，同时也是直接影响客户对服务质量感知的重要依据。

2. 可靠性

可靠性主要是指服务提供者准确无误地完成所承诺的服务可能性。客户认可的可靠性是最重要的质量指标，它与核心服务密切相关。许多以优质服务著称的服务企业，正是通过强化可靠性来建立与推广自己的声誉的。可靠性要求避免服务过程中的失误。如果企业在向客户提供服务过程中，因某种原因而造成差错，不仅会给企业带来直接的经济损失，而且会给企业带来形象与声誉上的影响，这种损失是无法估计的。

3. 响应性

响应性主要是指反应能力，即随时准备为客户提供便捷与有效的服务。如何快速地响应顾客的需求，并做出相应的行为是体现企业服务质量的重要指标。客户对服务质量的判断主要来源于其等待企业回复的时间间隔，单纯而简单地认为等待时间短，说明服务质量好，反之则说明服务不佳。因此，企业应重点关注客户对服务的反馈，提升服务传递的效率，缩短解决问题的时间，提高企业的客户服务响应能力。

4. 安全性

安全性主要是指客户服务人员的良好的服务态度以及其体现的胜任服务工作的能力。服务态度以及专业知识储备会直接影响客户的主观判断，从而直接影响客户对服务质量的评价。良好的服务态度与专业知识背景会使客户对企业以及其提供的产品产生足够的信心，对所获得的服务感到满意，反之则相反。

5. 移情性

移情性主要是指客户服务人员能进行角色的互换，设身处地地为客户着想，尽力地满足客户的合理要求。这要求客户服务人员能想客户之所想，急客户之所急，充分了解客户的实际需求，使服务的全过程更具人性化、充满人情味。

（二）客户服务质量的测定

美国学者贝利（Berry）等建立服务质量模型来测量企业的服务质量，具体的测量方式主要是通过对客户进行问卷调查的方式进行。该问卷包括两个相应的部分，一部分用来测量客户对企业所提供的服务的期望，另一部分用来测量客户对实际接收的服务的感受评价。每一个部分均包含有有形性、可靠性、响应性、安全性和移情性五个服务质量的内容。在问卷的设计过程中，每一个标准都具体化为5～10个的问题。很显然，客户想获得的服务与实际感受到的服务水平往往是有差距的，而两者之间的差异就是企业服务质量的分数，用数学公式即为：

服务质量分数＝客户实际感受分数－客户期望分数

单个客户的服务质量分数的数学公式即为：

单个客户的服务质量分数 $=(\sum$ 单个问题的服务质量分数$)/$ 问题的个数

评估企业的整体服务质量水平，实际上就是分别计算平均服务质量分数。假定有 N 个客户参加问卷调查，根据公式将单个客户的服务质量分数加在一起除以 N，就是企业的平均服务质量分数。

四、提升客户服务质量的对策

优质的客户服务质量是维护客户忠诚的最好的保证。服务质量的提升和服务内容的创新对保持客户的稳定性有着十分重要的意义。服务质量日益成为提高企业核心竞争力的关键与保证。提升客户服务质量需要系统的规划，从多个角度与层面进行重新的设计与实施。

（一）树立正确的服务理念

服务应该是企业基本经营理念的核心部分。在现代企业中的整个业务流程中，服务绝不仅是产品的一部分那么简单。服务不仅作为产品的一部分销售给客户，为企业带来利润，同时它也是企业与外部联系的一个接口，起到接收外部创造性意见的作用。只有树立起正确的客户服务理念，企业的客户服务工作才能有效地发挥作用，这样才能使企业有明确的发展目标与方向。企业的一切营销活动都要围绕“以顾客为中心”的核心思想，要把满足客户的个性化需求作为企业经营活动的根本出发点。如果企业只着眼于眼前的短期利益，那么即使企业考虑到了服务的重要性，并实施了服务措施，也难以获得令人满意的结果。因此，企业必须树立正确的服务理念，并将服务理念植根于日常经营活动中。

1. 客户服务就是为客户创造价值

客户所感知的价值取决于他购买产品或者服务时获得的收益与他付出的成本之间的差值，差值越大，客户得到的价值就越大。其中收益是指产品或服务对客户的作用。而成本可以是现金、时间或是为购买产品或服务所付出的努力。比如说，购买衣服一方面是为了保暖，一方面是为了满足个人对美的追求；购买电视机是为了追求享受；购买空气过滤器是为了净化空气：这些都是产品对客户来说具有的收益。而服务也同样对客户具有作用：软件是为了处理指定的任务；饭店的房间是为了入住休息；旅游度假景区可以使人放松休闲；买保险可以防止个人收入、投资及人身安全遭到意外；理发使人显得整洁；建议帮助解决问题。如果企业的产品或服务带给客户的好处比其他同类企业的产品要多而花费相同甚至更少，那么企业的产品或服务就具有更高的价值。与收益一样，成本也是影响价值的重要方面。价格是成本要素之一，如果企业能靠降低价格减少客户成本同时保持或增加客户所得收益，就能确保价值的增值。总之，要为客户创造价值，首先要依据市场的需求来界定客户利益，确定客户为获得产品或服务所要付出的代价，通过削减企业自身成本提高客户所拥有的价值，以便在竞争上处于优势，将价值的内容以对客户的承诺表现出来，制定量化的标准解决企业和客户的冲突。

2. 客户服务要以客户需求为导向

从本质上，企业所做的一切服务工作都应当紧紧围绕客户的需求来开展，满足客户需求是企业开展客户服务工作的出发点，也是企业开展客户服务工作的重点。企业应从以下几方面来把握客户服务工作的重点。

（1）对便利性的需求。生活节奏的加快和生活质量的提高，使人们对于便利的需求变得日益强烈，在不同的方面、不同的时间企业总能感受到客户对便利性的偏好。

（2）对获取并参与价格确定过程的需求。客户购买不同产品和不同生产商的产品，可以在几分钟内知道各自的价格和是否有货，有了掌上电脑和能上网的手机，可以很快了解到不同网上的零售商的价格，也能了解到离他不远处真正商店中的价格，这样客户就掌握了最新的价格信息。

（3）对产品制造过程透明度的需求。客户已不愿意接受看不到的商业过程，他们希望看到每个环节的进展情况。

（4）对及时的专业信息的需求。客户总是急于知道极为专业的信息，经专业人士挑选并注解的信息，现在外行人都读得到，越来越普遍的是，专业网站都开始提供精挑细选、加注解的信息和专业指导。

3. 客户的力量是万万不可忽视的

客户是企业销售体系的重要组成部分，是企业的重要资产之一。客户管理的实质就是如何有效地运营客户这项资产，对它进行开发、维护、运用并使其增值。企业往往认为单个客户的力量是微不足道的，往往在许多细节问题上忽略了客户的利益和要求，最终会酿成大错。无论什么时候以下几点都要牢记：客户的力量是不可忽视的；“千里之堤，溃于蚁穴”；要对客户进行准确的认识；要衡量客户的终生价值；客户的力量正日益增强；客户的要求需要企业回应。

（二）保持良好的服务态度

保持良好的服务态度，是企业营销活动的重要保障，也是企业提高服务质量的核心手段之一。只有做好服务，才能为企业赢得客户，提升企业的美誉度。一切服务的宗旨是让客户满意，目的是为成功销售和延续服务。企业想要获得良好的客户服务质量，最主要的是要保持良好的心态，以正确的态度对待顾客、服务客户。

1. 尊敬客户

是否尊敬客户是态度的第一步。不论客户的职业、身份、性别、年龄、学识等，客户终归是企业最重要的资源，是企业的“上帝”，是企业市场信息的来源。客户满意度决定了企业的产品是否符合市场需要，企业的服务能否满足市场的需求。与此同时，在销售过程中企业也必须得到客户的尊重和理解，而这一切都决定了首先就要尊重客户。

2. 换位思考

客户的需求并不是统一的，企业所提供的产品和服务不是总能适合每一位客户。所以，企业在营销过程中要学会换位思考。学会这种方法也能让企业对于客户的一些问题和做法不再无法理解，更能预先知道客户想要什么，从而能使企业营销工作更加得心应手，更为客户所接受。

3. 关心客户

没有人会拒绝别人的关心，企业应发自内心地去关心、帮助客户，客户可以从企业员工的言行举止中感受企业的诚意。当客户被企业打动、感动的时候，客户对企业的回报要远远超过其所购买的商品。与客户建立互相关心的感情关系会让企业营销工作活动永远一帆风顺。

4. 坦诚相待

要与客户坦诚相待，童叟无欺。客户最受不了的就是欺骗。一切以不正当的手段或方法欺骗和诱导客户的行为都是自断后路，失去了客户信任的行为必会使企业付出惨痛的代价。

5. 平等待客

无论生意大小，都要一视同仁、平等待客。千万不能因为客户购物的数量少、总价低而冷落客户，而对那些购买商品金额较大、数量多的客户过分地热情。始终如一地为其提供一致的服务是企业必须坚持的准绳。并且记住，没有永远的小客户和绝对的大客户。

6. 宽容理解

知识再渊博的客户，也不可能对所有商品都了解，况且每天都有新商品问世。所以，客户对某些商品缺乏了解，甚至有些看起来很幼稚的提问或异议是很正常的，这就需要销售人员的耐心、宽容和理解，更需要仔细的介绍。

（三）树立全程服务的观念

服务没有终点，是持续性、针对性的活动。细微、体贴式的服务植根于营销活动的全过程中，缺少任何一个环节均是不完美的。从日常的点滴细小事情做起、做好、做实、做完，有效重复优质服务，持之以恒。通过服务到最小细节来提升企业的整体服务质量，树立全程服务的营销观念，以此促进客户满意度的提高，进而提高客户的忠诚度与贡献度，以期实现企业与客户双赢。

（四）塑造客户服务的共同愿景

共同愿景又称共同远景，是指企业员工所共同持有的意象和景象，是企业所追寻的目标，它创造出众人一体的感觉，并渗入组织的所有活动中。建立共同愿景是企业经营理念的组成部分，建立在企业员工共同价值观之上，具有凝聚力、向心力、感召力，是凝聚全体员工最有力的措施。企业想要有效地实施服务战略，提高服务质量，需要使所有的员工在各自“个人愿景”的基础上建立一个企业的“共同愿景”，并以此“共同愿景”来激励员工的思想与行为。客户是企业的重要的资源，是企业持续不断利润的来源，企业要建立

“顾客至上”的服务理念，必须要以在企业及全体员工中塑造客户服务的共同愿景为前提，促使员工真正用投入与奉献的精神对待客户，提升客户对服务的认可与赞赏。

塑造客户服务的共同愿景，企业必须做到：

（1）要强化客户服务的理念。企业如果不投入，就没有理由要求员工投入。

（2）对客户的服务项目描述必须简单、诚实而中肯。不能片面夸大好的方面而隐藏产品的缺陷，坚持以客户需求为中心。企业管理者要与员工平等地沟通与交流，使他们认识到客户服务的重要性。

（3）要让企业员工有自由选择的权利。不要试图强迫员工去接受企业的服务理念，要让他们自由、自主的认识到服务对企业发展的重要作用。

任务二　客户信用管理

企业客户信用直接关系到货款回收的数额与速度，进而影响企业的财务状况。因此，客户信用管理是企业客户管理的重要组成部分。

一、客户信用管理的概念

客户信用管理是对客户信用的管理，是指在客户信用信息收集和分析的基础上对客户的信用状况进行把握，并运用信用管理的专业技术，扩大信用消费、防范信用风险的行为。

二、企业信用管理的目标

（一）降低赊销风险，减少坏账准备

微课：

企业信用管理的目标

作为一种商业信用和企业流动资产的一个重要项目，随着市场经济的发展，赊销行为将会越来越多。虽然赊销具有增加销售、扩大市场占有率以及减少库存、降低存货风险和管理开支等功能，但是赊销也存在以下弊端：虚增企业的经营成果；加速企业的现金流出；延长企业的营业周期；加大企业坏账损失的可能。赊销是一把双刃剑。如何在充分利用其扩大销售等功能的基础上，尽可能地降低赊销成本，控制赊销风险，是各个企业必须认真面对的问题，同

时也是企业进行客户信用管理的目标之一。

（二）降低 DSO，加快流动资金周转

销售变现天数（day sales outstanding，DSO）为每笔应收账款的平均回收天数，即把赊销转化为现金所需要的时间。其是企业衡量赊销工作与客户信用管理最重要的指标，可以从侧面反映企业应收账款管理效率的高低。为了鼓励客户快速回款，加速资金周转，压缩应收账款的规模，提高资金运营效率，很多企业特别关注销售变现天数的管理，并将 DSO 列入企业财务管理的重要对象。测量企业应收账款的运转速度的有效指标是资金积压时间，其公式表示如下：

资金积压时间＝存货转款期＋应收账款周转期－应付账款周转期

此公式表明，要加快资金周转速度，有效的途径在于减少库存，减少应收账款，增加应付账款。

三、制定企业信用政策

企业要控制信用风险，管好应收账款，必须事先制定好合理的信用政策。企业的信用政策主要包括信用标准、信用条件、信用额度等方面。

（一）信用标准

信用标准是企业同意向客户提供商业信用而提出的基本要求，通常以预期的 DSO 和坏账损失率作为评价的标准。因为信用标准的设置直接影响到对客户信用申请的审批，所以根据本企业自身的资金情况和当时的市场环境，确定适宜的信用标准也是企业制定信用管理政策过程中的重要一环。

企业应该制定一个合乎情况的科学的信用标准。确定信用标准的主要因素应包括竞争对手的情况、客户分析情况、市场营销战略、库存水平和其他历史经验等。企业的信用标准应该是在对收入和成本认真权衡的基础上慎重确定的，过严或过松的信用标准都不是明智之举，而且企业信用标准也需要随企业、行业、市场情况变化而不断修订。如果较为严格的信用标准会使损失的销售毛利大于企业所希望避免的应收款持有成本，那么企业就应该适当放松信用标准；反之，如果较为宽松的信用标准会使应收款持有成本高于取得的销售毛利，那么企业就应当适当施行较为严格的信用标准。

（二）信用条件

信用条件是企业要求客户支付赊销款项的条件，它由信用期限和现金折扣两个要素组成。在实践中，经常使用诸如 2/10、n/30 等销售专业语言来表示企业的信用条件，这些信用条件表达了不同的信用期限和现金折扣政策。例如，2/10、n/30 所表达的信用条件

是，客户如果在 10 天内付款可按发票金额给予 2%的折扣，超过 10 天便不享受该折扣，但付款总期限不得超过 30 天。在这里，30 天为信用期限；10 天为折扣期限；2%为现金折扣。一般来说，企业的信用条件是遵循本行业的惯例，基于一定的外部经济环境，充分考虑到本企业自身实力的情况下，本着提高最终效益和提高竞争力的指导思想确定的。给客户的信用条件如何，直接影响甚至决定着企业的应收账款持有水平和规模。

1. 信用期限

信用期限是企业为顾客规定的最长付款时间。确定适宜的信用期限是企业制定政策时首先需要解决的问题，它是通过对不同信用销售方案进行分析和计算所得出的结果。信用期限对应收账款发生和管理的影响是非常明显的。较长的信用期限，意味着给客户以更优越的信用条件和使 DSO 变长，自然会刺激客户的购货热情，吸引更多的客户，实现更多的销售额。应收账款水平的增高，既给企业带来了扩大市场份额和增加销售额的好处，也给企业带来了风险，导致相关的管理成本、机会成本和坏账风险，特别是机会成本的增加。相反，较短的信用期限虽然减少了持有应收账款相关的成本，但直接影响了企业的销售规模，增加了库存压力，长此以往，如果竞争对手的信用期限比较灵活而且信用管理水平较高的话，可能会使本企业在市场竞争中失败。合理的信用期限应当着眼于使企业的总收益达到最大，理论上的信用最低限度应该是盈亏平衡。

影响信用期限的主要因素包括：

（1）企业的市场营销战略。

（2）行业普遍的信用期限。

（3）客户的资信水平和信用评级。

（4）企业本身的资金状况。

企业在实际操作中，可根据行业平均 DSO，结合企业本身的市场竞争态势设定资金的 DSO 目标，然后再根据客户的信用等级授予客户的信用期限。可以利用以下公式进行计算：

客户信用期限＝行业平均 DSO×企业修正系数×客户信用等级系数

例如：行业的平均 DSO 为 80 天，A 企业在行业竞争中处于强势状态，决定采用较紧的信用政策，企业修正系数定位 0.8，而客户信用期限系数可用表 7－1 作为参考。

表 7－1 客户信用期限系数表

风险等级	加权分值	风险程度	客户信用期限系数
CA1	4.1～5.0	很小	1.6～2.0
CA2	3.1～4.0	较小	1.1～2.0
CA3	2.1～3.0	中等	0.5～1.0
CA4	1.1～2.0	较高	0.1～0.4
CA5	0.1～1.0	很高	0

另外，企业也可采用边际收益法和净现值流量法进行分析。

（1）边际收益法。边际收益法的基本思路是：首先按以前年度的信用期限、本行业的信用期限或假定信用期限为零，设计一种基准信用期限作为分析基础，然后确定适当延长或缩短信用期限的几个方案，并测算更改信用期限后的边际成本和边际收益，最后按照边际收益大于边际成本的原则，选择最适宜的信用期限。

例如：某企业过去一直按照行业惯例采用 30 天的信用期限，现根据有关情况变化，拟将信用期限放宽至 60 天。假设该企业投资报酬率为 10%，其他有关资料见表 7-2。

表 7-2 边际收益法的应用举例

项目	信用期限	
	30 天	60 天
销售额（元）	1 000 000	1 200 000
变动成本（元）	800 000	960 000
边际贡献（元）	200 000	240 000
可能发生的收账费用（元）	6 000	8 000
可能发生的坏账损失（元）	10 000	20 000

本案例中，

边际收益＝240 000－200 000＝40 000（元）

边际成本＝（1 200 000－1 000 000）×(60－30)×(10%÷365)＋(8 000－6 000)
＋（20 000－10 000)＝13 643.84（元）

由于边际收益 40 000 元大于边际成本 13 643.84 元，因此应该选择 60 天期的信用期限。

（2）净现值流量法。净现值流量法的基本思路是：以各信用期限的日营业净现值为标准来决定信用期限的决策方法。在该方法下，日营业净现值的计算公式为：

$$NPV=\frac{PQ(1-b)}{(1+k)^t-CQ}$$

公式中：NPV——日营业净现值；

P——产品单价；

Q——产品日销量；

C——产品单位成本；

b——坏账损失率；

k——日利率；

t——平均收账期

首先计算在不同信用期限条件下日营业净现值的大小，然后将所得结果进行比较，选择日营业净现值大的信用期限作为适宜的信用期限。

2. 现金折扣

现金折扣是指在信用销售方式下，企业对于客户在规定的短时间内付款所给予客户发票金额的折扣，以鼓励客户及早付清货款。

现金折扣是企业信用条件中另一个重要组成部分。企业信用管理部门给予客户的现金折扣中包含着两个要素：折扣期限和折扣率。折扣期限指的是在多长时间内给予客户折扣优惠；折扣率指的是在折扣期限内给予客户多少折扣。例如：2/10 的现金折扣政策表明，如果客户在 10 天内付款，将获得货款总额 2%的折扣优惠。

一个企业既可以制定单一的现金折扣政策，也可以制定多种折扣方式的现金折扣政策。例如，作为卖方的厂家在信用条件中做出 3/10、2/20、n/30 的现金折扣规定。规定表明，客户的信用期限为 30 天；如果客户能够在 10 天内付清货款，可享受整个货款 3%的折扣优惠；如果客户能在 20 天内付清货款，则可以享受整个货款 2%的折扣优惠；如果客户在 20 天以上、30 天以内付款，将得不到任何的折扣优惠；如果客户在 30 天以后付款，则表明客户将违约，可能会受到违约处罚。

现金折扣政策的作用是双向的。首先，给予一定的现金折扣，是吸引客户的重要方式之一，从而使企业的销售规模扩大；其次，现金的折扣越高，越能鼓励客户尽早付款，这在一定程度上减少了企业应收账款的持有规模；再次，较长的折扣期限将会扩大应收账款规模，延长收款时间；最后，推行一定的现金折扣政策销售企业要付出一定的代价。

（三）信用额度

信用额度又称信用限度，也是企业信用政策的一个组成部分。信用额度包括企业发放给客户群体的总体信用的额度和发放给某一具体客户的信用额度两个方面。就企业总体来说，信用额度是指企业基于自身的资金实力、销售政策、最佳生产规模、库存量等因素，以及受到在来自外来的竞争压力而确定的可对客户发放的信用销售额度。企业应通过认真地计算和参考以往的经验，确定一个科学的总体信用额度，并以此指导和控制企业的信用销售的应收账款持有水平。

信用额度在一定程度上代表企业的实力，反映其资金能力，以及对客户承诺的可容忍的赊账和坏账的风险。其额度过低将影响企业的销售规模，并势必相应地增加客户的交易次数和交易费用。但是，信用额度过高会加大企业的收账费用后和坏账风险。因此，企业信用管理部门应根据自身的情况和市场环境，合理地确定信用额度。

为客户确定信用额度的方法有很多，一般应根据客户的信用等级，选择使用下列方法：

1. 根据收益与风险对等的原则确定

根据收益与风险对等的原则确定给予某一客户的信用额度，也就是根据某一客户的预计全年购货量和该产品的边际贡献率测算企业从该客户处获取的收益额，以该收益额作为每次该客户的赊购限额，前账不清，后账不赊。

2. 根据客户营运资本净额的一定比例确定

客户在一定的生产经营规模下，其流动资产减去流动负债后的营运资本净额也是大致稳定的。由于营运资本净额可看作是新兴债务的偿付来源，因此，企业可以根据客户的营运资金规模，考虑客户从本企业购货的比重，确定以客户营运资本净额的一定比例作为该客户的信用额度。

3. 根据客户清算价值的一定比例确定

清算价值是客户因无力偿债或其他原因进行破产清算时的资金变现价值。清算价值体现了客户偿债的最后保证。如果客户的清算价值减去现有负债后尚有剩余，企业可以向该客户提供信用，信用额度可按照清算价值的一定比例确定。

设定客户的信用额度还应满足以下条件：

（1）信用额度不应超出客户净资产，以防客户无力承担债务，而且在大多数情况下，信用额度仅占客户净资产的一小部分。

（2）信用额度不应超出客户的流动资金，如果客户流动资金不足，必须对客户的净资产进行分析评估。

案例思考

老客户也会发生信用风险

在国际贸易中，出于对长期合作产生的信任，我国出口企业往往容易忽略老客户的信用风险，但老买家一旦失信，可能直接导致出口企业遭受重创，轻则账面资金短缺，重则资金链断裂，经营难以为继。中国信保在处理案件的过程中，就遇到了这样一个典型案例。

2023年3月至4月，河北纺织品出口企业M公司按照与香港买方Y公司的合同约定，陆续向意大利发送2票货物，总金额9.4万美元，约定支付方式为DP40天。Y公司提货后以到手货物尺码、颜色不全为由，要求M公司继续出货。考虑到双方已合作近3年，且确有后续交易约定，M公司安排第3票货物出运，金额为2.8万美元，该票货物于2023年6月到港。M公司在货物到港前后多次要求买方如约付款，买方始终以资金紧张为由要求暂缓提货和延期支付。3个月后，买方改口称由于滞港费用过高拒绝提货。2023年11月，M公司向中国信保报损，此时Y公司已基本不再回复M公司的催款邮件。

在收到M公司报损后，中国信保立即开展调查追讨，反复向Y公司质询，Y公司拒绝回应前2票货物的付款情况，并称M公司最后1票存在迟出运货行为且货物未按要求分类，因此拒绝提货，但始终未就其主张进行举证，并且态度恶劣、拒绝配合工作。从M公司与Y公司的邮件记录可看出，Y公司提货意愿不强，且反复找各种借口回避提货及付款义务。

鉴于前 2 票出运货物属拖欠，同时第 3 票拒收滞港货物已缝入 Y 公司定制的标志，无法转卖，且截至 2024 年 1 月货物滞港费用已近 4 万美元，考虑到继续拖延将导致滞港费用大幅增加，在中国信保协调下，2024 年 2 月，M 公司与 Y 公司达成折扣金额为 4.5 万美元的和解方案，约定 M 公司先将第 3 票货物放单给 Y 公司，Y 公司支付滞港费用后提货并在提货后 1 个月内付清货款。在中国信保和海外渠道反复催促下，买方于 2024 年 4 月提货，并于 2024 年 6 月支付了折扣后的剩余货款 5.5 万美元。

思考：企业如何面对信用管理构建风险管理机制？当遭受信用风险时，企业应该如何避免遭受更大的损失？

四、追账策略

一旦应收账款无法按期收回，企业必须采用适当的措施追回货款，尽可能地降低应收账款变成坏账的可能性，使企业的损失降到最低。追账的基本办法有以下四种：

（一）企业自行追账

企业自行追账有助于及时解决债务纠纷，避免长期拖欠的产生。气氛比较友好，有利于双方今后合作关系的发展。

1. 企业自行追账的基本方法

（1）函电追账。企业自身的追账员通过电话、传真、信函等方式向债务人发送付款通知。函电追账方式简便、易行，企业可以委派内部人员独立操作，无须经过仲裁司法程序，可以省去一定的时间和费用；但力度较小，不易引起重视。

（2）面访追账。企业自身的追账员上门访问，直接与债务人交涉还款问题，了解拖欠原因。面访追账属于比较正规、有力的追讨方式，但耗时多、费用高，异地追账不易采用。

（3）“IT”追账。企业利用电子邮件向债务人发送追讨函，或与其交流意见。“IT”追账速度快，费用低，可以双向交流。企业用电子邮件将付款通知书发给债务人，债务人转发给自己的分销商，分销商加注意见后再转发给这家企业。电子追账是未来追账的优先选择。

2. 企业自行追账的辅助方法

（1）采用对销售商和购买商都有利的现金折扣。如果一个销售商借款的年利率为 12%，那么向他提供 2%的现金折扣和等待为期 60 天的延期付款者成本相等。

（2）向债务人收取惩罚利息。拖欠货款在其超过最后付款日的时间会发生非计划性的利息支出，将这些额外成本转嫁给债务人负担是合理的。实际中使用的利息率应带有一定的惩罚性。

(3) 对已发生拖欠的客户停止供货，并加以特殊管理。在客户不能支付货款的条件下，企业继续为其供货，这表明企业单方面自愿承担客户拖欠货款带来的所有损失。

(4) 取消原来给予客户的信用额度。如果客户不能按照合同履行付款责任，企业应该及时改变、收回或取消其原有的信用额度，将其划入特殊管理客户名单。

(5) 处理客户开出的空头支票。客户付款的支票遭银行拒付时，应引起企业的特别注意，千万不要把遭拒付的银行支票直接退给客户，应将支票留档，在之后的债务诉讼时，支票将成为对债务人（客户）进行债务追讨的有力证据。

3. 企业自行追账的特殊策略

(1) 长期客户、重要客户。这些客户是企业的主要供货对象，对于其出现的付款问题应重点管理和应对。企业自行追账可以采用的特殊策略：企业财务负责人或财务主管亲自上门负责追账，了解企业在付款过程中所出现的问题，以便及时解决，特殊问题特殊处理；在所有的欠账企业中，优先解决重要客户的争议与问题。

(2) 一般客户。对于一般客户的收账程序：根据其信用限额，欠款超过规定的天数停止发货。

(3) 高风险客户。对于多次出现逾期交付货款或一次性货款较高的客户，应立即停止供货，密切关注其动态，并加以追讨。

（二）委托追账

债务纠纷发生后，企业可将逾期账款追收的权利交给专业收账机构，由其代理完成向债务人的追收工作。目前，国际上的欠款大都是依靠各国收账机构相互代理、协助完成的，比例达到60%以上。

1. 委托追账的基本方法

(1) 专业追账员追账。专业追账机构接受企业的委托后，首先要对该账务进行调查核实，制定相关的追讨策略；然后由追账人与债务人直接接触、商洽，并通过多种途径向其施加压力。

(2) 律师协助非诉讼追账。律师作为法律顾问参与追账，负责与债务人律师的交涉和重要文件的起草工作。

(3) 诉讼追账。追账机构可以协助企业采取法律行动，一般由追账机构的长期签约律师受理案件，这些律师有着良好的信誉和丰富的工作经验，而且部分律师可以免收或事后收取调查费。

(4) 申请执行仲裁裁决。追账机构可以协助企业向法院申请执行仲裁裁决。

2. 委托追账的特点

(1) 追收力度大。专业机构大都采用自身的专业追账员或代理机构在债务人当地进行追讨，无论是从追收形式、效果上，还是从对债务人的心理压力上，都远远高于企业自行追债的力度。

（2）处理案件专业化。专业机构在处理债务问题方面具有相当丰富的经验和知识，对于每一个拖欠案件，都会制定一套包含多种手段的追讨方案，包括对案件的分析评估，与债务人的直接接触，协商，通过多种途径施加各种压力；律师协助追讨、代理诉讼、申请执行仲裁裁决。

（3）节约追债成本。在自行追讨无法取得实际效果时，如果直接诉诸法律，一般费用较高，程序复杂而且漫长，即使胜诉也不易执行，因此企业较少采用。而专业追账机构一般采取“不成功，不收取佣金”的政策，最大限度地为企业承担追账风险，减小损失。

（4）缩短追账时间。企业自行追讨时，由于不熟悉当地的法律和有关商业惯例，往往费时费力却收效甚微。而专业追账机构一般委托债务人当地的追账员或追账代理进行追讨，他们熟悉当地法律法规，与债务人没有语言文化的障碍，便于沟通和协调，能够提高追讨效率，较快收回欠款。

3. 委托追账的步骤

（1）选择资信状况良好的追账机构。详细了解追账机构的注册背景、注册资本、行业资格以及追账网络。

（2）向追账机构提供案情介绍。这包括债务人的名称、地址、目前经营状况、债务的金额、时间及案情经过。

（3）听取追账机构对案件的分析评估及处理建议。追账机构根据企业提供的案情介绍，运用债务分析技术对案件进行分析评估，并向企业解释分析结果，提供适合该案件的追讨建议。如果企业对债务人的现状不了解，或欠款金额较大，可以先委托追账机构做一次债务人偿债能力的专项调查。

（4）协商佣金比例。追账机构根据债务的金额、时间、地点及综合评价结果核算佣金比例，与企业协商确定佣金比例。

（5）办理委托手续。委托双方签署《商账追收委托协议》和《授权委托书》，企业预付一定的立案服务费。

（6）向追账机构提交债权文件。企业应向追账机构提交有关债权的证明文件：合同、发票、提单、往来函电、债务人签署的付款协议等。

（7）接受追账公司的进展报告，及时给予配合。随着追讨过程的进程，追账机构定期向企业汇报进展征求意见，企业应及时作出追讨指示。委托双方保持沟通，积极配合，适当调整追讨策略，以实现成功收款的目的。

（8）结算。追回欠款后，委托双方应及时结算。还款直接汇到追账机构账户的，追账机构扣留佣金，余款应在10个工作日之内向企业汇出；还款直接汇到企业账户的，企业应在10个工作日内向追账机构汇出佣金。

（9）结案。追回欠款后，或由双方同意终止委托协议，追账机构应向企业提交正式的结案报告。

（三）仲裁追账

1. 仲裁追账的基本方法

债权债务双方可根据债务纠纷发生前或者债务发生后双方所达成的书面协议，自愿将争议交给双方都同意的仲裁机构，由仲裁机构根据双方协议的授权审理争议，并做出对双方均有约束力的裁决。仲裁不具有诉讼的属性，但它也是解决经济纠纷的重要手段。

2. 仲裁追账的特点

（1）仲裁是以双方当事人的自愿约定为基础，如果债权债务双方没有仲裁协议，仲裁程序不可能发生。

（2）仲裁机构是民间性的组织，不是国家的行政机构或者司法机关，它对商务纠纷案件没有强制管辖权。

（3）仲裁裁决具有终局性，对双方当事人都有约束力，任何一方不得就同一标的或事由再次申请仲裁。

3. 仲裁追账的具体程序

（1）仲裁的申请和受理，包括：申请、受理、答辩和反请求、财产保全、委托代理。

（2）组成仲裁庭，包括：仲裁庭的组成、仲裁员的回避。

（3）仲裁审理与裁决，包括：开庭审理、证据的收集和调查、证据的保全、辩论、和解、调解、裁决、仲裁笔录。

（4）裁决的执行。仲裁裁决一经做出，当事人应当依照裁决规定的期限和内容自动履行。如果一方当事人逾期不履行，另一方当事人可以向被申请人住所或者财产所在地的中级人民法院申请强制执行。如果被执行的财产在国外，申请人可以委托专业追账机构或律师，向被执行财产所在地的法院申请执行。我国已于 1987 年正式加入《纽约公约》，因此，我国涉外仲裁机构做出的裁决可以在世界上已加入该公约的成员国得到承认和执行，这为解决国际债务纠纷提供了便利条件。

（5）仲裁裁决的司法审查，包括：仲裁裁决的撤销、仲裁裁决的不予执行。

（四）诉讼追账

1. 诉讼追账的基本方法

债务纠纷发生后，债权人或债务人中的一方可向法院提出诉讼请求，由法院根据诉讼程序和有关法律规定审理案件，并做出对双方具有法律强制执行力的判决。

2. 诉讼追账的特点

（1）必须是因自身的权利受到侵犯或因债权债务关系与客户发生争议，或本案的直接利害关系人才有资格作为案件的原告。

（2）必须有明确的被告。

（3）必须有具体的诉讼请求和事实、理由。

（4）必须是属于法院受理的范围和管辖的案件。

3. 诉讼追账的具体程序

（1）起诉与受理。

（2）审理前的准备，包括：向当事人送达起诉状副本和答辩状副本；告知当事人有关的诉讼权利义务和合议庭的组成人员；认真审核诉讼材料，调查收集必要的证据；追加当事人。

（3）开庭审理，包括：开庭前的准备、法庭调查、法庭辩论、评议和审判、按期限审结。

（4）执行。

任务三 客户关系管理

客户关系管理是营销人员的重要职责与工作内容。通过科学而又有效的分析和管理，企业营销人员可了解并掌握客户的整体销售状况及其发展动态，以对市场需求做出正确的判断，并及时采用相应的对策，践行以客户为中心的经营理念，提高企业的销售业绩。对于生产型企业而言，中间商客户的选择与关系管理显得尤为重要，这也是本任务的研究重点。

一、客户关系概述

（一）客户关系的概念及特征

客户关系是指企业为实现经营目标，主动与客户建立起的某种联系。这种联系可能是单纯的交易关系，可能是通信联系，也可能是为客户提供一种特殊的接触机会，还可能是为双方利益而形成某种买卖合同或联盟关系。

客户关系具有多样性、差异性、持续性、竞争性、双赢性的特征。它不仅可以为交易提供方便，节约交易成本，也可以为企业深入理解客户的需求和交流双方信息提供机会。

（二）客户关系的主要类型

1. 买卖关系

企业与客户之间的关系维持在买卖关系水平，客户将企业作为一个普通的卖主，销售被认为仅仅是一次公平交易，交易目的简单。企业与客户之间只有低层次的人员接触，企业在客户企业中知名度低，双方较少进行交易以外的沟通，客户信息极为有限。客户只是购买企业按其自身标准所生产的产品，维护关系的成本与关系创造的价值均极低。无论是企业损失客户还是客户丧失这一供货渠道，对双方业务并无太大影响。

2. 供应关系

企业与客户的关系可以发展成为优先选择关系。处于此种关系水平的企业，销售团队与客户企业中的许多关键人物都有良好的关系，企业可以获得许多优先的甚至独占的机会，与客户之间信息的共享得到扩大，在同等条件下乃至竞争对手有一定优势的情况下，客户对企业仍有偏爱。在此关系上，企业需要投入较多的资源维护客户关系，主要包括给予重点客户销售优惠政策、优先考虑其交付需求、建立团队，加强双方人员交流等。此阶段关系价值的创造主要局限于双方接触障碍的消除、交易成本的下降等“降成本”方面，企业对客户信息的利用主要表现在战术层面，企业通过对客户让渡部分价值来达到交易长期化的目的，可以说是一种通过价值向客户倾斜来换取长期价值的模式，是一种“不平等”关系，客户由于优惠、关系友好而不愿意离开供应商，但其离开供应商并不影响其竞争能力。供应关系的核心是价值在供应商与客户之间的分配比例和分配方式。

3. 合作伙伴

当双方的关系存在于企业的最高管理者之间，企业与客户交易长期化，双方就产品与服务达成认知上的高度一致时，双方就进入了合作伙伴阶段。在此阶段，企业深刻地了解客户的需求并进行客户导向的投资，双方人员共同探讨行动计划，企业对竞争对手形成了很高的进入壁垒。客户将这一关系视为垂直整合的关系，客户企业里的成员承认两个企业间的特殊关系，他们认识到企业的产品和服务对他们的意义，有着很强的忠诚度。在此关系水平上，价值由双方共同创造，共同分享，企业对客户成功地区别于其竞争对手、赢得竞争优势发挥重要作用。双方对关系的背弃均要付出巨大代价。企业对客户信息的利用表现在战略层面，关系的核心由价值的分配转变为新价值的创造。

4. 战略联盟

战略联盟是指双方有着正式或非正式的联盟关系，双方的目标和愿景高度一致，双方可能有相互的股权关系或成立合资企业。两个企业通过共同安排争取更大的市场份额与利润，竞争对手进入这一领域存在极大的难度。现代企业的竞争不再是企业与企业之间的竞争，而是一个供应链体系与另一个供应链体系之间的竞争，供应商与客户之间的关系是

“内部关系外部化”的体现。只有企业与客户之间彼此具有重要意义且双方的谈判能力都不足以完全操控对方，互相需要，又具有较高的转移成本，建立合作伙伴以上的关系才是恰当的。而对大部分企业与客户之间的关系来说，优先供应商级的关系就足够了。因为关系的建立需要资源，如果资源的付出比企业的所得还多，那么这种关系就是奢侈的。

二、客户关系管理概述

企业对客户关系管理应用的重视来源于企业对客户长期管理的观念。这种观念认为客户是企业最重要的资产并且企业的信息支持系统必须在给客户以信息自主权的要求下发展。成功的客户自主权将产生竞争优势并提高客户忠诚度，最终提高企业的利润率。

1999 年，高德纳咨询公司提出了 CRM 概念（Customer Relationship Management）。其字面意思是客户关系管理，但其深层的内涵却有许多的解释。

（1）CRM 为企业提供全方位的管理视角；赋予企业更完善的客户交流能力，最大化客户的收益率。

（2）CRM 是企业为提高核心竞争力，达到竞争制胜，快速成长的目的，树立以客户为中心的发展战略，并在此基础上展开的包括判断、选择、争取、发展和保持客户所需的全部商业过程；是企业以客户关系为重点，通过开展系统化的客户研究，通过优化企业组织体系和业务流程，提高客户满意度和忠诚度，提高企业效率和利润水平的工作实践；也是企业在不断改进与客户关系的全部业务流程，最终实现电子化、自动化运营目标的过程中，所创造并使用的先进的信息技术、软硬件和优化管理方法、解决方案的总和。

（3）CRM 是源于“以客户为中心”的新型商业模式，是一种旨在改善企业与客户关系的新型管理机制；是一项企业经营战略，企业据此赢得客户并且留住客户，让客户满意，通过技术手段增强客户关系，并进而创造价值，最终提高利润增长的上限和底线。

综上所述，客户关系管理（CRM）有三层含义：

（1）体现为新形态企业管理的指导思想和理念。

（2）创新的企业管理模式和运营机制。

（3）是企业管理中信息技术、软硬件系统集成的管理方法和应用解决方案的总和。

案例思考　数字化客户关系管理 CRM，海底捞凭它做到了年营业额 30 亿元

传统企业需要用数字化客户关系管理 CRM 来重新构建一个真正以客户为中心的、跟客户信息对称的、零距离的一套营销服务体系。要重视客户体验，用互联网思维对待客户，改变旧的关系。

数字化客户关系管理 CRM 最大的价值就是为企业建立“客户池”，永久留住客户，规范客户信息的收集和管理，为决策层和管理层提供客户分析数据，便于提供更好的服务和

有效的支撑业务运营。对企业管理层而言，管理者可以随时随地访问和查阅公司业绩进展状况，可以对订单、收款，审批等进行持续关注，通过掌握销售人员工作状态，形成统一的完整销售管理和支撑体系。同时，该系统能帮助一线销售人员利用碎片时间即可随时随地更新客户信息，云端文档、拜访记录、报销申请、提交订单等，帮助销售人员将企业各部门人员搬上了网络进行信息分享，让销售人员无论出差在何处都能感受到“不是一个人在战斗”。最终帮助企业提高管理效率，创造更多业绩，赢得更多利润。

数字化客户关系管理CRM上线后，所有数据证明了CRM发挥的极大贡献：人员实访率超过了92%；每天人均拜访门店数量约20家；主管协访（路线辅导）率接近10%；拜访下单率也达到30%左右。这让一个传统的服务型餐饮企业华丽转身为“互联网+”餐饮企业。

思考：客户关系管理在企业营销管理过程中表现出哪几个方面的作用？先进技术与企业管理理念的融合，企业更应该从哪些方面入手提高客户关系管理的能级？

三、客户关系管理的功能

（一）客户信息管理

企业的客户关系管理要尽量搜集大量的、完整的、全面的客户信息资料，并借用先进的管理手段与设备建立客户档案。这里的管理不仅是指简单地登记客户的信息，在此之后还要不断地进行动态的修改与调整。不断地登记、不断地调整、不断地整理、不断地分析，发现客户的需求，这样才是高效的客户信息管理。

（二）市场营销管理

市场营销管理有四项主要工作：市场调研、市场细分、目标市场和市场定位。

（1）市场调研，包括企业对客户的调研。

（2）市场细分，要对企业的所有客户进行分类，将企业的目标客户进行锁定。

（3）目标市场，企业无法顾及整个市场份额，只能选取其中的一部分作为自己的目标市场。

（4）市场定位，企业将自己定位在哪个层次，客户将企业定位在哪个层次。

（三）销售管理

客户关系管理能明确地指出客户的有效需求，促进企业销售团队的建设。团结、高效的销售团队能极大地促进企业销售业绩的提升，有助于企业的良好经营。

（四）服务管理与客户关怀

客户关系管理有利于企业进行服务管理并推动客户关怀。服务管理是对客户服务进行全面、全程的跟踪，切实实施客户关怀。服务管理一般包括服务任务管理、服务跟踪管理、客户关怀管理、客户投诉与反馈管理等功能。服务管理从收到客户的服务请求开始，全程监控服务任务的执行过程，保证服务的及时性与高质量。

微课：

客户管理的作用

四、客户关系管理的作用

客户关系管理可以通过对业务流程的全面管理来优化资源配置、降低成本；还可以通过提供优质的服务来吸引与维持更多的客户，增加市场份额；最后，通过客户关系管理，可以更贴近客户，获取更多的客户与市场的需求，提升企业产品的性能与市场适应性。客户关系管理的具体作用如下。

（一）客户管理统一化

对于企业而言，客户的分布总是分散的，没有哪一个部门可以全面掌握客户的整体信息。例如：销售部门掌握着企业客户基本信息与需求信息；财务部门掌握着客户资金信息与信用信息；生产部门和物流部门只知道根据订单生产与配送。企业的各部门如果信息沟通不顺畅、关系不协调，就会给企业客户管理带来诸多不便。客户管理的首要目的是打破部门间的信息壁垒，整合原本属于企业各个部门分散管理的客户信息，将它们通过计算机技术、网络技术等进行信息的整合，为企业整体运行提供共享的全面信息资料，协调各部门的信息运用关系，并可以为企业合作伙伴提供信息支持，保证供应、生产、销售、服务的良性运转。

（二）提高客户管理能力

客户关系管理的对象是客户，实施主体是企业。稳定现有的客户关系是企业客户关系管理的根本出发点，同时也是客户关系管理的第一目标。与客户建立良好、稳定的关系是确认企业客户类别的前提与基础。通过客户关系管理，企业能够根据客户的行为变化等在第一时间把握市场状况与客户变化情况，应时而变，使企业处于客户关系管理的主动地位，稳定客户关系。因此，企业应通过客户关系管理的实施，提高客户管理的能力。按全球最大的管理咨询公司和技术服务供应商埃森哲的观点，企业50%的回报来源于企业八项关键的能力，其重点是了解客户对企业利润的价值，建立有效的客户服务管理。

（三）提高企业的市场竞争力

客户关系管理有利于企业营销合理化的实现，保持企业与客户良好的互动，可以有效整合各项资源，规避市场风险，提高企业竞争力。其主要表现为：

（1）通过与合适客户的稳定关系，确定企业的市场定位，实现企业的市场目标，从而实现企业的利润目标，提高企业受益性和竞争力。

（2）通过与合作伙伴建立稳定的关系，降低运行成本，分散单个企业的竞争压力，以与合伙企业紧密合作整体规避市场风险，提高企业抵抗市场风险能力。

（3）客户关系管理能为企业收集市场需求的变化，在产品提供给客户前就能满足市场个性化需求，通过实现客户价值来提高企业竞争力。

（四）提供协同互动的平台

从技术的角度讲，由于在电子化商务平台基础上建立了一种面向客户的融合企业管理理念、市场营销、客户服务和技术支持的自动化解决方案，因此客户关系管理能够带来以下直接效果：

（1）客户可以不受地域和时间限制，随时访问企业，通过企业呼叫中心或计算机网络进入客户关系管理信息库，获取相关信息或者得到服务指导。

（2）企业可以对各种营销活动进行记录与跟踪，对客户的需求变化与偏好进行分析。企业可以从市场与企业自己的角度获得成本、利润、生产率、风险率等产品信息，并根据客户需求变化，对产品、职能、网点、物流配送等进行适时调整。

（3）企业可以及时了解供应商的工作进程、信用风险、环境变化等信息，规避供应链风险，保障客户利益不受影响。

五、选择分销商

建立经销渠道要选择合作伙伴，有的企业是由总部直接在各地区挑选经销商作为合作伙伴，有的则是由派往各地区的基层组织挑选合作伙伴。总部直接挑选经销商，挑选时原则性强一些，经销商的信誉好一些；而派往各地区的基层组织在挑选合作伙伴时，则易挑选同乡、同学、亲戚等有关系的经销商作为合作伙伴，这对建立正常的经销渠道是不合理的。选择经销商、建立经销渠道是需要长期维持的经济行为，任何经济行为想要长期良好地维持下去，除了相互友好支持外，更重要的是相互约束、监督、控制。越是追求长期合作，越应强化约束、加强监督、加强控制。

（一）选择分销商时应考虑的因素

如果企业决定采用间接渠道进入市场，那么下一步就应该做出选择分销商的决策。选择分销商首先要广泛搜集有关分销商的声誉、市场经验、产品知识、合作意愿、市场范围和服务水平等方面的信息，确定审核和比较的标准。选定了分销商还要努力说服对方接受自己的产品，因为并不是所有的分销商都对你的产品感兴趣。实力雄厚的品牌企业要做出选择分销商的决策并不困难，而对于那些刚刚创建的中小企业来说就不是一件容易的事情了。

一般情况下，选择分销商时应考虑以下几个方面。

1. 市场覆盖范围

市场是选择分销商最关键的因素。首先，要考虑所选分销商的经营范围所包括的地区与企业产品的预期销售地区是否一致。例如，产品在华北地区销售，分销商的经营范围就必须包括这个地区；其次，分销商的销售对象是否是企业所希望的潜在顾客。这是最基本的条件，因为生产企业都希望所选的分销商能打入自己选定的目标市场，并最终说服消费者购买自己的产品。

分销商也并非越大越好，这里有一个适度和分销商能力的问题。情况常常是：产品在大分销商那里，不能引起足够的重视，而那些具有发展潜能的中等分销商，深知企业为他提供的不仅仅是利润，更是美好的发展前景。选择和培养这类分销商是明智之举，因为这些人常常是你真正的合作伙伴。

2. 声誉

在目前市场游戏规则不甚完善的情况下，经销商的信誉显得尤其重要。它不仅直接影响回款情况，还直接关系到市场的网络支持。一旦经销商中途有变，企业就会欲进无力、欲退不能，不得不放弃已经开发起来的市场，而重新开发往往需要付出双倍的代价。多数制造商通常都会回避与当地没有良好声誉的分销商建立关系。固特异轮胎橡胶公司的管理者曾说："分销商的经验和财务能力通常可以退而求其次，但是这些分销商的品质是绝对重要的和不容商量的。"

3. 历史经验

经营某种商品的历史和成功经验，是分销商自身优势的另一个来源。首先，长期从事某种商品的经营，通常会积累比较丰富的职业知识和经验，因而在行情变动中，能够掌控经营主动权，保持销售稳定或乘机扩大销售量。其次，经营历史较长的分销商早已为周围的顾客或消费者光顾购物的首选之地。

许多分销商被规模巨大、有名牌产品的企业选中，往往是因为其对销售某种产品很有经验。选择对产品销售很有经验的分销商就会很快打开销路。因此，生产企业应根据产品的特征选择有经验的分销商。

4. 合作意愿

倘若分销商不愿与你合作，或者并没有与你合作的迫切愿望，即便其再有实力和优势，对你而言都没有任何的意义。所以，合作意愿是选择分销商时不可不考虑的重要因素。分销商与生产企业合作得好会积极主动地推销生产企业的产品，这对双方都有利。有些分销商希望生产企业也参与促销，以扩大市场的需求，获取更大的利润。因此，生产企业也应根据产品销售的需要，确定与分销商合作的具体方式，考察备选分销商对企业产品销售的重视程度与合作态度，然后选择最理想的分销商进行合作。

5. 产品组合情况

在激烈竞争的市场中，产品组合或者产品线的多少，往往决定着客户数量的多少，也决定着本企业产品销售机会的多少。所以，企业必须关注自己产品的种类与组合情况。

在选择分销商的过程中，如果分销商经销的产品与自己生产的产品是竞争关系，应避免选择此类分销商；此外，如果自己的产品组合与分销商经销的产品有互补空间，或者自己产品的竞争优势非常明显，这样的分销商也可以是选择的对象。

6. 财务状况

生产企业应倾向于选择资金较为雄厚、财务状况良好的分销商，因为这样的分销商能保证销售数量、及时付款，甚至在其他方面也能给予生产企业一定的帮助，如分担销售费用、提供销售预付款、直接给予客户提供资金融通渠道（分期付款等），从而有助于扩大产品的销路和生产发展。

7. 区位优势

区位优势即分销商所在市场的位置优势。理想的分销商的市场位置优势是尽量在空间上靠近客户、尽量在数量上面对大量的客户、尽量有利于产品的流通。

8. 促销能力

分销商销售产品的方式以及运用促销手段的能力，直接影响其销售的规模。有些产品比较适合广告式促销，有些产品则适合人员促销；有些产品需要有效地储存，而有些产品则应快速地运输。生产企业要考虑到分销商是否愿意或主动承担一定的促销费用，是否拥有必要的物质、技术基础以及相应的人才储备。企业在选择分销商之前，必须对其所能完成某种产品销售的市场营销政策和技术的现实可能程度做全面的评价。

（二）选择分销商的方法

选择分销商的方法有很多，在此介绍几种常用的方法。

1. 强制评分选择法

强制评分选择法的基本原理是对拟选择作为合作伙伴的每个分销商就其从事商品分销的能力和条件进行打分评价。由于各个分销商之间存在分销优势与劣势的差异，因此每个项目的得分会有所区别。生产企业应注意到不同因素对分销渠道功能建设的重要程度的差异，并分别赋予一定的重要性系数（或者称为权数），然后计算每个中间商的总得分，从得分较高者中择优录用。

2. 销售量分析法

销售量分析法是在实地考察有关分销商的顾客流量和销售情况，并分析其近年来销售额水平及变化趋势的基础上，对有关分销商实际能够承担的分销能力（尤其是可能达到的销售量水平）进行估计和评价然后选择最佳“候选人”的方法。

3. 销售费用分析法

联合分销商进行商品分销是有成本的，主要包括分担市场开拓费用、给分销商让利促销、由于货款延迟支付而带来的收益损失、合同谈判和监督履约的费用。这些费用构成了销售费用（或流通费用），它实际上会减少生产企业的净收益，降低利用有关分销渠道的价值。当然，销售费用的大小主要取决于被选择的合作伙伴的各方面条件和特征。可以把预期销售费用看作衡量有关“候选人”优劣程度的一种指标。比较的方法有三种：

（1）总销售费用比较法。在分析有关“候选人”的合作态度、营销战略、市场声誉、顾客流量、销售记录的基础上，估算各个“候选人”作为分销渠道成员，执行分销功能过程中的销售费用，然后直接选择总分销费用最低的“候选人”。

（2）单位商品（单位销售额）销售费用比较法。考虑到商品销售量对销售费用的影响，在评价有关分销商的优劣时，需要把销售量与销售费用两个因素结合起来综合评价。方法之一就是选用某分销商的预期总销售费用与该分销商能够实现的商品销售量（或销售额）之比值，即将单位商品（单位销售额）销售费用作为比较的依据，来选择最佳的分销商作为分销渠道成员。

（3）费用效率分析法。此方法的原理与单位商品（单位销售额）销售费用比较法相同，也是以销售业绩与销售费用的比值作为评价依据，来选择最佳分销商的。与前者不同的是，此方法采用的比值是某分销商能够实现的销售业绩（销售量或者销售额）除以该分销商总销售费用，称为费用效率。

六、激励中间商客户

心理学家威廉·詹姆士（William James）在其《心理学原理》一书中认为，合同关系仅仅能使人的潜力发挥 20%～30%，而如果其受到充分激励，其潜力可发挥到 80%～90%，这关键在于激励活动可以充分发挥与调动人的积极性。所以激励渠道成员是企业销售管理中不可缺少的一环，是调动渠道成员积极性的重要保障。

（一）了解经销商

知己知彼，百战不殆。企业要想成功地管理企业的经销商（渠道成员），首先必须了解经销商，了解他们的想法与需求，只有这样才能有的放矢。理论研究表明，中间商和生产商虽然同处于一个供应链与价值链上，却存在明显的差异。

（1）经销商具有相对的独立性，其并不认为自己是生产商雇佣的供应链与价值链中的一员。并且，经过一些实践以后，经销商会安于某种熟悉的经营方式，执行实现自己目标所必须的职能，在自己可以自由决定的范围内制定自己的政策。

（2）对于经销商而言，最重要的是客户，而不是生产商。其感兴趣的是客户要从他那里购买什么，而不是生产商要向他提供什么。

(3) 经销商往往会把他的所有商品当作一个整体来看。他所关注的是整个产品组合的销量，而不是单个商品种类的销量。

(4) 如果没有一定的激励，经销商不会去收集其所销售产品的市场信息，从而生产商也无法从经销商处获得有关产品开发、定价、包装或者促销等信息，甚至部分经销商还可能故意隐瞒商品销售的真实信息。

由上述的几点可以分析，产品的生产商与经销商是各自独立的经济实体，其有着各自的经济利益，他们之间存在平行的合作关系，而不是上下级关系和依附关系。所以，生产商要想和经销商合作，不能靠命令式的沟通方式，而应采用平等、共享、共赢的合作方式。因此，产品从生产商到客户的过程就需要激发经销商的销售愿望，激励中间商主动地销售产品。

(二) 激励中间商

激励中间商的形式多种多样，但大体上可以分为两种：直接激励和间接激励。

1. 直接激励

直接激励主要是指通过给予中间商物质、金钱的奖励来激发其的积极性，从而实现生产商的销售目标。直接激励主要有以下几种形式。

(1) 返利政策。在制定返利政策时要考虑到以下因素：

1) 返利的标准。一定要分清返利产品的品种、数量与返利额度。在制定返利政策时还要考虑市场竞争对手的情况、返利政策实现的可能性、返利政策可能引起的抛售、倾销等不正当竞争。

2) 返利的形式。一定要明确是以现金返还是以产品返，还是两者相结合。

3) 返利的时间。一定要明确是按月、按季度还是按年返，应根据产品特性、货物流转周期而定。要在返利兑现的时间内完成返利的结算，否则时间一长，账目不清，对双方均不利。

4) 返利的附属条件。为了能使返利这种形式促进销售，而不是起到相反的作用，一定要加上一些附属条件，比如严禁跨区域销售、严禁擅自降价减价销售、严禁拖欠货款等，否则取消返利。

现实中有可能会遇到这样的情况，返利的标准制定得比较宽松，失去了返利刺激销售的基本目的，或者返利太大，造成价格变相下降，影响企业的盈利。因而在返利政策的制定过程中，一要制定过程考虑周全，二要执行过程严谨仔细。

(2) 价格折扣。价格折扣包括下列几种形式：

1) 数量折扣。经销数量越多、金额越大，折扣越丰厚。

2) 等级折扣。经销商根据其在渠道中的位置和等级，享受相应的等级折扣。

3）先进折扣。货款回收得越早，折扣的力度越大。

4）季节折扣。在旺季转淡季时，可通过折扣鼓励经销商多进货，减少生产商的库存压力；进入旺季时，加快折扣的递增速度，促使渠道进货，达到一定的市场覆盖度，以抢占市场热点。

（3）促销活动。一般来说，生产商的促销活动都会受到经销商的欢迎。促销活动的费用一般可以由生产商负担，有时也可以由销售商合理分担。同时，生产商还会派人前往主要的经销商处协助安排商品的陈设，举办产品展览和操作表演，帮助训练销售人员。生产商在开展促销活动时要注意以下几个问题：

1）促销目标的确定。促销目标不仅是要增加产品的销售额，还要关注市场占有率、市场覆盖度、渗透终端店的数量等具体的指标。

2）促销力度的设计。生产商促销活动的力度，一是要考虑是否能刺激经销商的兴趣；二是要考虑促销活动后经销商的态度与市场的反应；三是要考虑企业的承受能力。

3）促销的方式组合。促销的方式是赠品，还是抽奖，还是派送。总之，促销的方式组合必须能有效地激起客户对产品的兴趣与购买愿望。

4）促销的时间安排。促销从何时开始，到何时结束，一定要预先设计好，并让所有的经销商与客户知道。

5）促销效果的考评。为了保证促销活动的有效性，一定要对促销效果进行评价：一是要督促经销商认真执行；二是要不断调整促销策略；三是要从中汲取经验教训。

6）促销活动的管理。促销活动在企业的营销活动中占有重要的位置，无论是从企业统一组织、统一实施，还是分区组织、分区实施，从提交方案、审批方案、实施方案、效果评价等方面都应当有一个程序，从而确保促销活动的正常、有序开展。

2. 间接激励

间接激励是指通过帮助经销商等中间商获得更好的管理、销售的方法，从而提高销售绩效。在市场机制日益成熟的今天，直接激励的作用在不断地减弱。一方面，企业每天都向市场推出大量的新产品，各种形式的广告铺天盖地；另一方面，大量的经销商在经历了账面资金不断缩水的教训后，面对充满诱惑的招商广告依然捂紧并不充实的口袋。经历了代理、经销、买断等厂商合作方式，演绎过降价、打折、买送等促销手段后，经销商面对生产商的种种销售策略，比任何一个时期都冷静。面对此，一批企业在激烈的市场竞争中渐渐被淘汰出局。企业深知，没有一套行之有效的销售方法，企业有再大的利润空间、再多的广告投入都是不行的。所以，生产商越来越意识到间接激励的重要性。

间接激励的通常做法有以下几种：

1）帮助经销商建立进销存报表，做安全库存和先进先出库存管理。进销存报表的建立，可以帮助经销商了解某一周期的实际销售数量和所获利润；安全库存数的建立，可以帮助经销商合理安排进货时间和数量；先进先出的库存管理，可以减少临期品（即将过期的商品）的出现。

2）帮助零售商进行零售终端管理。终端管理的内容包括铺货和商品陈列等。生产商可通过定点、定期拜访，帮助零售商整理货架，设计商品陈列形式。

3）帮助经销商管理其客户网络，加强经销商的销售管理工作。生产商可帮助经销商建立客户档案，并根据客户的购买量将他们分成等级，实行 ABC 分类管理，对于不同等级的客户采用不同的支持方式，从而更好地服务于不同性质的客户，提升客户的满意度和忠诚度。

4）实施伙伴关系管理。从长远发展来看，生产商应实施伙伴关系管理，也就是生产商与经销商结成合作伙伴关系，风险共担，利益共享。近年来，销售渠道的作用正在逐渐被人所重视，渠道合作、分销商合作、商业合作、战略联盟正成为生产商与经销商的共识。合作关系或战略联盟是一种在生产商和其渠道成员之间的持续的相互支持的关系，包括努力提供一个高效团队、网络或渠道伙伴联盟。

七、窜货管理

在分销渠道的建设与管理中，经营者往往会遭遇一个市场营销学中没有的概念，又是销售实践中让营销管理人员心痛不已的问题——窜货。窜货，又称为倒货、冲货，也就是产品跨区销售，是渠道冲突的一种典型表现。

（一）不同形式的窜货

根据表现形式以及影响程度，窜货可以分为以下几类。

1. 自然性窜货

自然性窜货是指经销商在获取正常利润的同时，无意中向自己辖区以外的市场销售产品的行为。实际上，这种窜货在现实情况下是不可避免的，只要有市场细分，就会有窜货情况的发生。它主要的表现为相邻辖区的边界附近相互窜货，或是在流通型市场上货物随物流销售到别的地区。这种形式的窜货能使该区域的价格体系受到影响，从而降低企业的利润，影响二级经销商的积极性，严重时可能发展为二级经销商之间恶意窜货行为。

2. 良性窜货

良性窜货是指生产商在市场开发初期，有意或无意地选中了流通性较强的市场中的经销商，使其产品流向非重要经营区域或空白市场的现象。在市场开发初期，良性窜货对生产商是有好处的：一方面，在空白市场上生产商无须进行广告投放，就提高了其市场知名度；另一方面，生产商不但可以增加销售量，还可以节省运输成本。

3. 恶性窜货

恶性窜货是指经销商为获取非正常利润，蓄意向自己辖区以外的市场倾销产品的行为。经销商向辖区以外倾销产品最常用的方法是降价销售，主要是以低于生产商规定的价格向非辖区销售产品。恶性窜货给生产商造成的危害是巨大的，它扰乱了生产商整个经销网络的价格体系，易引发价格战，降低利润，使得经销商对产品失去信心，丧失销售积极性并最终放弃经销该生产商的产品；混乱的价格将最终将导致生产商的产品、品牌失去消费者的信任与支持。

企业还必须警惕另一种更为恶劣的窜货现象，即经销商销售假冒伪劣产品。假冒伪劣产品以其超低价诱惑着经销商铤而走险。经销商往往将假冒伪劣产品与正规渠道的产品混在一起销售，掠夺正规产品的市场份额，或者直接以低于市场价的价格进行倾销，打击了消费者对品牌的信心。

（二）窜货现象的成因

在市场经济中，窜货乱价具有必然性。其根本原因是，商品流通的本性是从低价区向高价区流动，从滞销区向畅销区流动。因此，同种商品只要价格上存在差异，或者只要同种商品在不同地区的畅销程度不同，就必然产生地区间的流动。窜货现象产生的原因在于：

1. 缺乏管理制度

部分生产商没有制定窜货管理的制度，对代理商、经销商以及营销人员没有严格的规定，没有奖惩措施，待窜货现象发生时无制可依，无法控制。生产商的这种情况会间接鼓励经销商违规操作，向其他地区发货，造成窜货现象的泛滥。

2. 管理监控不力

部分生产商有规章制度，但是反应迟钝。在产品销售的过程中，生产商会患有“营销近视症”，片面追求产品的销售量，积极采取短期行为，对窜货行为不重视，信息反馈不及时。有时，甚至还有经销商为完成既定的销售任务，主动向相邻市场抛售产品，而生产商却不能及时发现此窜货现象，待发现时已成“燎原之势”，一发不可收拾。

3. 激励措施缺乏公平性

生产商在激励经销商时往往忽略采取其他措施将经销商的行为控制在合理的范围内，例如年终返利、高额回扣、特殊奖励等。生产商针对渠道成员制定的种种刺激措施，一般都会以经销商完成的销售额为基准，超额完成的百分比越高，其获得的奖励额度就越高，利润就越丰厚。为获得丰富的回报，经销商会不顾一切地提高销售额，采用各种手段向其他区域市场“攻城略地”，有时甚至会倒贴差价、赔本销售，将原本合理的价格体系与稳定的市场搞乱。

4. 代理选择不合适

代理选择的不合适主要有两方面的问题：一是对独家代理与多家代理的选择不当。一般来说，生产商选择独家代理制，比较容易掌握，可以较简单地保证市场规范有序。但有些生产商为扩大销售盲目选择经销商，扩充经销商的数量。这样，导致生产商无法控制经销商，也无法控制市场，生产商的短视行为最终导致产品的跨区销售。二是对代理商或经销商的资质审查不严，使一部分不合格的经销商滥竽充数，只要能赚钱，他们什么都敢做，也就直接导致跨区销售的行为不断发生。

(三) 治理窜货问题的对策

面对窜货现象的发生，生产商应从以下几个方面入手，进行整治。

1. 归口管理，权责分明

生产商的分销渠道管理应该由单独的一个部门进行管理。多头管理、令出多门最容易导致市场的混乱。单独管理的部门首先要制定出一整套的管理规章制度，设立市场监督机构，建立严格的奖惩制度，并且制度一旦制定，必须严格执行。

2. 签订分区销售协议

生产商与各地的经销商、代理商之间是平等的企业法人关系，需要通过签订经销或代理合同来约束经销商的市场行为。在合同中必须明确其代理销售的区域，将其销售活动严格限制在规定的区域内。生产商还要鼓励经销商、代理商之间进行合理的监督，管好自己的销售区域。

3. 加强销售通路管理

生产商需要特别关注销售终端，关注零售市场。如果某区域销量与价格有明显的变化，应分析原因，谨防是否有区域窜货的情况发生。同时，生产商应保持一个畅通的渠道以保证市场信息能够得到及时反馈，以便掌握市场状况。

4. 区域差异化包装

为保证产品能在销售区域内销售，生产商可以采用对销往不同区域的产品在外包装上进行明显区分，利用不同编码、不同条形码、不同的文字等对产品进行差异化的设计，让产品拥有明显的区别以防止窜货的现象发生。

5. 建立合理的价差体系

生产商的价格政策要有利于防止窜货现象。

(1) 每一级的经销商的利润设置不可过高，也不可过低。过高容易引发降价竞争，造成倒货；过低调动不了经销商的积极性。

(2) 管好促销价。促销期间，经销商可能会将产品以较低的价格销往非促销区域，形成窜货，所以生产商应对促销时间、促销区域、促销数量进行合理规划和控制。

(3) 价格政策要有一定的灵活性，要有一定的调整空间，要严格监控价格体系的执行情况，并制定对违反价格政策现象的处理办法，使经销商不至于由于价格差异而窜货。

项目小结

客户服务管理是指企业为了建立、维护并发展顾客关系而进行的各项服务工作的总称，其目标是建立并提高顾客的满意度和忠诚度、最大限度地开发利用顾客。其内容主要包括服务要求管理、客户投诉建议管理、维修与故障处理管理、客户问题信息管理、客户咨询信息管理、客户建议信息管理、客户回访信息管理。

评价客户服务质量的指标主要包括：有形性、可靠性、响应性、安全性和移情性。提升客户服务质量的对策主要有：树立正确的服务理念、保持良好的服务态度、树立全程服务的观念、塑造客户服务的共同愿景。

客户信用管理是指在客户信用信息收集和分析的基础上对客户的信用状况进行把握，并运用信用管理的专业技术，扩大信用消费、防范信用风险的行为。企业的信用政策主要包括信用标准、信用条件、信用额度等方面。一旦应收账款无法按期收回，企业必须采用适当的措施追回货款，可采取企业自行追账、委托追账、仲裁追账、诉讼追账等方式。

客户关系是指企业为实现经营目标，主动与客户建立的某种联系。客户关系具有多样性、差异性、持续性、竞争性、双赢性的特征；客户关系管理的功能主要有客户信息管理、市场营销管理、销售管理、服务管理与客户关怀。

选择分销商时应考虑：市场覆盖范围、声誉、历史经验、合作意愿、产品组合情况、财务状况、区位优势、促销能力。激励中间商的形式可以分为两种：直接激励和间接激励。

窜货是渠道冲突的一种典型表现，包括自然性窜货、良性窜货、恶性窜货。

即测即评

项目测评

一、简答题

1. 服务质量的内涵是什么？

2. 评价服务质量的指标有哪些？

3. 企业信用管理的目标有哪些？
4. 影响信用期限的主要因素有哪些？
5. 企业自行追账的基本方法有哪些？
6. 委托追账的特点是什么？
7. 仲裁追账的特点是什么？
8. 客户关系的主要类型有哪些？
9. 选择分销商时应考虑哪些因素？

二、案例分析题

泰国东方酒店成功的秘密

泰国的东方酒店堪称亚洲酒店之最，几乎天天客满，不提前一个月预订是很难有入住机会的，而且客人大都来自西方发达国家。泰国在亚洲算不上特别发达，但为什么会有如此诱人的酒店呢？大家往往会以为泰国是一个旅游国家，而且又有世界上独有的表演，是不是他们在这方面下了功夫？错了，他们靠的是非同寻常的客户服务，也就是现在经常提到的客户关系管理。

他们的客户服务到底好到什么程度呢？我们不妨通过一个实例来看一下。

于先生因公务经常出差到泰国，并下榻在东方酒店。第一次入住时，良好的酒店环境和服务就给他留下了深刻的印象。当他第二次入住时，几个细节更使他对酒店的好感迅速升级。

那天早上，在他走出房门准备去餐厅的时候，楼层服务生恭敬地问道："于先生是要用早餐吗？"于先生很奇怪，反问："你怎么知道我姓于？"服务生说："我们酒店规定，晚上要背熟所有客人的姓名。"这令于先生大吃一惊，因为他频繁往返于世界各地，入住过无数高级酒店，但这种情况还是第一次碰到。

于先生高兴地乘电梯下到餐厅所在的楼层，刚刚走出电梯门，餐厅的服务生就说："于先生，里面请。"于先生更加疑惑，因为服务生并没有看到他的房卡，就问："你知道我姓于？"服务生回答："上面刚刚打电话下来，说您已经下楼了。"如此高的效率让于先生再次大吃一惊。

于先生刚走进餐厅，服务小姐就微笑着问："于先生还要老位子吗？"于先生的惊讶再次升级，心想："尽管我不是第一次在这里吃饭，但最近的一次也有一年多了，难道这里的服务小姐记忆力那么好？"看到于先生惊讶的目光，服务小姐主动解释说："我刚刚查过电脑记录，您在去年的 6 月 8 日在靠近第二个窗口的位子上用过早餐。"于先生听后兴奋地说："老位子！老位子！"服务小姐接着问："老菜单？一个三明治，一杯咖啡，一个鸡蛋？"现在于先生已经不再惊讶了。"老菜单，就要老菜单！"于先生已经兴奋到了极点。

上餐时，餐厅赠送了于先生一碟小菜。由于这种小菜是第一次看到，于先生就问："这是什么菜？"服务生后退两步说："这是我们特有的××小菜。"服务生为什么要先后退两步呢？因为他怕自己说话时唾沫不小心落在客人的食品上。这种细致的服务不要说在一般的酒店，就是在其他国家最好的饭店里，于先生都没有遇见过。这一次早餐给于先生留下了终生难忘的印象。

后来，由于业务调整的原因，于先生有三年的时间没有再到泰国去。在生日当天，于先生突然收到了一封东方酒店寄来的生日贺卡，里面还附上了一封短信，内容是："亲爱的于先生，您已经有三年没有来过我们这里了，我们全体人员都非常想念您，希望能再次见到您。今天是您的生日，祝您生日愉快。"于先生当时激动得热泪盈眶，决定如果再去泰国，一定还要住在东方酒店，而且要说服所有的朋友也像他一样选择。于先生看了一下信封，上面贴着一枚六元的邮票。六元钱就买到了一颗心，这就是客户关系管理的魔力。

东方酒店非常重视培养忠实的客户，并且建立了一套完善的客户关系管理体系，使客户入住后可以得到无微不至的人性化服务。迄今为止，世界各国约 20 万人曾经入住过那里。用东方酒店的话说，只要每年有十分之一的老顾客光顾，酒店就会永远客满。这就是东方酒店成功的秘诀。

思考并回答以下问题：

（1）东方酒店成功的秘诀有哪些？

（2）东方酒店的客户管理经验对你有哪些启示？

项目八 营销团队管理

学习目标

知识目标

1. 了解营销人员的素质要求，掌握营销人员的招聘途径。
2. 了解营销人员培训的作用，掌握营销人员培训的内容和方法。
3. 了解营销人员绩效考核的方法。

能力目标

1. 能够用合适的招聘方法开展各种类型营销人员的招聘工作。
2. 能够准确选择培训方法，开展营销人员培训工作。
3. 能够运用营销人员绩效考核和激励的方法进行团队建设。

素养目标

1. 树立正确的现代市场营销理念。
2. 培养营销人员的团队合作精神。
3. 提高营销团队的凝聚力和战斗力。

案例导入

华为：如何构建一支战无不胜的营销铁军?

华为从一个注册资本 2.1 万元、最初仅有 6 名员工的小企业，成长为年营销额近 9 000 亿元、拥有 19 万员工、在世界信息与通信领域位列前三的企业，用了 30 年时间。在一个尚无成熟经验和管理体系的年代里，走出一家世界级的领先企业，华为究竟是如何做到的?

就像大多数成功的公司一样，华为从小到大再到强的过程，不是靠某个产品或某条惊艳的广告，而是在全面、扎实地推进各项业务，一步步地稳扎稳打下历练而成的。

越来越多的公司开始学习华为，学习的核心无非是想探寻华为取得骄人业绩的真实原因。其实，华为取得如此傲人战绩的一大原因是强大的营销体系和团队。

体系建设：功不可没的“铁三角”架构。

华为的“铁三角”营销法开始于2007年，距今已有18个年头。2020年，在席卷全球的疫情和剧烈变化的国际形势面前，华为依然逆势取得了8 914亿元的营销收入，同比增长11.2%，“铁三角”营销法功不可没。

关于“铁三角”营销法，任正非有一个十分经典的点评：铁三角并不是一个三权分立的制约体系，而是紧紧抱在一起生死与共、聚焦客户需求的共同作战单元。它的目的只有一个：“满足客户需求，成就客户理想。”

华为“铁三角”体系由三个角色组成：第一个角色是客户经理，或者叫作营销经理，简称AR（account responsible，客户负责人），主要负责客户关系、业务需求管理、商务谈判、合同与回款。一个真正优秀的客户经理，应该将80%的时间花在客户身上，要保持与客户的密切接触和联系，时刻了解客户的需求，而不是深居总部办公室，给客户打打电话就算完成任务。在“铁三角”营销体系中，对客户经理的要求是每天都在客户身边，时刻关注是否有新的机会点产生。第二个角色是方案经理，简称SR（solution responsible，产品方案负责人），主要负责产品需求管理、产品与方案设计、报价与投标、技术问题解决。在“铁三角”营销体系中，方案经理的角色绝不是客户经理的简单辅助，而是作为一个项目的战略分析者和策划者，负责分析市场和客户的方方面面，以求最大概率获得项目成功。方案经理最核心的角色定位，是产品格局的构造者、品牌的传播者以及盈利的守护者。其中，最关键的三个核心点是：营、赢、盈。第三个角色是交付经理，简称FR（fulfill responsible，交付负责人），主要负责从订单、制造、物流、安装到交付验收的项目管理。

在“铁三角”营销体系中，华为要求交付经理一改以往的弱势形象，全程参与项目从立项到合同签订的过程，全面了解项目的前因后果，并且发表自己的专业意见。客户经理、方案经理和交付经理，三个角色共同构筑了一个三角形的攻坚团队，彼此支持、密切配合，通过极其迅速的响应机制，能够在最短时间内，做到及时响应客户需求，为客户提供全面的解决方案，将营销工作最需要的进攻性与协同性融于一体。

任务一 招聘营销人员

企业营销人员越来越成为企业的一项重要资产。营销人员的招聘，可以保证公司营销力量的强大和不断更新，是市场营销实务的重要环节之一。

营销人员的团队建设和企业营销实务的开展息息相关。影响企业营销实务成功的因素有很多，如市场潜力、企业对市场的资源投入、市场的成熟度、产品生命周期、竞争对手等。但实践证明，营销人员的综合素质才是决定营销业绩高低的关键。企业营销实务能否顺利开展，很大程度上取决于企业营销人员的素质。“营销最重要的要素是人。”现代营销理论奠基人戈德曼博士告诫我们：“把一个不合适的人放到营销岗位上，一开始你就失败了。”不是所有的人都适合做营销。因此，招聘合适的有能力的营销人员成了营销团队建设的第一要务。

一、进行营销人员的岗位分析

营销人员是企业收入的直接创造者，因此，公司战略营销规划的实施效果很大程度上取决于营销人员的选择情况。在进行人员招聘之前，应对产品营销职位进行工作分析，工作分析可以由营销部人员、人力资源部成员或外部专家负责进行。在进行工作分析时，需要考虑市场、产品、工作任务与责任、工作权限等因素。工作分析完成后，应有相关的职位描述，其内容一般包括职位名称、工作内容与职责、工作环境、该职位要求的学历背景及工作经验等。

二、明确营销人员的素质要求

微课：

职业道德修养

营销人员素质要求包括很多，例如学历、自身素质、工作经验等。其中，以下三个方面是一个营销人员需要具备的基本素质。

（一）职业素养

1. 感召力

感召力即营销人员善于从客户的角度考虑问题，并使客户接受自己，取得客户信任的能力。感召力能从潜在客户处得到真实的反映，营销人员可据此调整自己的营销重点并做出创意性的应变。

2. 自信力

自信力是建立在感召力的基础上的，营销人员强烈的自信力能让客户感到自己的购买决策是正确的，因而营销人员的自信力是使客户最后下决心购买的驱动力。

3. 挑战力

营销人员应具有挑战精神，视各种客户异议、拒绝或障碍、困难为挑战。

4. 自驱力

自驱力即具有自觉完成营销任务的强烈欲望。

5. 进取精神

一个爱岗敬业的营销人员不会满足于已经取得的成绩。应做一个有心人，勤于思考，在营销过程中不断进行总结、分析、归纳、提炼，不断改进工作方法。此外，还应为个人发展制定职业生涯规划，不断进行自我完善。

6. 亲和力

营销人员的亲和力，是为客户服务的重要条件。营销人员应该以诚信为本，用真诚来换取客户的信任，树立双赢观念。

（二）技能素质

1. 语言表达能力

优秀的营销人员应具有良好的语言表达能力，在与客户交谈时，语调要和缓，表述要热情，语气要充满自信。良好的语言表达能力能够准确、生动地向客户传递一系列有关公司和产品的正面信息，增强客户对公司和产品的信心。

2. 判断能力

优秀的营销人员能准确地判断和抓住客户的需求，当客户来到面前时，必须在短时间内判断客户的基本需求，如客户需要什么样的产品，或者需要什么样的服务等，以便为进一步的服务做好相应的铺垫。

3. 分析能力

营销人员要具备对市场机会的敏锐分析能力，学会发现市场机会，在与竞争对手的竞争中脱颖而出。

4. 时间管理能力

时间管理是指有效地运用时间，提高工作效率。营销人员进行时间管理的主要内容是对事情的优先顺序做出决策。通过事先的规划，提醒和引导自己完成工作，是时间管理的最重要功能。

19 世纪，意大利经济学家帕累托从研究中发现了 80/20 法则。做事第一抓重点，分清事情的轻重缓急，设定优先顺序，把最重要的事情摆在第一位，这样就能充分高效地利用时间。

5. 学习能力

优秀的营销人员应能够快速地汲取最新的市场信息，了解经济发展趋势、区域发展规划、国家政策对行业可能产生的影响等；能够将学到的知识与实际工作结合起来，做到以理论指导实践。营销人员要更快地成长，就必须具备学习的能力，包括学习国家的方针政策、相关的经济法规，从“战略”方面武装自己。此外，还要学习经营管理学、营销学、心理学、公关学等知识，完善自己的知识结构，达到从专才、通才到复合型人才的转变。

（三）知识

1. 企业知识

营销人员应了解所在企业的发展趋势以及其他有关的知识，主要包括企业的历史沿革、企业在同行业中的地位、企业的营销方针、企业的规章制度、企业的生产能力、企业的营销政策和定价政策、企业的服务项目等。

2. 产品知识

营销人员必须了解相关的产品知识，如产品所用材料的特点、产品结构和构造、产品设计特点、产品加工过程中的质量标准等。同时，营销人员还要了解与之竞争的其他企业和产品的有关情况。

3. 市场知识

营销人员应掌握市场经济的基本原理、市场营销的策略与方式、市场调研与市场预测的方法、供求关系变化的一般规律、现实客户的情况、增加购买量的途径、潜在客户的情况、购买力、市场环境、市场容量等知识。

三、选择合适的招聘方法

企业在开始招聘工作前，除了根据人力资源规划和工作分析的结果确定招聘人数、录用标准外，还要决定招聘的方法是采用内部招聘还是外部招聘，以及采用哪种招聘方法是最经济、最有效的，因为不同的招聘方法达到的效果是不一样的。

（一）员工推荐

推荐人员除了了解本企业的状况，对求职者所要应聘的职位也要有一个比较细致的了解。基于这两方面，本企业员工推荐的人员，一般稳定性较强且能较快地融入企业中。但是，有时企业员工可能出于私利考虑，推荐给企业并不适合岗位的人员，给企业带来损失。如可能将自己的亲戚或朋友介绍进来，或介绍不如己者以维持自己的地位。因此，就需要严格的筛选程序。

（二）公司内部招聘

内部招聘即从企业内部人员中选聘具有营销人员特质的人员来充实营销队伍。在企业内部通常会有某些具有营销能力的人员，当营销岗位需要补充人员时，在本人自愿的情况下，可以通过一定的测评方式，把具备营销能力的人充实到营销队伍中。一方面，内部员工由于了解企业产品、企业制度和文化，因此可以充分利用已有的资源，节省大量适应时间和成本。另一方面，内部公开招聘，可以使员工感受到信息的公开和民主，从而树立对企业的信心。但在进行内部招聘时，需要特别注意避免“小团队”“帮派”可能对招聘的影响。

当然，即使是内部招聘的员工，因其从事的是灵活性比较强的营销工作，对其进行一定的营销技巧的训练和指导是必要的。

（三）广告

为保证有效性，招聘广告必须具备吸引力和可信度。采用此种方式进行营销人员招聘时，需要注意以下几点。

1. 信息客观、准确

招聘信息必须客观、准确地反映企业人力资源需求的状况，这是因为：一方面，要让应聘者如实地了解企业用人的需求信息，对应聘者的应聘过程和今后的工作都会起到较大的作用；另一方面，也可以树立企业良好的形象。

2. 引人注意

在招聘的媒介上，可能会有很多的招聘信息。要想吸引受众群体的注意力并让他们阅读相关内容，可以从制作比较新颖的标题、设计不同的样式及选择适当的色彩等方面来考虑。

3. 内容尽可能全面、清晰

招聘广告的内容一般包括企业的整体状况、招聘职位、工作内容、薪酬待遇、应聘者的条件、应聘方式等。除此之外，也可加入一些该职位的晋升方向、发展培训计划、良好的工作环境等要素。这些要素可能会更好地激发应聘者对该工作的欲望，达到较好的效果。

（四）职业介绍所

企业在选择通过职业介绍所对营销人员进行招聘时，若能同时提供给职业介绍所关于营销人员详细的工作说明，将有助于提升招聘的效果。

（五）人才交流会

企业可以有选择性地参加相关单位举办的人才交流洽谈会，这对于基层营销管理人员及营销人员的招聘比较适合。

（六）校园招聘

企业可以有针对性地去大中专院校物色人才，充实公司营销人员队伍。校园招聘的好处在于：毕业生刚参加工作时，极有新鲜感和工作热忱，常会有出色的表现。而且企业招聘毕业生有利于培养他们的忠诚度，有利于接班人的长期培养。但是毕业生缺乏营销经验，在适应市场、适应社会方面有一定的磨合期。对企业来讲，磨合期的收益可能低于成本。

四、筛选应聘者

企业可以选用合适的测试工具或测试服务机构考核应聘者，但考核必须具备有效性、可靠性、工作相关性等特征。测试的内容主要包括品质、态度、智力、知识、技能、情绪稳定度及职业兴趣等。

（一）简历筛选

在对应聘人员的简历进行筛选时，应注意以下三个方面：

（1）应注意简历的外观、文字、语法等方面。具体应注意简历是否整洁，排版是否美观，在语法、用词方面是否得当，内容组织是否有逻辑、有条理等。

（2）应注意与其所应聘的营销员职位相关的工作经历，注意应聘者在应聘之前曾在哪些相关单位工作过以及应聘者工作变动的频率和可能的原因。如果应聘者工作变动过于频繁，就要考虑应聘者每次变动工作的原因是否合理，找出其工作变化的动机。

（3）审视候选人的教育背景及其与工作经历的相关性，这个问题反映了应聘者在选择职业和职业生涯发展方面的考虑。

（二）笔试

笔试按测验的内容主要分为以下三类。

1. 专业知识测验

专业知识测验旨在衡量应聘人员是否具备所需的营销基本知识和经验，可以采用笔试的形式，也可以采用面试的形式。

2. 心理素质测验

心理素质测验主要是指对应聘者进行智力、个性、兴趣等心理特征的测验。这些心理特征对营销工作具有重要影响，有时能关系到营销工作的成败。心理素质测验又包括智力测验、个性测验、兴趣测验及素质测验。

3. 环境模拟测验

环境模拟测验主要是在模拟工作环境下，对应聘者在若干营销工作压力之下的反应进行测验。应聘者可由此推测自己能否适应这种工作环境。主要方式有推销实习法、挫折处置法、实地试验法。

任务二 培训营销人员

对营销人员的培训与招聘工作一样，是一项非常重要的工作。招聘到好的营销人员后，还必须给予他们足够的培训，以提高营销人员的工作能力，使其紧张有序地开展工作，提高工作效率，最大限度地增加营销额，创造更好的经济效益。

一、培训营销人员的意义

（1）促使营销人员正确认识营销工作的属性、端正工作态度；树立正确职业价值观，热爱营销工作；提高营销人员自身修养和素质，使其树立自信心，克服恐惧感和自卑感，勇于面对困难展开营销工作。

（2）指导营销人员熟练掌握、运用营销技巧；引导客户认同商品的功能和价值、达成共识、消除顾虑，及时促成交易。

（3）提高营销人员的分析能力；正确评估顾客购买能力，判断心理需求；辨别顾客所属类型，应用不同的营销策略；启发营销人员的总结能力，发现自身的不足和优势，不断自我省视、完善、提高和创新。

（4）振奋营销人员的士气，克服惰性，消除懈怠、消极心理；培养积极主动、勤恳敬业、勇往直前的工作态度；满足营销人员自身学习和提高的精神需求，使其获得物质收入以外的成就感和归属感；培养其主动学习的良好习惯。

（5）培养团队精神，提高团队凝聚力，促进相互学习、激励，共同进步；降低员工流动性，减少人员的流失。

二、培训的内容

营销培训更多的是如何把产品卖出去的实战型培训。培训的内容应该根据企业所经营的产品及所在的行业，以及接受培训的人员的背景等情况来制定。在制订培训计划的时候应充分考虑：营销人员需要面对的是什么客户？向这些客户进行营销，需要具备哪些知识、技能？不同行业对营销人员所需的培训时间及培训内容会有所差异，不同工作经验和经历的营销人员需要的培训也会有所不同。

营销培训的内容必须贴近实际。空泛的培训内容不但对提高营销人员的工作表现毫无裨益，而且很可能会影响营销人员的工作表现。根据营销人员的岗位需求，培训内容应涉及产品知识、市场及行业知识、企业优势、企业文化、营销技巧等。

（一）产品知识

营销人员必须对其所营销的产品的性能、特点、使用知识等有足够的了解及认识，具体包括产品的品牌、产品的价格、产品的概念、产品的包装、产品的服务等方面的内容。营销人员要拿这些内容和消费者的需求进行对接，让消费者感受到自己的产品和他的需求之间的联系。掌握客人想知道的，再加上商品知识的说明，这才是营销的要点。所以营销因客而异，有时候营销重点还可能有好几点。比如：衬衫有100%棉的，也有棉混纺的，有些客人喜欢自然柔软的，有些客人喜欢易洗免烫的。如果是前者，你必须推荐100%棉的；如果是后者，你就推荐棉混纺的，易洗免烫又经济则是推荐的重点。

（二）市场及行业知识

营销人员必须对其营销的商品的市场有深入的了解，懂得从何处着手寻找客户、推销产品。特别是对于新入行的营销人员来说，如果能够通过培训使他们对所从事的行业有足够的认识，对行业中供求双方的特点有深入的了解，开展营销工作的时候，一定能够得心应手、事半功倍。同时，应通过培训让营销人员懂得哪类顾客需要购买或使用企业的产品。目标市场或目标顾客对商品使用的特点，他们的购买决策程序，做购买决定的部门或关键人物等信息都应该让营销人员掌握。另外，每一个行业都有一些行规或买卖习惯，所有这些行规特点都应该让营销人员熟识。

（三）企业优势

营销人员必须做到知己知彼，了解企业的优势和竞争对手的状况，了解产品、对手、市场竞争状况等。在营销时回避自己的弱势，以自己的强项与竞争对手竞争，才能够百战不殆。

企业优势就是企业比竞争对手做得更好的方面，包括产品的性能、质量技术领先程度，以及能够为顾客提供称心满意的服务等。对企业优势的了解，可以增强营销人员的信心，从而更有利于说服顾客做出购买的决定。

（四）企业文化

营销人员除了需要对产品、对市场有认识外，对其所代表的企业也必须有足够的认识。企业的历史、经营目标、组织机构、规章制度等都必须让营销人员了解。营销人员必须清楚地了解有关营销方面的各项管理制度和政策，这些管理制度和政策包括：价格、折扣政策；付款条件；付款办法；产品的发运和安排；营销人员取得客户订单、合同后的执行程序；公司营销佣金、差旅费等方面的管理制度等。

（五）营销技巧

营销技巧培训主要包括：

（1）如何做市场分析与调查。

（2）如何注意仪表和态度。

（3）如何做好访问的准备。

（4）如何使用营销术语，如何进行产品说明，如何争取客户好感，如何应对反对意见，如何坚定营销信心，如何克服营销困难，如何获得营销经验，如何更新营销知识，如何制订营销计划。

营销培训的目标是通过提高营销人员的个人绩效来达成企业的营销业绩。因此企业的营销培训工作要始终以企业的业务发展和企业盈利为目的，要强调培训的目的性，要注重研究现状和需求，眼睛盯着业绩和发展，把注意力放到可以通过培训解决的问题上。要明确划分培训的种类和层次，研究不同培训对象的特点和特殊需求，在内容和方法的选择上做到恰如其分。这是培训取得成功的前提。

培训更重要的，还在于完成之后效果达成的监督。在企业里面，中层核心干部的作用是显而易见的。培训结束后，由受训员工的上司督促受训员工，固化他们在培训中学到的技巧，是营销培训成败的关键。如果上司都认为培训无用，特别是在那些人才济济的企业，每一个人都认为自己是高手，都有一套自己的东西，互相都不服谁，那么在这样的企业里面，培训的效果就值得怀疑，不管什么方式的培训都只能流于形式。

三、培训的方式和方法

营销人员培训的方式可以采用集中培训或分开培训、线上培训或现场培训等。培训的方法有课堂培训法、会议培训法、小组讨论法、案例讨论法、角色扮演法、岗位培训法、营销模仿法、示范法、自我进修法、专业讲习班培训法等。

（一）营销人员集体培训方法

1. 讲授式

这是一种最常用的方法，就是把一批营销人员集中起来，以讲授的方式来培训。讲授的人应有优秀的语言表达能力，如果参加者对所讲的问题没有兴趣，效果就不尽如人意。因此，在讲授时最好能够利用图表、幻灯片以及其他教具。

2. 会议式

现在企业最频繁召开的日常性会议就是营销会议，所以利用营销会议进行会议式培训是极好的培训方式。在采用这种方式时，必须满足下述三点要求：一是参加者应为有经验的营销人员；二是选择适当的人为主持者；三是参加人数以 10～15 名为宜。因此，在召开营销部门会议时，在会议议题中增加一个培训内容即可达到培训效果。

3. 案例式

主持人出示案例以说明营销人员的态度和行动，而与会者分析研究一个一个的案例，按要求对各个案例提出解决方案，这样可以提高营销人员处理实际问题的能力。

4. 议论式

将营销人员进行分组，以小组为单位，对提前分配给他们的问题进行准备，然后在小组讨论的基础上，再次讨论和陈述自己的意见。

5. 大型讨论会

这是一种让被选定的若干营销人员就所提出的问题在众多营销人员面前展开讨论，并在规定的时间内结束讨论，然后由主持者简述讨论的内容，最后在营销人员同与会者之间进行质询、答疑的方法。

6. 专家会议

这是一种为强化与会者的关切度而将参加者分为若干个小组分别讨论提出的问题，然后由专家对讨论的结果进行归纳总结的方法。

7. 角色扮演法

这是一种为参加者设定一个用户同营销人员进行洽谈的场景，然后指定每个人的角色而进行实际演练的方法。角色扮演法既有演练营销全过程的，也有演练营销过程的一部分的。在采用这种方法时，注意下述几点是至关重要的：一是具体限定确定的问题；二是用户应由有经验的营销人员扮演；三是所有参加者都要担当一个角色；四是在演练中要创造一种愉快活跃的气氛；五是人数以 10～15 人为宜；六是每次演练结束均要在全体人员中进行评议。

8. 短剧示范法

短剧示范法是指限定用户与营销人员交涉的场景，并由主持人及助手进行示范性演练，由营销人员观摩。

（二）营销人员单人培训方法

1. 单人指导

由营销管理者和业务指导者同各个营销人员经常直接见面商谈工作事宜，解答各种质询的方法被称为单人指导法。

2. 同行观场指导

同行现场指导是指营销人员同营销管理者或资深营销员一同访问用户。这种方法又分两种：一种是由被培训者充分地观察营销管理者及资深营销员同用户接触的要点，然后对全过程进行回忆、总结；另一种是由被培训者去同用户接触，然后由营销管理者指出其不足。

任务三 营销人员绩效考核

营销团队建设的最终目的是要将合适的人员匹配到合适的岗位中，并使他们发挥最大的潜能和作用，保证企业营销实务的开展和目标利益的实现。有效的考核可以使员工正确认识自己的工作成果，逐步在工作中提高营销能力。

企业要在激烈竞争中立于不败之地，谋求企业的兴旺与发展，就离不开营销人员。目前，许多企业对营销人员的绩效考核大多采用定量指标，如营销量、货款回收率、区域市场占有率等指标，造成部分营销人员为了完成营销任务，不惜损害企业的整体利益和长远利益。对营销人员进行全面、科学、有效的考核，制定一个对企业最有利的考核制度，充分调动营销人员的积极性，对企业的长远发展有决定性作用。

一、营销人员绩效考核的目的和原则

（一）绩效考核的目的

绩效考核的终极目的是保证企业经营目标的实现。在实际操作中，绩效考核可以推动企业和员工的共同成长，提高组织和员工的绩效能力，并且考核结果可以作为员工薪酬奖金分配依据。

1. 通过绩效管理实现公司目标

绩效管理是连接员工个体行为和组织目标之间最直接的桥梁。营销目标是营销管理过程的起点，如果岗位营销指标目标没有完成，公司的经营目标也就难以实现。因此在这种情况下，考核个人营销指标的完成情况，就能促使他们朝着营销目标方向努力，从而建立起个体行为与公司行为之间的联系，保证营销队伍实现企业的营销目标。绩效考核既能够保证营销计划的顺利执行，又能够不断反馈计划与现实市场的贴合情况，使企业能够有效地实施计划。

2. 通过绩效考核推动营销人员职业发展

绩效考核可以引导员工行为，更好地加强员工的自我管理，能够了解营销人员的实际营销能力、营销绩效，跟踪并建立持续的绩效档案，可以作为公司的人员选拔、岗位调动、奖惩、培训及职业规划等的依据；同时可以帮助了解员工长期的绩效表现及职业技能水平状态，继而可以有针对性地开发培训计划，提高员工的绩效能力。绩效考核还能够帮助实现员工与上级更好地沟通，如果发现员工在某方面的能力没有得以充分发挥，上级可以给予他们更具挑战性的任务，为他们提供施展才华的机会，不断提高员工的职业能力和改进工作绩效，提高员工在工作执行中的主动性和有效性，促进员工的职业发展。员工则赢得了自我的认识、改进与发展，为企业创造绩效价值。

3. 绩效考核可以作为薪酬体系的规划设计与人员奖惩的依据

考核是给予公平报酬的依据，科学考核并给予公平的报酬，对激励营销人员有着重要的影响。有效的考核方案是通过对营销人员的业绩进行恰如其分的评价，调整员工的待遇，给予营销人员相应的公平报酬，激励营销人员继续努力。同时，考核结果可以作为对员工奖惩的依据。

总之，科学合理的绩效管理系统对实现企业的目标和提高员工的业绩有着深远的影响和意义。同时，绩效考核是一把“双刃剑”，有效的绩效考核可以获得企业与员工共赢的良好局面，“不合理的”或“不科学的”绩效考核往往是企业公平问题爆发的导火索。

（二）绩效考核的原则

1. 实事求是

实事求是要求考核的标准、数据的记录等建立在客观实际的基础上。绩效考核贯穿于营销管理过程的始终，考核标准是评价营销业绩的基本依据，客观、充分、完整、准确、有效的信息，才能全面、准确地反映实际状况，客观地反映营销工作实际，科学地处理各类数据，以得出正确的考核结论，作为绩效考核的依据。

2. 重点突出

考核要根据重点突出原则，以影响营销利润和效率的指标为主，以其他指标为辅。绩效信息来源于营销人员日常工作记录和报告体系，如营销报表、营销发票、营销访问记录、营销费用账单等，这些海量信息通过完善的信息系统的收集、汇集与分析，交由企业相关的考核部门进行考核。这项工作是一项庞杂的“大工程”。

3. 科学评价

公平、客观的绩效考核是在科学的信息采集及处理的基础上，由专业的考核组织，应用专业考核工具得出的结果，如此考核才能够兼具权威性与科学性。考核组织的权威性要求考核人员作风严谨、坚持原则、精通业务、值得信赖。

4. 激励主导

在营销人员的绩效考核中，应以激励为主导，因为营销人员是第一线人员，他们的积极性与战斗力将直接影响公司基本目标的实现。绩效考核要突出本项工作的激励目标，激励营销人员尽量多地去营销，充分体现“多劳多得，按劳分配”的原则。根据考核结果给予赏罚分明的奖惩，以激励营销队伍的士气。

二、绩效考核的内容

依据绩效考核依据是否可以直观量化的标准划分，绩效考核可以分为两大类：定量指标和定性指标。在两类指标中，定量指标能够最有效地反映营销人员的营销业绩，定性指标描述的则是营销人员的主要工作活动。

为全面、客观反映营销人员的工作投入与业绩，针对企业营销人员进行的绩效考核，包括主观考核和客观考核两个方面。定性指标一般采用主观考核方式，定量指标一般采用客观考核方式。用两种尺度来考核营销人员的个人业绩，能够更加全面地反映营销人员的绩效状态。

（一）客观考核

客观考核衡量的是与营销人员主观意图相关的营销努力，是针对营销活动的绩效考核。客观考核方法用的指标有三大类：产出指标、投入指标以及产出/投入比率指标。可以用多种客观投入、产出以及比率指标考核营销人员的个人业绩。常见的绩效考核指标见表 8-1。

表 8-1　绩效考核客观指标

指标	内容
产出指标	营销额、营销毛利、订单数
	营销边际贡献率
	成交额/顾客数
投入指标	顾客访问次数
	营销费用
	营销人员的工资和奖金
比率指标	营销费用比率
	客户开发与服务比率
	新客户转化率
	流失的客户比率
	客户平均营销比率
	订单平均规模
	每天访问次数
	客户平均访问次数
	客户访问效率

客观考核结果较少受到个人偏见的影响，能够真实反映客观实际，因此客观考核简单、直观，能够清晰地反映营销量化目标的实现情况。

1. 产出指标

产出指标中，营销额、营销毛利、营销边际贡献率、每一个新顾客的平均成交额、每一个原有顾客的平均成交额等是最常见的。另外，如订单数、订单规模、新开发的顾客数、与新顾客的成交总额、顾客流失数等也是重要的产出指标。

(1) 订单：订单数量、订单平均规模、取消的订单数量。订单数量直接反映营销人员的营销能力；订单平均规模反映客户质量及营销潜力，评价营销人员对价值客户的筛选能力和服务能力；取消的订单数量表现了个体营销人员营销活动的针对性与合理性是否应受到质疑。

(2) 客户数量：现有客户数、新客户数、流失的客户数、逾期不付货款的客户数、潜在的客户数。通过客户数量指标，可以全面了解营销区域的绩效价值和营销人员的区域管理能力。现有的客户数能真实地反映区域现实市场规模。对现有客户历史数据的比较，及与行业数据的对比，能够反映营销人员的业务水平与努力程度；营销人员在既定时期内开拓的新客户数与流失客户数量，能够反映企业营销政策的合理性、客户需求变化程度，及营销人员的市场开拓能力。

2. 投入指标

许多公司采用的客观指标一般都侧重于考察营销人员付出的努力，因为与客观因素的变化相比，营销努力更能为营销经理所控制。投入指标有营销人员访问顾客的总次数，包括新老客户和未成交的潜在客户、每一个新顾客的平均访问次数、每一个顾客的平均访问次数、每一个老客户的平均访问次数、访问准顾客的总次数等。投入指标能够反映营销人员营销业绩来源和客户管理状况，以及营销人员的营销努力投入情况，并为区域划分和管理提供基础数据。

(1) 营销访问：访问次数、计划内访问次数、计划外的访问次数。计划内访问数量的良好达成反映出营销地图设计的合理性及区域客户管理的规范性。当计划外的访问发生很少时，标志着营销区域管理良好。计划外的访问多为意外情况或失误引发的补救性工作，当计划外的访问频繁发生时，表示区域客户管理方面出现了危机，需针对问题及其原因进行具体分析；同时大量计划外的访问的出现会在一定程度上影响营销人员正常的客户管理工作。

(2) 工作时间及时间分配：工作天数、每天营销访问次数、营销时间与非营销时间、营销费用占营销定额百分比。工作时间及时间分配对同级别客户业务员间进行横向对比，是评价营销人员工作努力程度及营销效率的主要指标。营销人员将更多的工作时间用于与客户的营销活动是企业的愿望，也是提高营销绩效的有效途径。

(3) 费用：总费用、明细费用，以及费用占实际营销额的百分比、费用占营销定额的百分比，如交通费、住宿费、招待费等。详细、明晰的费用管理制度和考核有助于营销成本的控制。

（4）非营销活动：推销信的数量、推销电话的数量、提出正式营销建议的数目、举办广告展示会的次数、与分销商/经销商会晤的次数、访问分销商/经销商的次数、为分销商/经销商开办培训班的次数、服务访问的次数、收到客户意见的数量、收到逾期欠款的数额等。

非营销活动是企业获得长期市场利益的保障。但由于非营销活动不产生直接绩效，往往为营销人员所忽视，因此一些企业也需要对这些活动的完成情况予以评价。

3. 比率指标

将各种投入与产出指标以特定方式相结合（通常是比率关系），可以得到其他一些有用信息。

（1）费用比率：营销费用比率、每次访问的平均费用。

营销费用比率是指将营销人员的投入与产出相比的结果。这一比率不仅可以在企业内部各营销人员之间进行比较，也可以用于与同行业其他企业之间的横向比较。费用比率可以用来分析各种费用与营销的关系，营销人员可以通过增加营销或控制费用来调整。计算公式为：

营销费用比率＝营销费用/营销额

每次访问的平均费用＝费用/访问次数

（2）客户开发与服务比率：客户渗透率、新客户转化率、流失的客户比率、客户平均营销比率、订单平均规模、订单取消比率。计算公式为：

客户渗透率＝购货客户数/所有潜在客户数

新客户转化率＝新客户数/客户总数

流失的客户比率＝未购货的老客户数/客户总数

客户平均营销比率＝营销额/客户总数

订单平均规模＝营销额/订单总数

订单取消比率＝被取消的订单数/订单总数

客户开发与服务比率反映营销人员抓住商机的能力，帮助营销经理发现问题及分析原因。

（3）访问比率：每天访问次数、客户平均访问次数、击中率。计算公式为：

每天访问次数＝访问次数/工作天数

客户平均访问次数＝访问次数/客户总数

击中率＝订单总数/访问次数

访问比率能够反映业务人员的营销努力及业务水平。如发生击中率偏低的情况，企业应帮助业务人员分析原因，是客户的个性化需求问题还是业务能力提升问题。

从以上分析可以看出，用多种客观投入、产出以及比率指标考核营销人员的个人业绩，能够更真实地反映实际营销状况。

（二）主观考核

微课：

职业技能与职业道德

主观考核反映营销人员执行程度的好坏，一般涉及的是营销人员的行为考核。主观考核容易受到个人偏见的影响，因此主观考核要比客观考核困难得多。此外，不同企业、不同考核目的的主观考核对考核的内容的侧重点不同。但要注意的是，用定性指标来考核不可避免地会有些主观，为了使其有效，应当多采用实地考察的方式，结合定性指标的运用。主观考核的内容包括以下几点：

（1）营销成果，包括营销额（量）、对新客户的营销额、产品线营销额等。

（2）工作知识，包括企业政策、产品知识、推销技巧等。

（3）营销区域管理，包括访问计划、费用控制、营销文件记录和处理。

（4）客户与企业关系，包括对客户、同事以及企业关系的处理。

（5）个人特点，包括工作态度、个性、能力等。

（6）定性指标，包括营销技巧、与顾客的关系、自我组织能力、产品知识、合作与态度等。

主观考核所评价的定性指标有助于解释定量考核的结果，以帮助管理者明确绩效结果不理想的原因。因此，通常情况下都是在进行客观考核的同时进行主观考核，以做到取长补短。利用综合性的考核方式有助于营销经理直观了解营销定额和利润完成情况、客户开发状况、营销访问是否符合计划要求等；有利于营销经理诊断目标进程情况，同时帮助营销经理掌握没有完成指标的可能原因，如人员工作态度问题、营销技术的缺乏、团队沟通障碍等。

对营销人员的考核，应采用定量和定性双重指标。实际上，这二者的考核结果是相互关联的，如考察某个营销人员绩效很差的原因可以从他很低的访问收益率中发现，也可能是他的推销技术、顾客关系和产品知识很差的缘故。

案例思考

华为公司的人才考核激励机制

华为公司成立于1987年，最初以代理一家香港公司的用户交换机（PBX）为主业，两年后转向自主研发，致力于通信网络技术与产品的研究、开发、生产与营销。华为在其初期的发展过程中，逐步建立了一套独特的考核激励机制与企业文化，并将一大批国内最优秀的年轻人才收于旗下，他们倾其全部青春和热情创造了中国民营科技企业令人叹服的企业发展神话，成为中国最优秀的企业之一。下面，我们从人才考核激励这个角度来为大家介绍一下华为公司，希望大家能从中得到启发。

华为一贯重视员工福利保障，为员工创建健康安全的工作环境，并推行物质激励与非物质激励并行的员工激励政策，使奋斗者得到及时、合理的回报。根据华为官方发布的

2023 年可持续发展报告显示，公司通过工会实行员工持股计划，员工持股计划参与人数为 151 796 人（截至 2023 年 12 月 31 日），参与人员均为公司员工。员工持股计划将公司的长远发展和员工的个人贡献有机地结合在一起，形成了长远的共同奋斗、分享机制。

为了对员工进行保障，华为 2023 年拟向股东分配股利 770.945 亿元，持股员工平均分红超 50 万元/人。华为近四十年高速发展的一个根本原因是它不但吸引了大批中国最优秀的高校毕业生，而且使这些青年满怀激情地为企业工作，将个人的潜能充分发挥出来。华为能够做到这一点，应该归因于建立了一套科学合理的激励机制，这套激励机制包括：以员工持股为核心的薪酬激励机制和以华为“基本法”为核心的精神激励机制。

思考：华为公司的人才考核激励机制给我们提供了哪些有益的启示？

任务四 营销团队建设

一、如何树立团队信心

营销团队在工作中往往会遇到各种各样的困难和阻碍，难免会使营销成员丧失斗志和勇气。这时，团队建设的最大目标就是重塑团队必胜的信心。在实践中，我们可以通过以下途径找回自信。

（一）描绘愿景

1. 展示自己对目标的信心

与成员共同分享成功的愿景，对既定目标展示信心。要让团队成员清楚地知道要支持团队的决策程序和一致决议，并让团队成员相信一定会实现自己的个人目标。最关键的任务是与团队成员分享成功的信心，传达众志成城的信念。

2. 为失败做好准备

考虑可能的障碍和失败，制订一个应付突发事件的计划。训练团队成员去分析潜在的问题，指出确实存在一种科学的方法能解决预期的困难。避免团队因为偶然失利而倍感沮丧，取而代之的是采取其他预备途径继续前进。在实践中，描绘团队的未来愿景应把握好以下要点：建立积极对话；团队讨论共同愿景；分享讨论结果；拟定愿景宣言；颁布愿景；告诉团队该如何实现愿景。

（二）工作循序渐进

开始时应避免太大规模的项目，因为大规模的项目一旦失败，后果将非常严重，甚至使团队士气从此一蹶不振。建议同时进行几个相对小一些的项目，其中一些一定会成功，而另一些可能会遭遇阻碍，那就把它们当作增加经验的机会。

（三）强调团队已取得的成功

团队应该不断提醒自己看到既得的成就。要记住这样的口号：“失败乃成功之母”“要有耐心，最后的胜利是属于我们的”。这样的标语对个人对团队都适用。成功源自信心，实现目标只有进行不懈的努力。

（四）正确对待失败

当出现失败时，与其追究责任，不如检讨工作方法，寻求成功之道。避免让成员认为这完全是他们的错误，或者认为是不可抗拒的压力阻碍了他们，从而放弃了进一步努力的机会。明确一点，机会是需要努力才能获得的。

二、如何提高团队的凝聚力

一个好的团队绝不仅仅是一群人的简单组合。团队的凝聚力反映成员之间相互吸引的程度，即团队对其他成员的吸引程度，这是一个团队赖以自豪的一种整体感。凝聚力包括忠诚、投入、兴趣相投以及为团队利益牺牲的意愿，它是将每个成员“粘”在一起的“胶”。

就今天的营销团队而言，因个人差异导致隔阂或无意造成的矛盾相当普遍。为了让所有成员都感受到团队的凝聚力，通常可以从以下几个方面入手。

（一）强调团队观念

强调团队观念通常包含以下几个方面的主要内容。

1. 强调团队而非个人努力

在组建团队时，必须明确表明，每一个人的参与都是团队不可分割的一部分。尤其是当团队遭遇到外部威胁时，应当鼓励成员放弃前嫌，一致应对。通常外力越大，团队所表现出来的凝聚力也越强。

2. 统一团队目标

应当将团队目标与成员个人利益联系起来，使它具有吸引力和号召力，这样团队成员就愿意合作完成任务，凝聚力也会增强。反过来，如果个人目标和团队目标不相关联，合作就会减少，感情会趋于冷淡，凝聚力也随之降低。

3. 强调集体奖励

集体奖励会增强团队的凝聚力，会使成员意识到个人的利益和荣誉与所在团队不可分割。个人奖励可能会增强团队成员间的竞争力，从而在团队内部形成一种压力，凝聚力也可能会弱化。因此，在实践中，必须做到两者兼顾，承认团队的贡献也要承认个人的贡献。

4. 培养集体荣誉感

如果团队一贯有好的表现，一直能按照团队目标很好地运行，这时成员就会觉得这是一个优秀的团队，在这样的团队中感到有自豪感，所以会激发团队成员做得更好。

（二）增强领导效能

领导是团队行为的一种导向与核心，采取什么样的领导方式直接影响团队的凝聚力。应当采取积极民主的领导方式，让团队成员愿意表达自己的意见和参与决策，这样会促进团队成员的积极性，提升凝聚力。

（三）控制团队规模

规模越大，越容易造成团队的沟通受阻，意见分歧的可能性也会越大，并且容易出现派别之争。因此，通常情况下，团队的人数应该控制在 10～15 人。

凝聚力较高的团队，其成员对于工作的责任感也相应较强，成员容易彼此接纳相容，因此也增强了友谊和吸引力。

三、如何培养团队的协同精神

美国复印机市场的“超级巨人”施乐公司，为了塑造团队精神，鼓励公司全体员工互相帮助，对于员工在业务方面的困难，其他员工不但不会漠视，反而会予以全力支持。施乐认为，合作精神不是自然而然发生的。为此施乐公司经常指派那些营销业绩良好的人去帮助在营销指标线上苦苦挣扎的人。施乐公司有三句口号专为这种合作精神所设：（1）把每个人之间的墙推倒；（2）让互相帮助成为一件自然而然的事；（3）合作从互帮互助开始。

只有团队所有成员的动机、需求、驱动力和耐力结合到一起，才能推动整个团队前进，也只有当团队所有的成员都忠诚于团队以及团队的愿望时，才会形成团队合力。团队合力的形成决定了目标的实现以及团队的产出是否能大于团队成员的简单组合。

在实践中，培养团队的协同精神，通常可以从以下几个方面入手。

（一）以人为本，强调协作

1. 鼓励成员相互支持

如果某人需要建议或指导原则，就会发现另一个团队成员能够提供这些建议或原则，而不需要经常由自己来提供这些，因此要尽力消除不必要的工作界限。

2. 倡导团队合作

避免热衷于竞争而嫉妒其他成员的业绩和才能。事实上，没有一个领导者会因为自己的下属做得好而吃尽苦头。成功的领导者总是力求消除分歧，达成共识，建立一种互信互助的工作模式。

（二）建立长久的协作关系

1. 建立长久的互动关系

领导者要创造一些持续的机会让团队融为一体，比方说一起培训、一起搞竞赛、举行团队会议、采取激励的活动等。

2. 强调长远的利益

领导者要使团队成员拥有共同的未来前景，让大家相信团队可以走到那一步，这使人们不会计较眼前的一些得失，会主动合作达成愿景。

（三）制定合作规范

由于工作风格产生冲突，在团队中比比皆是。成功团队的有效的做法之一就是确定统一的工作标准，以规范团队协作：（1）平衡所有工作；（2）成员进行分类；（3）保持统一标准；（4）进行工作轮换；（5）尊重所有工作风格。

确保团队分工明确与均衡，一个团队中如果付出与获得不公平就没有可能合作。要想有效地推动合作，领导者必须订立一个普遍认同的合作规范，采取公正的原则管理团队。

（四）一起培训团队

集体培训程序会培养团队的协作精神。任何形式的、对作为整体的团队在整个组织中的角色分工及配合所进行的培训，都特别有用。

看一看没有协同精神的团队，你就会很清楚协同精神对团队获得效率的重要性。如果有些成员拖整个队伍的后腿，不好好努力，而有些成员不得不拼命工作，帮别人做事，那么这样的团队则效率不高，不是一个协同一致的团队。

四、如何进行团队内部有效沟通

基于各种高科技设备，我们可以在任何地方、任何时间与任何人交流。但问题在于：我们能更好地进行沟通吗？许多事实证明，我们不能。不少的工作团队困于矛盾冲突无法解决，这通常是缺乏沟通的结果，并由此产生误解和错误信息的传播。

通过沟通来建设团队是有章可循的。虽然有时它可能会多花点时间，但却能收到显著的效果。从长远看，它会使你的工作更加得心应手，使你的心情更加愉快，并且你还可以得到额外的好处，那就是被公认为团队中能发挥最优效果的人。

（一）谈行为不谈个性

谈行为是指营销经理可以直接地指出营销人员工作中存在的问题。例如营销经理可以直接地指出营销人员本月的业绩状况不理想，本月客户的拜访量明显低于上个月，等等。

个性是指营销经理直接对行动背后可能的动机或与生俱来的素质做评价，例如营销经理直接指责营销人员“太懒”“真笨”“没好好干”“心思不在这儿”“一心想跳槽”等。

评价个性会给对方造成很大的伤害，甚至会真的“无中促成有”了。

（二）分开工作与生活

营销经理与营销人员谈话时，要把工作与生活的话题分开。

生活中热衷于开玩笑的营销经理，在工作中最好能严肃些。生活中本就很严肃的营销经理在工作时就要注意别总是绷着脸。从职业分析的角度看，营销是一个受打击和挫折的次数较多的岗位。营销人员在外面受了那么多的挫折，回来以后看到的总是经理的一张“包公脸”，他们的内心会感到格外压抑。相反，谈工作的时候比较正式，谈生活时自己放松投入进去，并且还穿插一些自嘲，这样“一张一弛”，不仅营销人员容易接受，并且当营销经理板起面孔强调问题时，更能引起营销人员的特别重视。

（三）倾听成员的意见

积极倾听不仅可以从别人的语言中提取有价值的信息，而且也有助于建立起团队成员对你的信任。倾听时要注意：（1）集中注意力；（2）坐在可以看到发言者并且能与之顺利交流的地方；（3）时时提醒自己不要分神；（4）不要急于判断；（5）积极地做出反应。

（四）回答成员的疑惑

对于成员的提问，你可以按照以下几个步骤做出反应：

（1）将你的全部注意力集中在提问者身上。

（2）向提问者确认你已接收到了他的问题。

（3）针对问题做出回答。

（4）化解无法解答的问题。

案例思考

K 公司营销代表招聘

K 公司是国内知名的化妆品、洗涤品制造商，自成立以来始终以“清洁、美、健康”为宗旨，拓宽市场领域，开发新产品，现已拥有覆盖全国的营销网络。因业务发展需要，现聘用若干名营销代表。

营销代表的主要工作职责如下：

1. 按照公司的营销政策与指定的重要客户建立并发展良好的合作关系，提高顾客的满意度。

2. 全面贯彻营销基本活动，及时收集、分析市场信息并加以有效利用，完成营销利润和回款指标。

营销代表的条件如下：

(1) 年龄22～30岁，大专以上学历。

(2) 出色的分析判断能力、人际沟通能力及谈判技巧，熟悉办公计算机操作。

(3) 1～2年消费品行业营销工作经验，有跨国公司相关工作经验者优先考虑。

(4) 具有独立工作能力，能承受工作压力，具有高度的敬业精神。

公司通过招聘网站刊登广告。一个星期后，公司的人力资源部收到十份简历，其中六份基本符合招聘的要求。但由于以往简历中存在虚假信息，在面试中应聘者为了获得工作，也往往会隐瞒一些真实的信息，因此公司成立专门的招聘小组，要求他们设计出能有效区分应聘者的面试问题来。

招聘小组认为，要解决这一问题，公司一方面要加强对应聘者的背景调查，另一方面要加强面试中问题的设计以获取应聘者的真实信息。根据营销人员的职责，作为营销代表的测试应侧重于沟通、劝说、谈判、顾客服务、适应性等方面。招聘小组为此形成了如下的问题清单。

适应性方面的问题：

(1) 当你与客户合作的一个重要项目发生变化时，你是如何应对的？它对你的影响如何？

(2) 当组织、部门或团队发生变化时，你是如何调整自己的？这些变化是如何影响你的？

(3) 有时我们不得不在我们不赞成的新政策下工作，你是如何做的？为什么？

(4) 你通常经过多长时间对你的新客户感到习惯和舒服？你会采取什么行动？

沟通方面的问题：

(1) 请你设定一个情境：你成功地和一名客户沟通，并取得满意的效果。

(2) 你曾经有过沟通失败并导致生意受到影响的情况吗？请详细说明，你是如何解决的。

顾客服务方面的问题：

(1) 举一个例子说明你是如何使内部和外部客户满意的。

(2) 请描述你独自解决客户问题的情景。

(3) 你是如何发现客户不满意的？

谈判方面的问题：

(1) 你曾经参与过何种类型的谈判？请描述最近一次情景，你担任何种角色？结果如何？

（2）举一个你所经历的谈判失败的例子，并描述为什么失败。

（3）描述一下你认为供应商或零售商是错的，或你不赞成他们的情景。

劝说或营销技巧方面的问题：

（1）描述一下我们希望赢得大订单但却失败的情景。

（2）描述一个你成功说明自己的产品或服务与众不同的竞争性的情景。

（3）描述你曾经遇到的最大客户。你们的良好关系取决于什么？

思考：你觉得案例中包含的这些问题能反映出营销代表的工作要求吗？这些问题是否妥当？如果让你来设计，你会怎么做？

项目小结

营销人员的团队建设和企业营销实务的开展密切相关。企业营销实务的成功开展很大程度上取决于营销人员的素质。营销人员的招聘，可以保证公司营销力量的完善和不断更新，是商品营销实务的重要环节之一。

营销人员的培训是满足企业发展需要和营销人员职业需要的一种有效方式，是企业提高市场开拓能力的重要手段。企业应通过加强在职培训，用进步的观念、正确的看法、坚定的信心和先进的理念技能去影响营销人员，增强营销人员的自信心和独立性，培养营销员的素质，传授营销技巧，提高其营销的自信心和能力。

营销人员绩效考核的终极目的是保证企业经营目标的实现，推动企业和员工的共同成长，提高组织和员工的绩效能力，并且考核结果可以作为薪酬、奖金分配依据。企业对营销人员的绩效考核采用定量指标，如营销量、货款回收率、区域市场占有率等指标，结合定性考核标准考核营销人员的主要工作活动。

用两种尺度来考核营销人员的个人业绩能够更加全面地反映营销人员的绩效状态。对下属营销员的实际绩效加以分析，就可了解每一位营销员的优缺点，督促营销员进行改善，以便管理者能及时采取必要的行动，使管理更富有效率，保证企业营销目标的完成。

即测即评

项目测评

一、简答题

1. 优秀的营销人员应具备哪些素质?
2. 营销人员的招聘途径有哪些?
3. 营销人员的培训有哪些内容?
4. 对营销人员考核有何作用?
5. 对营销人员的客观考核有哪些指标?
6. 对营销人员的主观考核包括哪些内容?

二、案例分析题

基于营销人员考核的营销政策控制

营销政策左右着营销人员的营销行为。在以销量为核心的考核标准下，营销人员所追求的是拼命提高销量，而对利润、产品盈利组合、品牌、市场秩序等对企业发展有长远影响的要素置于不顾。在利益驱动下，营销人员为追求销量采取所谓的"捷径"去达成，而把市场秩序和管理放在次要的位置，结果常常造成窜货、市场秩序混乱。要解决好窜货问题，最根本的措施就是改变企业以销量为核心的营销政策以及对营销人员的考核进行有效的控制。本案例对某制药企业（以下简称 H 公司）的营销政策加以具体分析。

1. H 公司营销管理的特点

H 公司的营销组织架构是以营销职能为核心的（见图 8－1）。

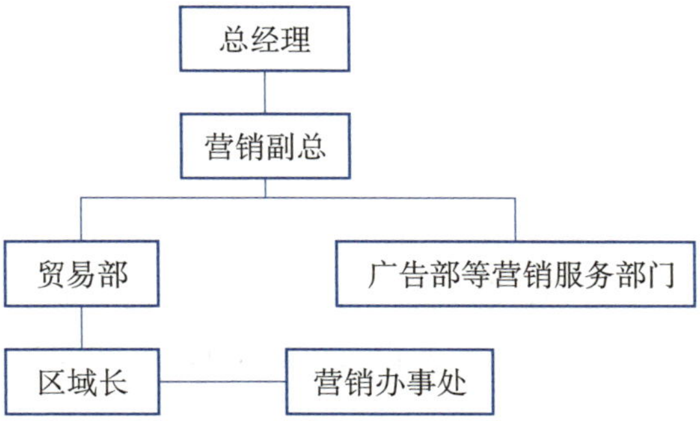

图 8－1　H 公司的营销组织架构

（1）100 多个营销办事处使营销组织体系呈现偏重营销职能的特点，区域性的推广都是由办事处自主完成。在营销总部，各项营销规划职能处于分散状态，诸如策略规划、计划管理、信息管理、物流管理、广告管理、市场研究等许多职能都是分散运作，缺乏整合统一。

（2）H 公司拥有处方药、非处方药和保健食品等多个产品系列，在营销上都使用统一的营销办事处平台，缺乏对每个类别产品进行良好管理的专业部门，因而对于每类产品的推广来讲，都是缺乏系统管理的。

（3）办事处对营销费用的使用有很大的权力。总公司只控制总体的费用比率，如何使用营销费用则完全由办事处自主决定。

（4）公司对价格体系的管理重点是最低出货价。总公司要求办事处给医药公司的直接供货价不得低于最低出货价，但是至于医药公司以多少批发价营销，或者办事处给医药公司多少的暗中返利，公司并不予以控制。

2. H 公司目前面临的营销问题

（1）价格体系混乱，跨区窜货的现象严重。分析其直接原因：一是由于办事处向医药公司实施暗扣政策，只要医药公司的营销回款完成了办事处规定的目标就可以获得一定比例的返利，利用这个返利使医药公司降低批发价进行营销。各地医药公司的营销回款能力不同，获得的返利也不同，因此在相近的市场区域就发生了大量的窜货现象。二是国家目前实施药品采购的招标制，由当地医药公司负责某家医院的全面药品采购权，由于医药公司获得采购权的投资较大，其必然要拼命压低医药厂家的供货价，以获取较多的价差空间。我国地区差异很大，同一个厂家在各地市场夺标后的供货价不同，自然就会发生货物从低价市场流向高价市场的现象。

（2）营销人员缺乏上进心，惰性严重。

（3）H 公司决策层对上述两个问题缺乏良策。

3. 造成营销考核失控的原因分析

（1）营销政策偏重销量是造成以上问题的根本原因。由于 H 公司营销政策的核心思想是以销量作为判断营销人员业绩的唯一标志，因此公司决策层看重的是短期销量的增长，这就是其根本的经营思想。从营销人员的角度分析，一方面，完成营销目标就获得奖金是其内在动力；另一方面，既然提供了这样的政策，那他们自然会充分加以运用，只要能提高营销量、拿到高额奖金即可，至于是否发生了窜货的现象则根本不予重视，他们的精力只会放在能给他们带来大销量的产品上。

（2）偏重营销总量，却忽视了不同产品类别的均衡发展。H 公司考核营销人员的只是所有产品的营销总量，而对于不同类别的产品或者新老产品之间所应该占有的恰当比例没有规定，这样营销人员只会把精力和资源投放在能带来最大销量的产品上，而不会重视新产品推广或者高利润产品的推广。

（3）对营销业务过程缺乏规范化的管理。由于办事处具有自主使用营销费用的权力，由此决定了什么方式能轻易、迅速地提高销量，费用就会倾向于使用它，自然营销人员会用返利手段轻松地实现营销目标，对于应该做的一些市场管理工作，营销人员不会费力去做。

（4）缺乏一套科学的营销绩效考核系统。在现有以销量为核心的考核标准下，营销人员只能拼命提高销量。但是销量并不是最可靠的衡量标准，更重要的是利润、产品盈利组合、品牌、市场秩序这些对企业发展有长远影响的要素，因此应该建立一套科学的绩效考核评估系统来加以保障。

（5）对医药公司缺乏系统的管理。办事处都将精力放在了以返利促进营销上，而对于市场的各项管理工作都缺乏坚实的管理，如区域管理、价格体系管理、分销网络建设管理、终端客户关系管理以及医院系统管理等，从而造成企业缺乏核心竞争能力。

4. H公司营销管理调整与控制的重点

（1）营销组织体制的调整。首先调整营销体系的职能，从下向上依次为办事处、区域长和贸易部，对它们的职能要求重新定位，同时在总公司建立一个完善的营销后勤部门，涵盖营销计划、营销信息、营销物流和营销事务管理职能；其次是强化总公司市场部的专业力量，提高公司在市场研究、广告运作、策略规划、产品管理等方面的营销专业水准，为营销系统提供强大的推广支持；最后是建立品类管理模式，对每一大类的产品设置专业的管理部门，成立专业的产品推广部门，并将营销办事处改造成一个公共的营销平台。这种模式可以提高企业在市场上的推广力量和管理力量，也更可以提高办事处对市场拓展的成功率。

（2）营销政策的调整。一方面，取消目前的责任承包制度，不再将销量作为唯一的评判标准，另外增加对市场进行系统管理的规范要求。另一方面，改变目前办事处对费用的使用方式，将费用使用的决策权收回总公司，办事处必须制订费用的使用计划，并经总部批准后方可执行，这样可以提高费用使用的合理性和效率。

（3）营销业绩考核控制体系的建立。建立一套科学、规范的营销业绩考核体系，涵盖分销网络建设、分销网络管理和区域市场拓展的各个方面，全面评估营销人员的综合能力，同时以良好的职业规划激发营销人员的内在动力。

（4）分销渠道管理控制体系的建立。建立一套以渠道管理为核心的系统，将办事处的工作重点转化到对渠道通路和终端的系统管理上，塑造渠道的核心竞争力。

（5）营销业务管理体系的建立。提高营销队伍的专业能力，建立规范的营销业务流程，通过制度来激发营销队伍的潜力和积极性，通过培训来提高营销队伍的专业能力。

思考并回答以下问题：

1. 通过案例分析，说明针对营销人员的考核对整个营销业务管理体系起到什么作用。

2. 以营销人员为例，说明营销政策如何才能发挥有效的控制作用。

参考文献

[1] 贾妍．市场营销理论与实务［M］．北京：科学出版社，2021.

[2] 汪圣佑，张黎．商品学［M］．4版．北京：电子工业出版社，2021.

[3] 李桂华，卢宏亮．营销管理［M］．北京：清华大学出版社，2020.

[4] 王飒．商品学理论、实务、案例与实训［M］．北京：中国人民大学出版社，2020.

[5] 王艳．市场营销管理：理论与应用（慕课版）［M］．武汉：华中科技大学出版社，2020.

[6] 连漪，梁健爱．营销策划原理与实务［M］．北京：中国人民大学出版社，2021.

[7] 李静．市场营销与策划技巧研究［M］．北京：中国原子能出版社，2020.

[8] 秦鑫．营销内核［M］．北京：人民邮电出版社，2020.

[9] 张成军，李志军．新品牌 新营销 新传播［M］．北京：中国纺织出版社，2021.

[10] 张文强，姜云鹭，韩智华．品牌营销实战［M］．北京：清华大学出版社，2021.

[11] 薛斌鹏．品牌营销［M］．北京：电子工业出版社，2020.

[12] 李喆，刘华．品牌管理与营销［M］．北京：中国纺织出版社，2019.

[13] 徐秀杰．市场营销策划［M］．北京：北京邮电大学出版社，2020.

[14] 刘国强．爆款品牌营销［M］．北京：清华大学出版社，2021.

[15] 赵红英．市场营销策划［M］．北京：中国人民大学出版社，2024.